A MENTALIDADE DA INOVAÇÃO

A MENTALIDADE DA INOVAÇÃO

LORRAINE H. MARCHAND
E JOHN HANC

Tradução Eduardo Rieche

astral
cultural

Título original: The Innovation Mindset
Esta edição em Língua Portuguesa é uma tradução completa da edição norte-americana, autorizada pela editora original, Columbia University Press.

Este livro foi revisado segundo o Novo Acordo Ortográfico da Língua Portuguesa.

Editora Natália Ortega
Editora de arte Tâmizi Ribeiro
Produção editorial Brendha Rodrigues, Esther Ferreira, Felix Arantes, Maith Malimpensa e Roberta Lourenço
Preparação de texto Claudia Rondelli
Revisão César Carvalho e Luisa Souza
Capa Columbia University Press **Adaptação** Tâmizi Ribeiro
Foto do autor Arquivo pessoal

Dados Internacionais de Catalogação na Publicação (CIP)
Angélica Ilacqua CRB-8/7057

M264m Marchand, Lorraine Hudson
A mentalidade da inovação: oito passos essenciais para transformar qualquer empresa / Lorraine Hudson Marchand, Astral Cultural, 2023.
352 p.

Bibliografia
ISBN 978-65-5566-307-5

1. Autoajuda 2. Sucesso nos negócios 3. Empreendedorismo
I. Título II. Hanc, John III. Rieche, Eduardo

22-5931 CDD 158.1

Índice para catálogo sistemático:
1. Autoajuda – sucesso nos negócios

BAURU
Av. Duque de Caxias, 11-70
CEP 17012-151
Telefone: (14) 3235-3878
Fax: (14) 3235-3879

SÃO PAULO
Rua Major Quedinho 11, 1910
Centro Histórico
CEP 01150-030
Telefone: (11) 3048-2900

E-mail: contato@astralcultural.com.br

Para meu pai, pensador original,
que me mostrou como os problemas
são oportunidades à espera
de serem criadas.

Para meus filhos, Joe, Nick e Matt.
Vocês possuem o DNA *dos inovadores*
— curiosidade, criatividade e resiliência.
Fiquem alerta, e seus corações
e mentes revelarão oportunidades
de usar esse dom para o bem.

PREFÁCIO

O que Lorraine Marchand escreveu neste livro é, verdadeiramente, inovador. O roteiro detalhado apresentado a seguir, repleto de histórias envolventes e processos práticos de planejamento utilizados por empresas de todos os tamanhos e escalas, fornecerá a qualquer indivíduo ou equipe as ferramentas necessárias para um ambiente para a inovação. Abordando tanto as empresas veteranas quanto as novatas, os exemplos e comentários de Lorraine são relevantes e fascinantes.

A autora é uma força dinâmica, escrevendo sobre um assunto que ela não apenas defende, mas também personifica. Como diretora-geral de ciências da vida do IBM Watson Health, estrategista de grandes empresas farmacêuticas, fundadora de startups, diretora do National Institutes of Health (NIH) e professora da Escola de Negócios de Columbia, ela acumula uma vasta experiência e percepções que a capacitaram a inovar e a mudar de direção ao longo de sua carreira, exatamente como orienta as empresas a fazer.

Lorraine proverá aos leitores ferramentas para idealizar startups exclusivas, dar passos abrangentes na pesquisa e ampliação do número de clientes e inspirar-se para promover a inovação em todas as etapas do crescimento de uma empresa. Os exemplos e técnicas práticas apresentados nas páginas a seguir podem preparar inovadores de qualquer idade para o sucesso — e teriam sido uma ferramenta bem-vinda em meu próprio arsenal, no início de minha carreira profissional.

Tive a sorte de estar envolvido em várias empresas inventivas que, com sucesso, desestabilizaram robustos setores da economia, incluindo viagens, imóveis e o mercado de casas de veraneio. Também sou um investidor-anjo, e já investi em mais de cem startups.

As Leis de Inovação de Lorraine são perfeitas. Na verdade, dou conselhos semelhantes às empresas que fazem parte da minha carteira, e uso algumas dessas leis para decidir onde investir.

Primeiro, Lorraine afirma que uma inovação bem-sucedida precisa oferecer uma solução. Concordo inteiramente com isso. Foi o caso das minhas três empresas de sucesso. A Hotwire, fundada em 2000, mudou a forma como as pessoas agendavam suas viagens. A reserva de viagens com o auxílio da Internet ainda era algo novo, e os hotéis e as companhias aéreas estavam mudando a maneira de pensar sobre a disponibilidade e a oferta. Naquela época, os consumidores também não dispunham de muitas opções para fazer reservas. Criamos a Hotwire para resolver esses dois problemas.

Concordo tanto com essa lei de inovação que ela se tornou um dos meus critérios de investimento. Se uma empresa não for capaz de definir com facilidade um problema — e me mostrar que está empenhada em resolvê-lo —, não irei investir. Também tive uma experiência profunda com a Lei 4 (cem clientes não podem estar errados) e a Lei 5 (esteja pronto para mudar de direção a qualquer momento).

Na Zillow, uma das chaves do nosso sucesso sempre foi ouvir os clientes. Lorraine defende a realização de cem entrevistas — conversar com pessoas de diferentes perfis demográficos, mas todas clientes em potencial. Isso é fundamental e tais práticas configuraram a marca e a base de todas as minhas empresas. Na Zillow, essa prática era contínua. Conversávamos constantemente com os clientes em entrevistas individuais e pequenos grupos focais, e nas redes sociais. Essas percepções formavam a base para constantes decisões a respeito de produtos, e são o segredo para o sucesso de qualquer empresa.

Também vi a lei da mudança de direção, ou dos "3-Ps", em ação — e talvez essa seja a mais difícil de todas, tanto para um fundador de startup quanto para um líder de uma empresa madura. Em 2006, quando lançamos a Zillow, tratava-se apenas de uma diversão voyeurística, uma forma de levar a transparência de informações ao mercado imobiliário. Mas, por meio de inovações de produtos e aquisições, expandimos a Zillow para novos negócios, como aluguéis, hipotecas, títulos e cauções. Também deixamos de ser um negócio de mídia que dependia de publicidade e nos tornamos um negócio transacional que ajudava as pessoas a concluírem transações imobiliárias. Houve mudanças de direção, reorientações e alteração de rumo ao longo do caminho. Porém, à medida que navegávamos por tais avanços, fomos acompanhando as preferências dos consumidores e expandindo enormemente a empresa.

Não foi fácil, de maneira alguma. Este livro oferece orientações sobre como perceber quando é a hora de mudar de direção — e como fazer isso bem.

A Mentalidade da inovação é um excelente guia complementado com modelos de planejamento e os "imperativos de inovação" de Lorraine. Ao fundar uma startup ou ao resolver problemas de forma criativa em uma grande corporação, aproveite a ocasião. Seja curioso, seja criativo, seja adaptável — e seja sempre assim. Desejo-lhe sucesso em sua própria jornada rumo à inovação.

Spencer Rascoff
Cofundador e ex-diretor-executivo, Zillow
Cofundador e presidente executivo, dot.LA
Investidor-anjo em mais de cem empresas

PREFÁCIO

Tendo sido a primeira mulher diretora-executiva da agência norte--americana do Havas Group, passei a maior parte da minha carreira promovendo uma cultura de contínua inovação e criando um significado mais profundo para algumas das empresas mais reconhecidas do mundo — ao mesmo tempo que quebrava antigas e desgastadas tradições da era Mad Men, que não são mais apropriadas ao negócio da publicidade (nem a qualquer outro).

Nas últimas três décadas, constatei, frequentemente, que eu era uma das poucas mulheres nos ambientes — seja em reuniões com colaboradores e clientes, na sala de reuniões do conselho executivo como diretora, ou no mundo de startups onde presto consultoria, aconselho e invisto em ideias que acredito serem capazes de transformar o mundo.

Sei que Lorraine Marchand teve essa mesma sensação de estar em menor número. E também sei que, apesar dos desafios que as mulheres enfrentam nos locais de trabalho desde os dias de Don Draper, Lorraine tem se destacado em seu setor como especialista em desenvolvimento de novos produtos, consultora, instrutora

— até chegar à sua posição atual como gerente-geral do IBM Watson Health, onde está ajudando a desenvolver novas ideias para a não menos inovadora Big Blue.

Uma mentalidade da inovação, muito parecida com a que Lorraine nos ajuda a cultivar neste livro, é o que nos alimenta na Havas, empresa que é talvez mais conhecida por criar uma das campanhas publicitárias mais icônicas e celebradas de todos os tempos, "O homem mais interessante do mundo", para a Dos Equis.

Como uma das maiores agências de comunicação integrada do mundo (abriga 19 mil pessoas em mais de sessenta escritórios em cem países), a Havas usa esse tipo de criatividade para ajudar nossos clientes a criar trabalhos inovadores e a descobrir novas fontes de crescimento. Essa abordagem também nos ajudou a desenvolver programas pioneiros de aceleração que propiciam o acesso a talentos marginalizados e promovem mulheres e pessoas não brancas* em um ritmo mais rápido. Por meio dessas iniciativas, estamos ajudando a reinventar a licença parental e os benefícios de bem-estar mental, e a alcançar a equiparação salarial entre raça e gênero. Resumidamente, não nos deteremos enquanto não conseguirmos transformar radicalmente a cultura e a experiência do colaborador para melhor.

Até o momento, os resultados dessas abordagens inovadoras para estimular uma cultura de crescimento inclusivo são impressionantes,

---

* (N. do T.) No original em inglês, usa-se a expressão "people of color", que pode ser traduzida para "pessoas de cor". Ela é utilizada com frequência nos Estados Unidos para descrever qualquer pessoa que não seja considerada branca, como afro-americanos, latino-americanos, asiático-americanos, nativo-americanos e outros. O termo também pode ser empregado com outras categorias coletivas de pessoas, como "comunidades de cor", "homens de cor" e "mulheres de cor", como será o caso ao longo deste livro. Em função de sua falta de especificidade e, sobretudo, por enfatizar experiências comuns de racismo institucional, optamos por não empregar essa terminologia. Ressalte-se, porém, que a expressão "pessoas não brancas" continua unindo grupos raciais e étnicos díspares, agrupando pessoas muito diferentes entre si com a única distinção comum de não serem brancas, o que não deixa de chamar a atenção para o papel da racialização nos Estados Unidos.

gerando uma taxa de retenção duas vezes superior ao que costuma-se observar no setor de publicidade.

Tudo isso começou com uma mentalidade — sim, uma mentalidade de inovação, que, como Lorraine explica nestas páginas, é o ponto de partida para todas as mudanças significativas, em seus negócios e na sua carreira, independentemente do setor ou ramo de atividade no qual você se encontre. O livro de Lorraine oferece uma riqueza de conselhos práticos e uma abordagem passo a passo, testada e verificada, sobre como transformar em realidade o seu *brainstorming* — quer se trate de um negócio, um serviço ou uma ideia revolucionária.

As mulheres podem liderar essa mudança. Estou vendo isso acontecer desde a linha de frente. No momento, as mulheres são a maioria no grupo Havas globalmente, um conceito que teria parecido um sonho quase uma década atrás. E acredito que uma transformação semelhante está acontecendo em muitos setores da nossa sociedade. Desenvolvimento de novos produtos, inovação e empreendedorismo — no passado, domínios predominantemente masculinos — estão se abrindo, hoje, para um grupo diversificado de pessoas até então negligenciadas. É claro que isso é o que todos nós gostaríamos: um mundo onde todos os empreendedores, onde pessoas com grandes ideias, pessoas de qualquer identidade de gênero e de qualquer raça ou origem, sejam bem-vindas e incentivadas.

Uma história encantadora e ilustrativa que Lorraine relata no início de seu livro — sobre como seu pai a encorajou a criar sua primeira inovação em um restaurante que ela e sua família costumavam a frequentar quando ela era criança — repercutiu especialmente em mim. Recentemente, encontrei minha própria "solução do pacote de açúcar", ao liderar o desenvolvimento de uma inovação impactante para a Havas, tornando-me — ao lado de empresas com visão de futuro e comprometidas como a Patagonia, a Allbirds e a Athleta — uma empresa B-Corp que confere a mesma ênfase às pessoas, ao planeta e ao lucro, e usa os negócios como uma força mensurável, voltada para o bem.

Se atingir objetivos tão elevados lhe parece um sonho inalcançável, com certeza você precisa deste livro. Para os inovadores, não há limites. Se quiser voar a novas alturas, se estiver interessado em inovar no domínio das mais altas prioridades e necessidades do nosso mundo de hoje, se estiver curioso sobre o que originou algumas das maiores invenções do nosso tempo ou se estiver simplesmente procurando desbloquear seu próprio potencial de criação de negócios e desenvolvimento de novos produtos, siga o guia prático de Lorraine para mobilizar sua própria mentalidade da inovação.

Mas atenção ao mergulhar nesse universo... talvez você acabe mudando o mundo.

Laura Maness
Diretora-executiva,
Havas, Nova York ny.havas.com; annex88.com
Cultura Mais Inovadora (*Digiday* 2018);
Melhores Empresas para Trabalhar (*Ad Age* 2019 e 2021);
Melhor Equipe de Agência Colaborativa (*Adexchanger* 2020);
Finalista do CEO do Ano e
Agência em Rede do Ano (*The Drum* 2021)

SUMÁRIO

INTRODUÇÃO

QUE COISA BOA: O INSIGHT PARA UMA GRANDE IDEIA

Vários anos atrás, me vi diante de um grupo de 96 executivos de uma empresa da Fortune 100. Estávamos em uma daquelas salas de conferência cavernosas dentro de um centro de reuniões corporativo, porcamente iluminado para abrigar a série de apresentações de slides que precedia a minha palestra, realizada após o intervalo da manhã. Os executivos estavam sentados em mesas redondas para facilitar a discussão em grupo, mas quase todos estavam concentrados em suas telas de celular, aparentemente alheios à presença dos colegas ao seu redor.

Eles não pareciam um grupo energizado e ambicioso, e isso talvez tenha sido parte do motivo para fazê-los se reunir naquele dia. Como tantas outras, aquela corporação, uma importante operadora da indústria farmacêutica, vinha adquirindo a maior parte de sua propriedade intelectual, produtos e serviços da academia, de pequenas empresas e de colaborações em codesenvolvimento com seus pares. O diretor-executivo acreditava que seus colegas poderiam ser treinados na ciência e na arte de gerar novas ideias. Ele queria criar uma cultura de inovação, que fluísse abundantemente dele para os demais executivos, e dos mesmos para as suas equipes.

Meu trabalho era lhes mostrar como seria esse cenário: uma cultura que abraçasse novas ideias e encorajasse a criatividade; uma organização que, quando devidamente estimulada, fosse capaz de produzir uma torrente de ideias inovadoras e fluidas, dignas de satisfazer os clientes e serem apresentadas ao mercado. Era o que eu chamava de mentalidade de inovação.

O nome da minha apresentação naquela manhã, "Como inovar sem fracassar", prometia um processo que poderia ser seguido desde a concepção até a introdução no mercado. Suspeitei que os executivos estivessem esperando uma fórmula que pudesse ser colocada em prática depois do almoço sem muito esforço. Alguns, provavelmente, esperavam que a mais recente obsessão do diretor-executivo por culturas inovadoras acabasse logo.

Mas eu sabia que ele estava no caminho certo, independentemente de sua equipe de gerenciamento estar convencida disso ou não.

Porém, antes que eu pudesse deixá-los animados — e que eu pudesse lhes mostrar que, na minha opinião, o diretor-executivo estava absolutamente certo em apontar aquele barco na direção da mudança —, eu precisava saber mais sobre eles.

Comecei pedindo aos absortos executivos que classificassem, em uma escala de um a dez, sendo dez o mais alto, seu nível de curiosidade geral. A maioria levantou a mão no nível quatro ou cinco; ninguém escolheu um nível superior ao sete.

Ou seja, eles não eram tão curiosos assim.

Pedi-lhes, então, que pensassem em quando tinham doze ou treze anos de idade. "Com o que vocês sonhavam naquela época?", perguntei. "Quão curiosos vocês eram? O que vocês faziam no seu tempo livre?"

Essa pergunta pareceu despertar algo naquele apático grupo. Vi algumas sobrancelhas franzindo-se e alguns olhares desviando-se, evocando imagens de muito tempo atrás.

“Meus amigos e eu íamos ao quartel de bombeiros que ficava no bairro; eu queria ser bombeiro”, afirmou um homem, espontaneamente. “Acho que ainda passo a maior parte do meu dia apagando incêndios provocados por outras pessoas”. Alguns riram.

“Bem, só sei de uma coisa: eu não sonhava em ficar assistindo a reuniões doze horas por dia”, disse uma mulher vestida com uma blusa branca engomada. Algumas pessoas concordaram com a cabeça.

Entendi o que ela quis dizer. Fiquei com vontade de responder: “Não se preocupe, não vou desperdiçar o seu tempo”, mas outras pessoas já estavam com as mãos levantadas, querendo falar.

O diretor de engenharia, usando uma polo branca com a insígnia corporativa, pegou o microfone. “Meu tio me ajudou a fabricar cola para meu projeto da feira de ciências na sexta série e essa experiência me marcou”, disse ele. “Acabei indo fazer engenharia química. Gosto de descobrir como as coisas funcionam.”

Mais alguns se pronunciaram. Um rapaz, fascinado por robôs quando era criança e trabalhando atualmente no setor de logística, disse que adoraria ver a empresa investir em tecnologia de drones.

Uma mulher, com cerca de cinquenta anos, levantou a mão e fez contato visual comigo. Acenei com a cabeça, sinalizando que ela poderia falar. “Minha mãe morreu de câncer de mama quando eu tinha catorze anos. Como consequência, decidi me dedicar à pesquisa do câncer. Sou uma sobrevivente de câncer de mama, e tenho uma filha de dezesseis anos. Estou fazendo isso pela minha família e por todos os pacientes e familiares afetados pelo câncer.”

Ela havia compartilhado um testemunho profundamente pessoal na frente de um grande grupo de colegas. Agradeci-lhe por sua coragem.

Senti que, de repente, o clima havia mudado. Aquela sala repleta de profissionais extremamente talentosos, indicados (querendo ou não) pela equipe executiva para participar de um retiro de dois dias sobre inovação, parecia ter saído de seu torpor. Alguns pareciam sintonizados com suas paixões e dispostos a falar sobre isso.

O resto demonstrava, agora, estar menos interessado em suas próprias mensagens de texto e mais atento ao que eu poderia ter a dizer.

"Ótimo, obrigada", continuei. "Todos nós percorremos caminhos tortuosos para chegar aonde estamos hoje. Porém, muitas vezes, o insight que nos levou ao que realmente gostaríamos de fazer foi dado há muito tempo, como alguns de vocês acabaram de compartilhar. Foi o que aconteceu comigo. Só que eu tinha me esquecido daquele insight e tive de reativá-lo vários anos atrás, quando estava me sentindo presa em um trabalho que havia perdido o sentido para mim."

Fiz uma pausa. "Acho que todos nós já estivemos nesse tipo de situação."

Percebi alguns acenos com a cabeça, em sinal de assentimento. Imaginei que um ou dois opositores ali naquela sala ainda estivessem se perguntando por que estavam sendo forçados a ouvir mais uma consultora lhes dizendo algo que achavam que já sabiam. Mas constatei que o público, tendo ouvido alguns de seus colegas dividirem memórias formadoras de suas infâncias, parecia estar mais atento, talvez até ansioso, para saber se a consultora de inovação tinha algo novo a oferecer.

Comecei fazendo exatamente o que eu havia lhes pedido para fazer. Compartilhei uma história da minha própria infância.

"Na verdade, é uma história sobre meu pai", eu disse.

Meu pai, Garland Hudson, foi um inventor, inovador e empreendedor em série. Ele sonhava com invenções, falava sobre invenções e era obcecado por invenções, desde as minhas mais remotas lembranças até seu último suspiro, em 2006. Ele resolvia grandes problemas, como saneamento industrial, e pequenas frustrações, como a transferência de gasolina do carro para o cortador de grama (a solução encontrada neste último caso? Ele desenvolveu uma bomba portátil, de mão, chamada Porta-Pump). Durante minha criação, sempre que meu pai observava um problema, meu irmão e eu éramos desafiados a encontrar pelo menos três soluções diferentes. Tínhamos, então, de defender os prós e os contras de cada uma das soluções.

Certa manhã, na Hot Shoppes Cafeteria, em Wheaton, Maryland, papai nos ensinou uma lição sobre inovação de produtos. Eu tinha treze anos, e meu irmão caçula, Greg, dez.

Ao relatar a história ao público, minha mente voltou àquele dia de verão, muito tempo atrás, quando — quer eu soubesse ou não — as sementes da minha própria mentalidade da inovação estavam vindo pela primeira vez.

GUARDE O AÇÚCAR: RECEITA PARA UMA INOVAÇÃO BEM-SUCEDIDA

Quando nos acomodamos no grande assento em vinil vermelho, meu pai se dirigiu a Greg e a mim como se estivéssemos fazendo uma reunião de equipe. "Então, eu trouxe vocês aqui por uma razão."

"Essa razão seria o café da manhã?", perguntou meu irmão.

"Tudo no seu devido tempo", respondeu papai. "Estamos aqui para descobrir como resolver um problema."

"Que tipo de problema?", perguntei, esticando meu pescoço sobre a mesa do movimentado restaurante. "As coisas parecem estar indo muito bem."

"Ah", disse papai. "Mas as aparências podem enganar..."

Por três manhãs seguidas durante aquela semana quente e sufocante de agosto, tomamos um café da manhã com ovos mexidos e suco de laranja, aproveitando o ar-condicionado — algo um tanto luxuoso naqueles dias — e apreciamos assistir o tráfego das pessoas no desejum. Nossa missão? Observar quanto tempo uma mesa demorava a ser limpa, até que estivesse pronta para receber o cliente seguinte. Fizemos anotações em nossos cadernos de redação e usamos nossas canetas de quatro cores para esboçar figuras e diagramas. Concluímos que o maior impedimento para uma rápida limpeza era o lixo gerado pelos pacotes de açúcar deixados sobre a mesa. Percebemos que as pessoas amassavam as embalagens e as jogavam sobre as mesas, derramando grânulos por toda parte. Outras jogavam os pacotes semiutilizados nos bancos, ou até mesmo no chão, o que significava que alguém precisaria varrê-los.

“Que bagunça”, disse Greg.

“Está falando sério?”, questionei. “Há embalagens de balas espalhadas por tudo.” Greg franziu a testa. Papai bateu com sua colher na xícara de café. Ele adorava usar sons para chamar nossa atenção.

“Vamos nos concentrar no problema”, disse ele. “A limpeza está demorando muito, e agora talvez saibamos por quê. E aí, o que vamos fazer?”

Sob a orientação de papai, passamos a semana seguinte discutindo soluções. Pensamos em eliminar os pacotes de açúcar e substituí-los por um dispensador de açúcar; colocar uma latinha de lixo em cada mesa, para que a limpeza fosse mais rápida; colocar adoçante líquido na bandeja giratória junto com o melado e o ketchup. Chegamos a cerca de meia dúzia de soluções. Com o incentivo de papai — “É sempre importante conversar com as pessoas mais próximas ao problema”, ele aconselhou —, conversamos com a gerente e algumas garçonetes para obter suas impressões.

No começo, elas se divertiram. “Senhor Hudson, por que você e seus filhos estão tão interessados em pacotes de açúcar?”, quis saber Esther, a gerente, depois que eu lhe fiz algumas perguntas.

“Estamos tentando resolver o seu problema”, interrompi, com tanta convicção como se eu já fosse uma consultora remunerada da Hot Shoppes.

“Qual problema?”, a gerente parecia desconfiada.

Meu pai dissipou quaisquer temores que a gerente pudesse ter. “A comida é ótima, e nós adoramos vir aqui”, disse ele. “Mas estou ensinando às crianças uma lição sobre como resolver problemas e criar novas soluções. E temos uma ideia que talvez possa lhe ajudar. Está vendo aquela fila de pessoas lá fora, passando calor, esperando para entrar aqui e tomar o café da manhã?"

A gerente olhou pela janela e assentiu. "Não consigo manter os ajudantes de garçom por mais de uma semana, desde que abriram uma nova filial da sorveteria Friendly's no shopping; as garçonetes estão reclamando que precisam limpar suas próprias mesas." Nesse instante, já tínhamos conquistado a atenção da gerente. Seus clientes estavam descontentes com as filas de espera, mas suas garçonetes estavam ainda mais descontentes com o trabalho adicional. Até hoje, lembro-me de pensar que meu pai era a pessoa mais inteligente do mundo naquele momento. Ele havia observado o problema da gerente e conversara com ela sobre isso com preocupação e interesse genuíno. No entanto, melhor do que isso, surgiram algumas ideias sobre como ajudar a consertar as coisas.

A interação com nossa cliente, a gerente, nos deu um entusiasmo renovado pelo projeto. Continuamos gerando ideias. Quando uma não fazia sentido — açúcar em um dispensador era tentador demais para crianças entediadas —, meu pai nos mostrava como mudar o raciocínio e adotar uma direção diferente. A ideia que levamos para o protótipo (e, sim, meu pai de fato nos apresentou a esse termo) foi um pequeno receptáculo de plástico em forma de cubo que ficava sobre a mesa. Nós o batizamos de cubo de açúcar e, para garantir que tivesse algum valor além de apenas armazenar pacotes cheios e embalagens vazias, o projetamos para exibir anúncios, adicionando um novo fluxo potencial de receita para a Hot Shoppes.

Meu pai marcou uma reunião com Esther um pouco antes do início das aulas, em setembro, para que pudéssemos demonstrar como funcionava o cubo de açúcar com o logotipo da Hot Shoppes. Meu papel era recapitular nossa pesquisa, mostrando nossos diagramas e gráficos com a cronometragem da rotatividade das mesas. E, claro, simulamos o processo de utilização do produto. Minha mãe, Polly, juntou-se a nós para a apresentação de vendas. Usando o elegante vestido azul-marinho que guardava para ocasiões especiais, ela destacou as características e benefícios do produto enquanto o demonstrávamos: papai com uma xícara de café, e Greg e eu com chá gelado sem açúcar. A gerente adorou. O cubo de açúcar não havia resolvido todos os seus problemas, mas era um começo. Nós o instalamos não apenas em sua loja, mas também em vários outros estabelecimentos da região.

Com a orientação de papai, tínhamos colocado nosso primeiro produto no mercado. Ele estava orgulhoso. Olhando para trás agora, percebo que eu havia encontrado minha vocação.

APRESENTANDO A MENTALIDADE DA INOVAÇÃO

A maior parte do público parecia estar ouvindo atentamente a história que contava. Alguns até esboçavam um sorriso. Talvez conhecessem a Hot Shoppes, ou tivessem um irmão caçula chamado Greg, ou lembrassem de como era ter treze anos de idade e admirar o próprio pai. Mas eu estava diante de um público difícil. Uma mulher fez uma careta. Era como se eu pudesse ler sua mente. "Ela acha que devemos ficar impressionados por ela ter inventado um produto quando era criança?"

Minha intenção, é claro, não era impressionar, mas instruir — especificamente, sobre a resolução de problemas, que é o cerne do processo de inovação.

"Então, o que aprendi com essa experiência?", perguntei ao público, de forma retórica. "Aprendi que a resolução de problemas era uma habilidade interessante de se ter, e era divertida. Os problemas estão ao nosso redor, e podemos encontrar maneiras de melhorar as coisas se nos dedicarmos a isso. As soluções que atendem a uma necessidade do cliente, e pelas quais ele está disposto a pagar, são as que apresentam as maiores chances de sucesso comercial. Passei minha vida, minha carreira e meu tempo pessoal ajudando a levar novos tratamentos e serviços aos pacientes. Quando sinto que estou perdendo o rumo, me lembro dessa história. Eu os encorajo a anotar algumas de suas primeiras lembranças sendo criativos, sentindo-se inspirados. Isso ajudará a estimular sua criatividade e alimentará sua inspiração, à medida que vocês forem desenvolvendo novas ideias e novas soluções."

Em seguida, apresentei um exercício de simulação, projetado para praticar a resolução de problemas. Dei a cada uma das mesas um problema para resolver e uma série de artefatos (Legos para adultos), com instruções para adicionar, subtrair e combinar as partes, visando encontrar soluções diferentes.

Para tornar o exercício um pouco mais envolvente, sugeri que fizéssemos uma competição para descobrir as melhores ideias em diferentes categorias. As cabeças começaram a balançar em sinal de assentimento, e as pessoas começaram a examinar as peças que estavam sobre as mesas. Alguém acendeu as luzes e desligou o projetor de slides. Percebi que os celulares estavam apoiados nas mesas, mas virados para baixo.

Aquela palestra e os exercícios que fizemos naquele dia eram uma introdução ao que chamo de mentalidade da inovação, o estado de espírito com o qual tive contato pela primeira vez na Hot Shoppes, e que adotei em meu trabalho como executiva dos ramos farmacêutico e de tecnologia, consultora e acadêmica que estuda e ensina a arte e a ciência da inovação.

Para criar mudanças significativas, para sermos inovadores, primeiro temos de adotar a postura correta, e a atitude correta. Uma mentalidade da inovação emana de uma cultura de resolução de problemas, associada à curiosidade pessoal, à paixão e aos talentos naturais. A partir daí, tem-se um trampolim para explorar uma área em que é possível entender e demonstrar empatia pelas necessidades dos clientes, e desenvolver as soluções que eles desejam. Tudo isso converge quando compreendemos em que somos bons, do que o cliente precisa e o impacto que queremos causar. Consideremos as seguintes histórias, que levaram à comercialização de produtos e serviços. Será possível perceber, também, que cada uma delas foi uma resposta à frustração com uma situação preexistente.

Um engenheiro cuja avó sofria de artrite grave nas mãos e não conseguia segurar uma agulha para injetar insulina decidiu testar um adesivo cutâneo que liberava o remédio. Um empresário autônomo, frustrado com o alto custo para reservar voos de última hora, criou um *software* que permite que os clientes façam ofertas por assentos em voos de sua escolha. Um profissional de saúde pública que era portador assintomático de Covid-19 e infectou involuntariamente toda a sua família desenvolveu um cadastro de pacientes para investigar o que os outros portadores assintomáticos têm em comum. Essas são histórias sobre paixão e foco — pessoas que se preocupavam com o cliente e com o problema que se estavam propondo resolver.

A propósito, não existe um momento mágico para abrir as comportas e permitir que a inovação possa fluir. Ralph Lauren tinha 29 anos quando criou a Polo. A atriz Hedy Lamarr tinha 36 anos quando inventou o sistema de sinal que levou à criação do Wi-Fi e do GPS (sim, ela inventou esse sistema). Henry Ford tinha cinquenta anos quando deu início à sua primeira linha de montagem em série. Ray Kroc tinha 52 anos e era vendedor de milk-shakes quando fundou o McDonald's. Benjamin Franklin tinha 79 anos quando inventou os óculos bifocais. E se você ainda não estiver convencido, nunca é tarde para realizar o seu sonho: Dimitrion Yordanidis tinha 98 anos quando correu uma maratona em Atenas, na Grécia, em sete horas e 33 minutos.

Aos dezesseis ou sessenta anos, você tem a vida toda à sua frente. Pode escolher sua área de foco e começar a gerar novas ideias hoje. Seu momento é agora.

INVENÇÃO E INOVAÇÃO

A palavra invenção remonta ao século XIII, e é definida como "encontrar ou descobrir algo". Teve sua primeira morada nos laboratórios de pesquisa e desenvolvimento (P&D) e nas patentes que se seguiram. Na década de 1950, o uso do termo começou a declinar, à medida que as empresas passaram a se concentrar nos benefícios externos e econômicos das pesquisas e patentes. Fora desse contexto, um novo termo começou a aparecer no léxico, sinônimo da necessidade não apenas de conceituar uma invenção, mas também de comercializá-la.

A palavra "inovação" também remonta ao século XIII. Originalmente, era um termo pejorativo, referindo-se a uma revolta, rebelião ou heresia, em um momento em que a mudança, por menor que fosse, era considerada politicamente prejudicial. Ao longo dos séculos, seu significado evoluiu; hoje, é usada para descrever novas ideias, pensamentos criativos e a aplicação de novas soluções que atendam às necessidades não satisfeitas do mercado. Uma busca no Google rende dois bilhões de referências à palavra "inovação".

Alguns especialistas contemporâneos apontam que seu uso no século XIII era mais apropriado. Esses críticos argumentam que a inovação é um termo da moda, usado em demasia. Talvez sim, mas ela continua sendo uma alta prioridade na agenda do diretor-executivo (CEO). Em 2019, 55% dos líderes empresariais que participaram da 22ª Pesquisa Anual Global de CEOs da empresa de auditoria Price, Waterhouse, Cooper (PwC) afirmaram que não se sentiam capazes de inovar de forma eficaz. Eles colocavam essa falta de talento no topo de sua lista de preocupações — ou seja, precisamos de inovadores mais do que nunca!

Evidentemente, os críticos talvez tenham razão em um ponto. O termo é usado de forma pouco rigorosa. Aqueles que, como eu, ensinam e pesquisam nesta área desenvolveram uma tipologia de inovações. Aqui estão as principais:

1. Inovações incrementais são novos recursos ou mudanças de processo em produtos ou serviços já existentes. Pense na evolução dos aparelhos de barbear Gillette, de uma única lâmina para três lâminas, obtendo um barbear mais rente, ou o Tylenol® PM, que adicionou um indutor do sono ao seu analgésico, ou as melhorias nos processos e fluxos de trabalho, como desenvolver mais eficiência entre os parceiros da cadeia de suprimentos, com o intuito de introduzir mais rapidamente um produto no mercado.

2. Inovações impactantes são novas formas de fazer as coisas que se originam dentro de uma empresa, geralmente com uma equipe multidisciplinar, e levam ao próximo nível de desempenho; elas podem criar um novo mercado para um produto ou serviço, ou mudar a forma como o cliente interage com o mercado ou um ramo de atividade. Nenhuma lista de inovações impactantes estará completa sem uma menção ao Dyson. O primeiro aspirador de pó sem saco do mundo se baseou em um modelo de negócios existente, mas a empresa potencializou a nova tecnologia para aprimorar a oferta ao mercado. Eles usaram essa abordagem para desenvolver seu ventilador sem lâminas, o Dyson Cool™.

Liderei o desenvolvimento de uma inovação impactante para uma empresa biofarmacêutica que estava empenhada em colocar mais rapidamente seus medicamentos no mercado. Ao fim deste capítulo é possível encontrar este estudo de caso.

3. Inovações disruptivas mudam o mundo para sempre. Muito tem sido escrito sobre esses tipos de inovações, definidas, em 1995, pelo professor de Harvard, Clay Christensen, como a criação de um novo mercado e de uma nova rede de valores que desestabiliza ou desloca empresas, produtos e alianças líderes de mercado já estabelecidos. São comumente citadas como uma das ideias de negócios mais influentes do século XXI, tendo levado a *Economist* a chamar Christensen de "o pensador de gestão mais influente de seu tempo". A Uber é um exemplo atual de inovação disruptiva. Ela alterou a capacidade de pagar por um serviço de transporte no mercado popular e permitiu que qualquer pessoa com um smartphone e uma conta bancária solicitasse uma viagem particular até seu destino. Do lado da oferta, ela substituiu os táxis, os serviços de automóveis e até mesmo a locação de veículos, criando uma nova categoria de trabalho para pessoas que procuram uma ocupação temporária e de meio expediente.

A Airbnb começou como um serviço de aluguel de colchões de ar para passar a noite e, no fim, alcançou o mercado mais exclusivo, a ponto de competir com os hotéis, mudando efetivamente a forma como tomamos decisões e vivenciamos o ato de pernoitar. A empresa usou um marketing inteligente para mudar a reação inicial do consumidor de "ficar na casa de uma pessoa estranha parece esquisito" para "uau, meu anfitrião está personalizando minha visita, e me deu ótimas dicas sobre restaurantes e coisas divertidas para fazer nas redondezas". Hoje, a Airbnb é uma empresa estimada em US$ 31 bilhões, e foi uma das três principais ofertas públicas iniciais (IPOs, na sigla em inglês) em 2020, levantando mais de US$ 3 bilhões.

A pandemia de Covid-19 provocou a atualização do debate sobre o tema da inovação. De acordo com a McKinsey & Company, o valor econômico mínimo vaporizado pela pandemia está em algum lugar na faixa dos US$ 9 trilhões. Não é de admirar que os líderes empresariais de todo o mundo estejam procurando entender como seus negócios vêm sendo modificados e como eles precisam reagir. O desenvolvedor de *software* Bill Gates, em um artigo publicado pelo *Washington Post*, comparou o impacto da Covid-19 ao da Segunda Guerra Mundial, afirmando que as coisas mudariam para sempre. Ele descreveu inúmeras oportunidades de inovar para conter a pandemia e sua reincidência, mas também destacou que a sociedade exigirá, para sempre, novas maneiras de pensar e gerir seus processos. Quer se trate de crianças indo para a escola, pessoas frequentando um restaurante ou um hospital solicitando suprimentos, nada mais será como antes.

Existem muitas concepções errôneas sobre aquilo que caracteriza e o que não caracteriza uma inovação. Tenho mais algumas reflexões sobre isso, que compartilharei em breve.

COMO USAR ESTE LIVRO PARA ESTIMULAR A SUA MENTALIDADE DA INOVAÇÃO

Este livro é destinado a leigos, iniciados e estudantes de negócios interessados em fomentar mudanças ou que desejem entender melhor o mecanismo da inovação. Nele, será possível conhecer um processo que desenvolvi e utilizei com clientes e alunos, além de servir como orientação para meu próprio processo de apresentação de novas ideias ao mercado. Ele envolve uma abordagem gradual e baseada em evidências, e muitos de seus componentes são usados por líderes de inovação e empreendedorismo.

Organizei os capítulos deste livro de acordo com os estágios do processo de inovação, e cada um deles contém estudos de caso, exemplos e ferramentas da vida real. Eis aqui um resumo dessas leis, sobre as quais você descobrirá mais em cada capítulo.

AS LEIS DE INOVAÇÃO DA PROFESSORA LORRAINE H. MARCHAND

O processo começa com a mentalidade correta, que chamamos de mentalidade da inovação. Trata-se de uma atitude que acolhe a mudança e é voltada para a formulação de perguntas e a resolução de problemas.

É o ponto de partida para uma mudança significativa. A partir daí, deve-se estipular a lei — as oito leis de uma inovação bem-sucedida.

Lei 1. Uma inovação bem-sucedida precisa oferecer uma solução. Pergunte a si mesmo: "Qual é o problema que estou tentando resolver?";

Lei 2. Uma grande inovação começa com pelo menos três boas ideias. Você precisa explorar várias soluções antes de reduzi-las a três, e depois a uma;

Lei 3. Os inovadores são sonhadores, mas também são realistas. Simplifique ao máximo a sua ideia e identifique o seu MVP — sigla, em inglês, para o mínimo produto viável;

Lei 4. Cem clientes não podem estar errados. É por isso que você precisa perguntar — a todos eles — sobre suas necessidades e se a ideia que você está tendo é capaz de atendê-los;

Lei 5. Considerando que as condições mudam constantemente, siga a lei dos 3-Ps.* Esteja pronto para mudar de direção a qualquer momento!

Lei 6. Uma inovação bem-sucedida decorre de um modelo e de um plano de negócios sólidos. Registre-os por escrito;

Lei 7. As probabilidades estão contra você, mas você pode melhorá-las. Tome as medidas necessárias para reduzir os riscos do seu modelo de negócios;

Lei 8. Não há inovação sem persuasão. Portanto, a sua apresentação deve ser perfeita!

Também abordaremos o levantamento de capital e incluiremos modelos e ferramentas que você poderá utilizar para impulsionar as suas próprias ideias inovadoras, e discutiremos alguns estudos de caso relevantes e as visões de grandes inovadores. Na seção "Inovador em foco", dos capítulos 1 a 8, você conhecerá inovadores interessantes que foram entrevistados por nós.

---

* (N. do T.) No original em inglês, "Pivot at any Point in the Process", onde "pivot" pode ser traduzido para pivotar, girar, fazer uma rotação ou, como preferimos, mudar de direção.

DETALHANDO OS TIPOS DE INOVAÇÃO MAIS EFICAZES

Desde a época do inventor Thomas Edison, a imagem estereotipada do processo de invenção tem sido o momento "eureka" — a explosão de inspiração proveniente da brilhante mente do inventor na hora em que a lâmpada acende, seja literal ou figurativamente. O próprio Edison deixou claro que inventar é um processo disciplinado que envolve paciência e muito trabalho. "Nenhuma das minhas invenções surgiu por acaso", afirmou ele. "Identifico uma necessidade que vale a pena ser satisfeita e faço tentativa após tentativa até chegar lá. Em outras palavras, é 1% de inspiração e 99% de transpiração." Embora ele tenha se tornado um ícone individual como inventor, o segredo para a produtividade de Edison foi o desenvolvimento de uma equipe multidisciplinar de inovadores, baseada em seu laboratório em Menlo Park. Hoje, creditamos a ele a criação de uma cultura para que a inovação floresça, promovendo uma mentalidade nova. Ele sabia que a quantidade de ideias era importante, e que o fracasso de muitas soluções potenciais era inevitável. Ele testou milhares de filamentos antes de encontrar um material estável para sua primeira lâmpada bem-sucedida.

Qual é o aspecto de uma inovação? Ela pode assumir várias formas, algumas das quais já mencionadas anteriormente neste capítulo.

Vejamos alguns exemplos. O primeiro deles requer um breve histórico sobre estresse oxidativo, um subproduto de quase todas as doenças conhecidas — desde insuficiência cardíaca congestiva até Parkinson e muitas outras doenças dentro desse espectro. Nos primeiros dias da minha jornada como inovadora, um colega me pediu para ajudá-lo a desenvolver a estratégia de marketing para um teste diagnóstico capaz de medir os níveis de estresse oxidativo no sangue. Eu sabia que era arriscado tentar comercializar um produto que investigava um problema a ser resolvido, mas ele estava empolgado com a tecnologia e o impacto que ela poderia causar na área médica, de modo que concordei em ajudar. Reunimos a nata de especialistas em estresse oxidativo no âmbito de várias doenças. Na ânsia do meu colega de comercializar um produto dispondo de poucos recursos, nos deparamos com alguns problemas. Tínhamos uma tecnologia de base ampla — uma solução — sem um alvo claro. O que os médicos fariam com aquela informação? Qual era o problema a ser resolvido? As opções eram tão vastas que não conseguimos reduzi-las eficientemente. Meu colega acabou licenciando a tecnologia para um laboratório de pesquisa.

Esse tipo de inovação é comum, mas não é eficaz. Eu a chamo de inovação do Campo dos Sonhos, em alusão ao filme homônimo de 1989, estrelado por Kevin Costner. Nele, uma voz misteriosa implora ao personagem de Costner, Ray Kinsella, que construa um campo de beisebol, em seu tradicional formato de diamante, em seu milharal no estado de Iowa. "Se você construir, ele virá" são as palavras exatas que Kinsella ouve enquanto caminha por seu campo. Mas essa fala é comumente reproduzida como "Se você construir, eles virão". E, mais adiante no filme, eles acabam vindo mesmo — os fantasmas de ex-jogadores da liga principal, liderados pelo lendário Shoeless Joe Jackson.

Isso em Hollywood. No mundo das inovações corporativas, "eles" significa clientes — e lucros.

O impacto de uma inovação do Campo dos Sonhos mudou a sociedade, ainda que, de início, sem muita eficiência. Em 1968, o dr. Spencer Silver, cientista da 3M, descobriu um acrílico que tinha alta viscosidade, mas baixa aderência, tornando-o a solução perfeita quando se fazia necessário um adesivo levemente pegajoso que não danificasse uma superfície, como o papel, quando removido. Durante cinco anos ele tentou encontrar o problema certo a ser resolvido com seu adesivo, sem nenhum sucesso. Somente quando o colega de trabalho, Art Fry, decidiu usar o adesivo para fixar notas em seu hinário da igreja foi que os Post-It Notes nasceram — tornando-se uma das inovações de produtos mais populares de todos os tempos. Você acredita que empresas como a Google, a Amazon, a IBM e até mesmo a 3M poderiam esperar cinco anos pelo retorno sobre investimentos realizados hoje? É improvável. Esse tipo de inovação pode funcionar ocasionalmente, em uma pequena porcentagem do tempo, mas é o tipo errado de inovação se o seu objetivo for chegar ao mercado de maneira eficaz. Você também pode ficar esperando o fantasma de Babe Ruth aparecer no seu quintal.

Vamos tentar outro exemplo. Você sabia que a pílula mais vendida para calvície masculina foi originalmente desenvolvida para tratar a hipertensão sanguínea? Os estudos clínicos para a droga que conhecemos como Rogaine incluíam homens de meia-idade com hipertensão, muitos dos quais eram carecas. Durante o estudo, esses homens perceberam que seus cabelos voltaram a crescer. Embora isso fosse um resultado imprevisto, a empresa Upjohn respondeu prontamente e mudou de direção, lançando seu medicamento antes do esperado — como um tratamento para a calvície masculina. A maioria das pessoas pensa que as novas ideias deveriam funcionar assim: surge um momento de "Eureka!", e eis que a cura para a calvície é revelada. Mas esse tipo de inovação, embora atraente, também é raro. É como ganhar na loteria — a recompensa é enorme, mas as probabilidades de obter essa recompensa são quase nulas. Podemos nos deixar seduzir e acreditar que seríamos os únicos a comprar o bilhete premiado, mas as chances indicam que isso não corresponde à realidade. Essa espécie de inovação é conhecida como fruto do acaso. Embora uma inovação fortuita seja empolgante e ocasionalmente bem-sucedida, é improvável que a maioria de nós esteja envolvida em algo desse tipo.

Então, se não podemos contar com uma inovação do Campo dos Sonhos, nem com uma inovação fruto do acaso para produzir os melhores resultados, como seria o caminho para um sucesso mais previsível?

Vamos considerar um exemplo de inovação bem-sucedida, por ter seguido o processo de resolução de problemas. Um engenheiro de 25 anos de idade, chamado Willis Carrier, trabalhava em uma gráfica quando se dispôs a resolver o problema de controlar a umidade que vinha causando o empelotamento das tintas. Ele contou a um amigo sobre sua ideia de ressecar o ar, fazendo-o entrar em contato com a água para gerar vapor. Carrier projetou um protótipo mecânico que forçava o ar a passar por serpentinas refrigeradas pela água, reduzindo efetivamente a umidade no interior da fábrica. Em 1902, sua inovação não apenas melhorou a qualidade das tintas, como trouxe o benefício adicional de melhorar o conforto dos trabalhadores na fábrica, dando origem ao moderno ar-condicionado e tornando Carrier um nome que até hoje é sinônimo de refrigeração. Carrier chegou a uma definição clara do problema e trabalhou para resolvê-lo. Sua solução teve implicações de longo alcance.

Novas ideias que mudam para sempre um ramo de atividades ou a maneira como os clientes fazem algo são chamadas de inovações disruptivas. Uma das atuais inovações disruptivas é o modo pelo qual a Amazon transformou completamente a experiência de compra. Outra é a Netflix, que reimaginou a maneira como assistimos a filmes. Uma terceira é o PayPal, que mudou a forma como pagamos pelas coisas.

Em vez de conceber uma inovação disruptiva, difícil de planejar, você pode começar fazendo mudanças incrementais ou aprimoramentos de processos. Aprendi a inovar focando em pequenas coisas que eu poderia mudar. Aquele cubo de açúcar sobre o qual comentei foi minha primeira inovação bem-sucedida, mas não a última.

O que os pacotes de açúcar e Carrier têm em comum? Eles ilustram como funciona uma abordagem de inovação orientada por resultados. Uma inovação com a maior taxa de acerto é aquela que começa com um problema definido pela demanda do cliente e, em seguida, usa um processo que avalia sistematicamente as soluções potenciais para melhor adequação.

Não é fruto do acaso, não é uma disrupção, nem uma solução bacana que já está pronta, à espera de um problema. É identificar o problema de um cliente e, aí sim, encontrar a melhor solução. É preciso foco e trabalho árduo, como afirmou Edison. Os inovadores devem ter paixão pelo que fazem, por um motivo: é preciso muita energia para trabalhar com tanto afinco.

Assim, como é possível criar uma mentalidade de inovação para a sua empresa, para a sua equipe, e para você mesmo?

Primeiro, encontre o seu pacote de açúcar — o problema que você vai solucionar. Certifique-se de que é um problema que vale a pena resolver, pelo qual o cliente está disposto a pagar. Em seguida, examine-o, dividindo-o em partes. Olhe para ele sob todos os ângulos e sob múltiplos pontos de vista. Seu objetivo é capturar uma descrição concisa do problema.

Em seguida, avalie e teste as soluções, escolhendo a que melhor se ajuste à produção do protótipo. Elabore várias, pois você terá de passar por uma ou várias opções antes de encontrar a melhor. Lembre-se: as opções que não são as mais indicadas não são falhas, elas somente não são as suas melhores opções.

Depois de compartilhar nossas histórias, apresentar a visão geral das leis de inovação e concluir nossos exercícios práticos, pedi que o grupo emitisse sua opinião sobre a minha apresentação. A maioria afirmou que a mentalidade de inovação causara um impacto considerável, e todos estavam ansiosos para colocá-la em prática. Alguns já estavam com ideias para projetos-piloto. As corporações adoram a possibilidade de capitanear uma nova ideia. Por quê? Como um executivo me disse, confidencialmente: "Se for para falhar, façamos isso de forma discreta e segura, para que ninguém saia com a carreira prejudicada".

Como resultado do nosso trabalho conjunto naquele dia, vários líderes que estavam ali apresentaram ideias de produtos e serviços a seus gerentes. Um ambicioso líder de tecnologia da informação

(TI) obteve aprovação para projetar e implementar uma ferramenta digital para melhorar a comunicação com os médicos. Um engenheiro criou uma versão da Siri voltada para o cliente, para ajudar a fazer a triagem das dúvidas dos clientes com mais antecedência e de forma mais eficiente. Em um trimestre, as pontuações de satisfação do cliente da empresa aumentaram 14%.

Seis meses depois, recebi este bilhete de uma mulher que integrava uma equipe de desenvolvimento de produtos: "Lorraine, eu só queria que você soubesse como fiquei inspirada por sua palestra em junho passado. Fiz o que você recomendou: peguei um caderno e comecei a registrar as minhas observações e ideias novas. Então, compartilhei algumas delas com a minha equipe e o meu gerente. Recebemos aprovação para dar prosseguimento a uma nova abordagem para gerenciar nossa cadeia de suprimentos, cuja promessa é levar mais rapidamente às prateleiras das lojas um de nossos produtos. Nossos clientes de farmácias estão encantados! À nossa maneira, estamos mudando a cultura, e isso é ótimo."

RESUMO DO CAPÍTULO

- Transforme a resolução de problemas em uma maneira de pensar, e recompense-a quando a identificar;
- Encontre o seu pacote de açúcar — uma área problemática pela qual você tenha paixão;
- Faça do cliente a sua prioridade número um;
- Elimine o fracasso do seu vocabulário, e substitua-o por mudança de direção. Mude quantas vezes precisar até obter sucesso. Certifique-se de aprender a cada passo do caminho;
- Lembre-se de que a inovação com maior índice de sucesso é baseada em uma abordagem de resolução de problemas que atenda às necessidades do cliente;

· Não se esqueça de aproveitar a viagem. Embora árdua por vezes, ela deveria fazer com que você se sinta energizado e liberto.

ESTUDO DE CASO: UMA INOVAÇÃO PREMIADA EM ENSAIOS CLÍNICOS

Vários anos atrás, eu trabalhava para uma grande corporação farmacêutica que, depois de contabilizar perdas de receitas da ordem de milhões de dólares por dia, vinha se empenhando cada vez mais em colocar eficazmente seus produtos no mercado. A principal razão para a defasagem era a imprecisão no prognóstico e na gestão dos ensaios clínicos. Executávamos 250 estudos por ano, e aproximadamente 90% deles estavam perdendo os prazos de conclusão, uma etapa crítica para enviar um medicamento às autoridades reguladoras, como a Food and Drug Administration (FDA), visando obter a aprovação. Isso significava que as terapias não estavam chegando com a devida celeridade aos pacientes necessitados. Eu havia sido recrutada para ajudar a melhorar o desempenho dos ensaios clínicos e fazer com que os medicamentos chegassem ao mercado com segurança e mais rapidez. Reconheci aquele desafio como uma grande oportunidade de criar uma nova solução para um velho problema.

Depois de examinar e discutir o problema com a gerência, equipes e parceiros, cheguei à conclusão de que os parâmetros que usávamos para recrutar pacientes para nossos estudos eram um dos maiores impedimentos para concluí-los a tempo. Diante disso, o que fizemos?

Primeiro, montei uma equipe de especialistas e operadores. Entrevistamos clientes e operadores internos e externos, observando como eles estavam recrutando pacientes, e o que estava e não estava funcionando.

Definimos o problema. No entanto, em termos globais, não dispúnhamos dos dados necessários para tomar boas decisões de negócios sobre onde deveríamos realizar nossos testes e com quais médicos. Essa falta de dados e o dinamismo do processo levaram a prognósticos imprecisos sobre a conclusão do estudo e afetaram a forma como a equipe gerenciava o estudo.

Em seguida, fizemos um *brainstorming* para levantar soluções. Percebemos que precisávamos encontrar uma forma de coletar mais dados sobre a situação, a fim de embasar melhor a tomada de decisão. Nos inteiramos de como as equipes vinham escolhendo os locais de estudo, e constatamos que o critério baseava-se em relacionamentos. Nenhum dado de desempenho ou parâmetro de referência fazia parte do processo.

Selecionamos algumas soluções para testar e, por fim, projetamos um conjunto de seis ferramentas baseadas em informações coletadas pelos dados reais disponíveis em diferentes departamentos, dentro e fora da empresa.

O protótipo que projetamos foi testado com duas equipes, em dois programas distintos. Nós o fizemos com o auxílio das equipes clínicas, a fim de garantir que suas metas e objetivos críticos fossem atingidos.

As equipes clínicas (nossos clientes internos) gostaram de ter acesso a dados que as ajudassem a fundamentar a tomada de decisão sobre seus ensaios. Um gerente afirmou: "Os dados fornecidos pelo departamento de estratégia e planejamento de pesquisa foram inestimáveis quando estávamos planejando nosso estudo sobre diabetes, incluindo onde distribuir globalmente nosso orçamento de US$ 50 milhões. Em futuros planejamentos, eles serão uma espécie de 'Selo de boa gestão interna' de aprovação".

Mas são os resultados que contam. Um grande estudo global sobre diabetes, com mais de mil pacientes, foi concluído nove meses antes do previsto, um prazo inédito na empresa. Um estudo sobre artrite reumatoide foi concluído três meses antes do planejado, permitindo que a empresa não apenas economizasse dinheiro, mas também obtivesse receitas mais cedo e fizesse o medicamento chegar aos pacientes com mais rapidez. Esse medicamento foi lançado à frente do seu concorrente mais direto, e os pacientes relataram um alívio dos sintomas incomparável com o de outras terapias disponíveis à época.

Quando os protótipos e os pilotos ficaram prontos, nós os avaliamos, recebemos mais informações dos clientes e refinamos nossas soluções. Facilitamos o uso da ferramenta e melhoramos a precisão dos resultados.

Por fim, depois de trabalhar com a gerência para garantir mais recursos, criamos o novo modelo para ser aplicado em larga escala. O chefe de P&D ordenou que todos os estudos fossem planejados com o nosso modelo e as nossas ferramentas, como parte do processo de aprovação do estudo. Naquele ano, a equipe e eu ganhamos o prêmio de inovação da empresa. Embora todos estivéssemos orgulhosos do reconhecimento e do fato de que o que havíamos desenvolvido se tornara o precursor do protocolo de P&D usado até hoje, foi uma comprovação não para nós, mas sim para a atitude e a mentalidade que nossa equipe personificou: a mentalidade da inovação.

Capítulo 1

A PRIMEIRA LEI DE INOVAÇÃO

UMA INOVAÇÃO BEM-SUCEDIDA PRECISA RESOLVER UM PROBLEMA

Domingo de Páscoa, abril, fim da década de 1970. Minha família estava organizando a caça anual aos ovos de Páscoa dos Hudson, às 14h, nosso passatempo favorito por mais de uma década. O único problema era que a grama, que havia crescido após vários dias de chuva no início da primavera, precisava urgentemente ser cortada. No café da manhã, minha mãe lembrou meu pai da tarefa por fazer, provavelmente a terceira vez que ela trazia o assunto à tona naquele fim de semana. Quando voltamos da igreja, papai, meu irmão Greg e eu fomos para o galpão preparar o cortador de grama e separar os sacos de lixo. Greg e eu deveríamos recolher os gravetos, para que papai pudesse cortar. Recebi a tarefa extra de capinar, coisa que eu detestava. Papai tirou a tampa do tanque do cortador de grama e assobiou baixinho.

“O que foi?”, perguntou Greg.

“O cortador de grama está sem gasolina”, respondeu papai, balançando a cabeça. “Ontem eu estava com o galão de gasolina no carro, mas esqueci de abastecer. Sua mãe não vai ficar nada contente.”

"O que vamos fazer?", perguntei. Eu sabia que minha mãe ficava ansiosa sempre que recebíamos alguém, especialmente em um feriado importante como a Páscoa, então eu não queria ser quem ia lhe dar a notícia. Aquela também era uma época em que as "leis dominicais" estavam em vigor em Maryland, de modo que os postos de gasolina, assim como a maioria das outras lojas, estavam fechados.

Teríamos de improvisar — ou eu deveria dizer inovar?

"Será que podemos usar a podadeira da cerca viva?", perguntou Greg, meio brincando — nós dois sabíamos que nosso pai, professor e inventor, nos pressionaria para encontrar três soluções, assim como havia feito na Hot Shoppes.

"Podemos esconder os ovos em casa", arrisquei.

"Podemos perguntar ao sr. Cassady se ele nos emprestaria seu cortador de grama. Eu o vi cortando a grama ontem", sugeriu Greg. O sr. Cassady, que morava na casa ao lado, era funcionário aposentado do governo federal, de acordo com papai, e "muito intrometido", de acordo com mamãe. Eu estava certa de que meu pai não iria deixá-lo participar do nosso pequeno segredo do domingo de Páscoa.

"Antes de pularmos para as soluções, vamos analisar o problema." Mesmo em meio a uma pequena crise familiar, papai nunca perdia uma oportunidade de ensinar.

"Então, qual é o problema aqui, pessoal?", continuou ele.

"Precisamos cortar a grama para preparar a caça aos ovos de Páscoa, mas o cortador está sem gasolina e os postos de gasolina estão fechados", respondi prontamente.

"Vamos pensar no problema de o cortador de grama necessitar de gasolina", disse papai. "É verdade que precisamos de gasolina. Mas é verdade que não temos nenhuma gasolina disponível?"

Olhei para o Chevy 1972 da minha mãe parado na garagem. Mamãe estava sempre preparada. Ela nunca deixava a gasolina do carro ficar abaixo da metade do tanque. Por outro lado, eu tinha certeza de que a perua do meu pai estava funcionando à base de fumaça.

"Como vamos fazer para retirar a gasolina do Chevy da sua mãe e colocá-la no cortador de grama?", perguntou papai.

Corri para dentro de casa e voltei com o besuntador de peru, aliviada pelo fato de que iríamos comer presunto no jantar. Em casa, fui bem-sucedida e consegui evitar comunicação com minha mãe, ela passava o aspirador de pó na sala de jantar. Resolvi que iríamos lhe contar tudo depois do jantar. Afinal, eu sabia que ela notaria a falta de gasolina quando fosse trabalhar na segunda-feira de manhã.

Papai removeu silenciosamente a tampa do tanque, para não fazer nenhum barulho que pudesse atrair a atenção do sr. Cassady. Depois de inserir cuidadosamente o besuntador de peru no tanque de gasolina e pressionar a ventosa, ele chegou à conclusão de que o tanque do Chevy estava realmente cheio — puxou com facilidade o combustível para dentro do besuntador. "Eu sabia", disse para mim mesma, orgulhosa da prontidão da minha mãe, tal qual uma escoteira.

"Mas, papai, você precisa manter a ventosa do besuntador pressionada para preservar a gasolina no tubo, e depois transferir esse pouquinho para o cortador de grama", observei. "Isso vai demorar muito", acrescentei baixinho, ouvindo o zumbido do aspirador de pó.

"Bem, agora que sabemos que temos uma fonte de gasolina, este é apenas o protótipo do dispositivo", disse papai.

"Esperem aqui." Meu pai fabricava e distribuía recipientes de plástico na sua empresa, a Sandell Sales and Manufacturing. Ele guardava uma grande caixa de papelão com peças de plástico no galpão.

Ouvi o som de caixas deslizando e prateleiras rangendo conforme papai vasculhava suas peças no galpão. Ele voltou com uma mangueira de plástico transparente, com cerca de um metro de comprimento, uma ventosa do tamanho de sua mão e uma bomba improvisada que ele havia montado no outono passado para retirar água parada das calhas. Colocou tudo no chão, como que nos mostrando o que estava prestes a conceber.

Observei papai cortar a mangueira ao meio, fazer dois furos na ventosa e depois usar a mangueira e o tubo para inserir a ventosa entre os dois pedaços da mangueira. Ele selou as extremidades com um tubo de calafetagem semiutilizado que encontramos no galpão.

Experimentamos nossa nova bomba de gasolina. Enfiei uma ponta da mangueira no tanque do Chevy, enquanto Greg conduzia a outra ponta para dentro do cortador de grama. Papai começou a pressionar e a soltar a ventosa. Senti o cheiro do fluido âmbar antes de vê-lo, mas quando ele começou a fluir pela mangueira, a sensação foi como se tivéssemos encontrado petróleo.

Papai bombeou. Greg aplaudiu. “Sssh!”, eu disse, lembrando-lhe de que aquela era uma operação de inovação clandestina. Quando o reservatório de gasolina do cortador de grama ficou cheio, papai fez um gesto com a mão.

Terminamos de cortar a grama exatamente no instante em que mamãe veio nos apressar para entrar e vestir nossas roupas de primavera, para que pudéssemos esconder os ovos de Páscoa que ela havia preenchido com moedas e chocolates Hershey.

Quando a caça aos ovos começou, com a presença dos meus primos mais novos, papai piscou para mim e apertou o ombro de Greg. “Bom trabalho”, foi tudo o que ele disse.

Mais tarde, naquela noite, ouvi mamãe dizendo a papai que havia gostado de assistir à cena do roubo da gasolina da janela da cozinha. Papai deu uma risada bem-humorada. “Cumprimos a tarefa e as crianças também aprenderam um pouco.”

Eis a lição desta história da minha infância: a mentalidade da inovação começa com a abordagem correta para a resolução de problemas. A melhor perspectiva se baseia na investigação, exigindo que você se coloque dentro do problema para compreender o ambiente e o impacto causado por ele. Parece fácil, mas não é. É preciso disciplina para pensar no problema e evitar passar direto para as soluções.

"Se eu tivesse sessenta minutos para solucionar um problema, gastaria 55 minutos pensando no problema e cinco minutos pensando na solução." Essa citação, muitas vezes (e imprecisamente) atribuída ao físico Albert Einstein[1], não deixa de ser um lembrete maravilhoso da importância de pensar antes de agir impulsivamente.

O processo de investigação empírica é como uma bicicleta para a mente — ele acelera as coisas e o leva mais rapidamente a uma definição do problema e à solução. Em 1990, o cofundador da Apple, Steve Jobs, usou essa analogia ao analisar um diagrama que mostrava a rapidez com que os animais conseguem se deslocar e quão lentamente os seres humanos se locomovem. "Para mim, os computadores são a ferramenta mais notável que já inventamos", disse Jobs, "e eles são como bicicletas para nossas mentes[2]."

Pense nisso da próxima vez que você pegar seu smartphone para verificar um fato ou pesquisar itinerários — tarefas que, não muito tempo atrás, envolveriam ir a uma biblioteca ou abrir um mapa. Jobs via o telefone, um dispositivo até então projetado para que as pessoas conversassem umas com as outras, como algo muito maior — algo que poderia resolver muitos problemas.

AS RESTRIÇÕES MELHORAM A RESOLUÇÃO DE PROBLEMAS

A história do cortador de grama também é um exemplo da famosa citação de Platão sobre a inovação, nos diálogos de *A república*: "A necessidade é a mãe da invenção".

Nada demonstra melhor os benefícios da abordagem baseada em restrições para a resolução de problemas do que a Covid-19. A pandemia, embora devastadora para a saúde pública global e a estabilidade econômica, também foi uma catalisadora para algumas das inovações mais significativas e, provavelmente, mais duradouras dos tempos modernos, como novas maneiras de fazer compras, socializar, consultar o médico, ir à escola e, até mesmo, ir trabalhar.

Embora algumas inovações já existissem, várias se encontravam debilitadas, até que a Covid-19 forçou o ponto de inflexão para seu crescimento e adoção. Outras foram criadas durante a pandemia. Vejamos alguns exemplos.

Problema: como desenvolver vacinas para atender à demanda global. Antes da pandemia, apenas três empresas farmacêuticas atuavam no ramo de desenvolvimento de vacinas.

Solução: como resultado da necessidade da tecnologia de vacinas e dos incentivos governamentais, atualmente uma dúzia de empresas está investindo em candidatas a vacinas múltiplas, e empresas que nunca haviam lançado um medicamento, incluindo a Moderna e a BioNTech (trabalhando em parceria com a Pfizer, farmacêutica de grande porte), foram as primeiras a introduzir as vacinas no mercado.

Problema: capacidade hospitalar limitada para respiradores de grande porte para pacientes com Covid-19 com dificuldade respiratória.

Solução: a Tesla e a Medtronic assumiram uma fábrica em Buffalo, Nova York, e desenvolveram os primeiros respiradores móveis operados por bateria passíveis de serem usados em ambulatório.

Problema: como realizar reuniões de negócios e participar de aulas quando a pandemia eliminou o contato social.

Solução: as ações da empresa de videoconferência Zoom aumentaram exponencialmente como resultado da Covid-19, e o crescimento da videoconferência para negócios e educação atingiu níveis recordes. A comunicação presencial não é mais essencial. Surgiu uma nova maneira de trabalhar e se comunicar, e ela tem sua cota de benefícios.

Problema: como prestar cuidados de saúde quando as pessoas não conseguem ir a um consultório médico.

Solução: empresas de telessaúde, como a Teledoc, estavam crescendo, mas abaixo das expectativas. Durante e até mesmo após a pandemia, pessoas de todas as esferas — de pais de crianças resfriadas a idosos que precisam de acompanhamento médico — têm preferido, na verdade, usar os serviços *on-line* para acesso a cuidados médicos. O crescimento das consultas de telessaúde durante o pico da Covid-19, conforme relatado pelos centros de controle de doenças em 2021, se estabilizou. Porém, hoje em dia a telessaúde é reconhecida como uma maneira eficiente e eficaz de fornecer assistência médica a milhões de pessoas nos Estados Unidos.

Essas soluções parecem óbvias agora, mas cada uma delas exigiu que inovadores observassem um problema em seu ambiente natural, encontrassem provas ou evidências para fundamentá-lo, conduzissem pesquisas com clientes, assegurassem o interesse dos investidores e criassem produtos, serviços e novas maneiras de fazer as coisas — com rapidez e recursos limitados. No entanto, acumular as restrições quando não se sabe qual é o problema costuma trazer resultados negativos, como os executivos corporativos podem atestar.

Primeiro, é preciso diagnosticar o problema correto.

Conforme observado na introdução, no início da minha jornada como inovadora, um colega me pediu para ajudá-lo a lançar um novo produto. Ele havia licenciado uma tecnologia de um laboratório de pesquisa israelense para um teste diagnóstico que conseguiria medir o estresse oxidativo, um subproduto da maioria das doenças. A tecnologia era animadora, e reunimos a nata de especialistas em estresse oxidativo no âmbito de várias doenças para nos ajudar a identificar uma área de focagem. Na ânsia do meu colega de comercializar um produto dispondo de poucos recursos e prazos agressivos dos investidores, nos deparamos com alguns problemas. Tínhamos uma tecnologia de base ampla — uma solução — sem um alvo claro. O que os médicos fariam com aquela informação? Qual era o problema que estávamos resolvendo? As opções eram tão vastas que não conseguimos reduzi-las eficientemente. Ele acabou optando por uma pesquisa colaborativa e licenciou o produto, mas nunca chegou a comercializá-lo. Faltou-nos uma boa definição do problema, tampouco conseguimos articular uma descrição com a qual o mercado se importasse. Eu o havia advertido de que era arriscado trabalhar retrospectivamente — desenvolver uma tecnologia para só então procurar um problema a ser resolvido. Esse exemplo — como não inovar para obter o sucesso comercial — permaneceu para sempre comigo.

Meu colega e eu não estávamos sozinhos em nossa experiência. Com muita frequência, as empresas lançam novos produtos sem contribuições suficientes do mercado e dos clientes para a definição do problema. Em uma pesquisa com 106 executivos de primeiro escalão em 91 empresas privadas e públicas de dezessete países, 85% concordaram que suas empresas eram ruins no diagnóstico de problemas, e 87% afirmaram que essa deficiência acarretava sérias implicações financeiras[3]. Estimulados por uma propensão à ação, os gerentes tendem a mudar para o modo solução sem certificar de que entenderam um problema. Muitas empresas contratam consultores para treinar suas equipes a analisar a causa principal, fazer as perguntas corretas, reformular o problema, e outras técnicas, geralmente com resultados mistos.

Como é possível evitar essa abordagem "preparar-atirar-fogo" na resolução de problemas? Fazendo a si mesmo algumas perguntas específicas antes de entrar em ação.

PERGUNTAS A SEREM FEITAS DURANTE A IDENTIFICAÇÃO DO PROBLEMA

1. Quando e onde o problema foi observado pela primeira vez? A observação é um evento único, e deve ocorrer no habitat natural;

2. Qual é o nível de recorrência? Um problema deve ocorrer com alguma frequência para ser um problema;

3. Qual é a necessidade? Quão significativo é o problema? Quantas pessoas são afetadas? Qual o custo?

4. Quais são as suas suposições sobre o problema? Você contestou essas suposições?

5. Você é capaz de desconstruir o problema? Quando Elon Musk foi informado por especialistas em fabricação de automóveis que não conseguiria fabricar um carro movido a bateria por um preço acessível, ele resolveu o problema reduzindo a bateria a seus componentes básicos — níquel, cromo, cobalto — e, adquirindo cada um desses elementos no mercado de *commodities*, onde todos eram acessíveis. Mas ele não parou por aí. Descobriu uma maneira de eliminar o cobalto, o mais caro dos elementos, e reduziu o preço em dois terços;

6. Você consegue verificar se o problema é real e se vale a pena ser resolvido? A verificação direta garante que o problema que o público-alvo está enfrentando seja o mesmo que você está abordando, e isso é suficientemente importante para garantir que uma solução seja bem recebida pelos clientes.

Agora que você sabe as perguntas corretas a serem feitas, vamos analisar várias abordagens para identificar o problema correto a ser resolvido.

ABORDAGENS PARA IDENTIFICAÇÃO EFICAZ DE PROBLEMAS

Seguem alguns exemplos de como ajudar sua equipe a diagnosticar o problema correto. Eles não são mutuamente excludentes, e é possível combinar ou sequenciar técnicas com base na situação da sua equipe.

TÉCNICA 1.
FAÇA PERGUNTAS MELHORES!

Qual é a melhor maneira de desvendar um problema e encontrar uma resposta melhor? Pode-se começar fazendo perguntas melhores. Essa técnica funciona especialmente bem em ambientes corporativos, onde talvez exista pressão para se obter as respostas corretas, com o intuito de impressionar os colegas, os subordinados diretos e o chefe. Na realidade, a resolução de problemas piora em termos inversamente proporcionais ao nível e ao número de executivos presentes, na medida em que eles tentam superar uns aos outros com suas respostas brilhantes!

Certa vez, usei essa técnica em um *brainstorming* com a minha equipe, após perceber que anotar as soluções em notas adesivas e colá-las na parede estava levando apenas a uma parede abarrotada de notas amarelas e cor-de-rosa, e a uma óbvia frustração entre os meus colegas de trabalho. Estávamos tentando criar novas e melhores maneiras de recrutar pacientes para ensaios clínicos, e as soluções estavam se tornando bastante ridículas.

"Vamos esquecer as soluções pelo resto do dia", eu disse. "Vamos voltar ao básico. Que tal dar uma olhada no problema que escrevemos no quadro esta manhã — que perguntas vocês têm a fazer a respeito dele?" Dei-lhes cinco minutos para anotarem o maior número possível de perguntas nas quais conseguissem pensar. Em seguida, circulamos pela sala. O nível de energia havia aumentado, e o fluxo de perguntas começou a nos levar a algumas direções realmente interessantes. Todos tinham perguntas a fazer, incluindo uma pessoa normalmente calada, que perguntou: "O problema, de fato, é o problema correto?" "Sabem de uma coisa?", eu disse, "Eric tocou em um ponto importante. Vamos nos concentrar mais nos problemas dos nossos clientes e menos nos nossos. Nosso problema é que os médicos não estão recrutando pacientes suficientes para nosso ensaio clínico de diabetes dentro do prazo necessário, mas o que sabemos sobre os desafios que os médicos estão enfrentando?"

Esses ajustes produziram resultados. Demos um passo atrás e organizamos nossas perguntas em torno do cliente, e não mais em torno de nós mesmos, uma técnica chamada de reenquadramento, que apresentarei em breve. Além disso, continuamos focados em diagnosticar o problema correto, em vez de pular para as possíveis soluções. No fim, tínhamos um conjunto promissor de percepções e oportunidades de melhorar a experiência dos nossos clientes. Desde então, fazer as perguntas corretas se tornou o foco da minha abordagem de resolução de problemas. Novas perguntas geram novas percepções e perspectivas, podem transformar um ponto negativo em um positivo, e ajudam a reenquadrar o problema sob a perspectiva de diferentes operadores, incluindo, principalmente, o cliente!

Eis aqui algumas possíveis perguntas orientadas para o problema:

- Como podemos descrever o problema?
- Que fatos sabemos sobre o problema?
- Que suposições temos sobre o problema?
- Qual é nossa hipótese sobre a razão da existência do problema?
- Quem é afetado, e como? (Apresente exemplos de como cada operador, incluindo o cliente, é afetado);
- Como o problema está sendo abordado atualmente por cada operador?
- Quais as deficiências das atuais soluções?

TÉCNICA 2.
ENQUADRE O PROBLEMA DESEMPENHANDO PAPÉIS DIFERENTES

Outra abordagem para garantir que você e sua equipe estejam resolvendo os problemas corretos é chamada de reenquadramento. Conforme mencionado no exemplo anterior, isso envolve observar o problema sob a perspectiva de diferentes operadores — cliente, fornecedor, fabricante.

Para auxiliar na disseminação do processo de reenquadramento entre a sua equipe, você pode compartilhar um estudo de caso. Um exemplo simples, mas universalmente compreendido, é o problema das pessoas que reclamam do longo tempo de espera para entrar em um prédio ou evento; pode ser um show, um filme, um evento esportivo ou a inauguração de uma loja. Uma abordagem é avaliar a duração do tempo de espera e, se possível, tentar reduzi-lo, mas outra abordagem é examinar como as pessoas gastam seu tempo enquanto esperam, e os motivos pelos quais ficam frustradas e entediadas. Esse reenquadramento do problema pode produzir diferentes percepções e formas novas e criativas de abordá-lo. Por exemplo, um teatro da Broadway, em Nova York, envia atores vestidos de diversos personagens para se misturar à multidão. Eles contam histórias, fazem piadas e tiram fotos com os espectadores, ajudando-os a esquecer que estão esperando na fila. Um edifício de vários andares de escritórios instalou um espelho na entrada do prédio. Aparentemente, o tempo passa mais rápido e de forma mais agradável quando as pessoas estão se autoexaminando.

As etapas do processo de reenquadramento podem incluir:

- Trazer pessoas de fora para a discussão, a fim de obter várias perspectivas sobre o problema;
- Providenciar definições por escrito do problema, redigidas de forma clara e precisa;
- Perguntar o que está faltando na descrição do problema; examinar vários ângulos;
- Considerar as múltiplas categorias do problema. Há momentos ou situações em que ele fica mais grave do que em outros? No exemplo da fila de espera citado anteriormente, costuma haver mais probabilidade de tolerância ao problema e disposição para se distrair quando o clima está bom e as pessoas estão acompanhadas de amigos em uma noitada;
- Analisar as exceções positivas ao problema. Há momentos e situações em que ele não é um problema?
- Contestar suposições, de maneira frequente e vigorosa, para eliminar modelos mentais e preconceitos.

TÉCNICA 3.
FAÇA ANALOGIAS: "ESTE PROBLEMA É COMO..."

Bill Gates é fã do uso de analogias para resolver problemas. Ele afirma que a melhor maneira de atingir um objetivo é encontrar pessoas que já resolveram aquele problema. Em uma postagem recente no blog GatesNotes, ele escreveu: "Desde a minha adolescência, abordo todos os grandes problemas da mesma maneira: fazendo duas perguntas. Usei essa técnica na Microsoft, e ainda a uso até hoje. Levanto essas perguntas sobre a Covid-19 todas as semanas. Aqui estão elas: quem já lidou bem com este problema? E o que podemos aprender com essas pessoas?"[4].

As corporações apreciam a resolução de problemas baseada em analogias, pois ela apresenta baixo risco e requer pouca criatividade. Quando a indústria automotiva quis criar um modelo virtual de um veículo conectado, ela concebeu o "gêmeo digital", copiando um conceito cunhado em 2003 por um pesquisador da Universidade de Michigan. Esse conceito vinha sendo usado desde a década de 1960, quando a NASA criou sistemas físicos duplicados para as suas várias missões espaciais em solo, a fim de testar seus equipamentos em um ambiente virtual.

Os gêmeos digitais são réplicas virtuais de entidades físicas, possibilitando aos inovadores uma visão aprofundada dos dados e a capacidade de monitorar sistemas para mitigar riscos, gerenciar problemas e usar simulações para testar soluções futuras. Eles podem ajudar os técnicos a analisar a causa principal e a acelerar a resolução de problemas.

Hoje em dia, os gêmeos digitais estão sendo usados de forma mais ampla em aplicativos de inteligência artificial, para melhorar o planejamento e o gerenciamento da cadeia de suprimentos, principalmente após a pandemia da Covid-19, quando os desafios de abastecimento levaram à falta de estoques de equipamentos da área da saúde, como equipamentos de proteção individual (EPIS), ventiladores, respiradores e outros equipamentos e suprimentos. Algumas empresas, como a Johnson Controls e a Microsoft, estão usando gêmeos digitais para criar edifícios inteligentes e ambientalmente sustentáveis.

TÉCNICA 4.
DIVIDA O PROBLEMA

A abordagem da desconstrução para a resolução de problemas é oposta à abordagem baseada na analogia, pois envolve a criação de um conhecimento completamente novo sobre um problema. Essa técnica é adotada pelo empresário Elon Musk. Ele a chama de "primeiros princípios"[5], e abrange os seguintes passos:

Princípio 1. Identifique e defina o problema;

Princípio 2. Conteste suas suposições atuais. Anote-as e, depois, questione sistematicamente cada uma delas;

Princípio 3. Divida o problema em princípios fundamentais, seus elementos básicos. Pense nisso como se estivesse examinando uma árvore. Você olha primeiro para o tronco, depois para os galhos maiores. Examine-os primeiro nessa ordem, antes de chegar às folhas da árvore — os detalhes;

Princípio 4. Crie novas soluções a partir do zero. Depois de dividir o problema, questionar as suas suposições e segmentá-lo em elementos básicos, só aí é que você deveria começar a criar soluções novas e perspicazes, a partir do zero;

Princípio 5. Não se esqueça do cliente.

O que todos esses exemplos e abordagens para a resolução de problemas têm em comum? Eles compartilham o mesmo fundamento para a identificação do problema. Antes que novas soluções possam surgir, os inovadores devem, primeiro, identificar e entender os problemas enfrentados por seus clientes, usando habilidades de observação e encontrando novas maneiras de analisar processos, procedimentos e eventos. Por sua vez, o problema bem-observado — seja um cortador de grama que não liga, ou uma pandemia que, aparentemente, talvez não acabe nunca — fornece a base para descrever uma necessidade do cliente: o alicerce fundamental do processo de inovação.

ESTUDO DE CASO: AS VACINAS CONTRA A COVID-19 – INOVAÇÃO QUE ENTROU PARA A HISTÓRIA

No início de 2020, quando a Covid-19 surgiu, executivos de saúde afirmaram que, com base no processo de desenvolvimento de medicamentos e vacinas daquela época, seriam necessários de dois a três anos para que uma vacina fosse desenvolvida, aprovada e distribuída nos Estados Unidos. Considerando-se as taxas crescentes de infecção e morte em todo o mundo, para não mencionar a devastação econômica, tal proposição era inaceitável.

Antes da Covid-19, o prazo mais rápido em que qualquer vacina havia sido desenvolvida, desde a amostragem viral até a aprovação, fora de quatro anos (uma vacina contra a caxumba, na década de 1960)[6]. As esperanças da descoberta de uma vacina até meados de 2021 pareciam altamente otimistas. No entanto, no início de dezembro de 2020, desenvolvedores de várias vacinas anunciaram excelentes resultados em testes realizados em seres humanos. Em 2 de dezembro, uma delas, desenvolvida pela farmacêutica norte-americana Pfizer e pela empresa de biotecnologia alemã BioNTech, tornou-se o primeiro imunizante totalmente testado a ser aprovado para o uso emergencial.

Como isso aconteceu? Como os pesquisadores e desenvolvedores dessas grandes corporações — nem sempre conhecidas por agir com presteza e rapidez — tinham conseguido bater o recorde de velocidade para o desenvolvimento de vacinas comprovadas e seguras?

Tudo começou, conforme destacamos, com perguntas bem formuladas. BioNTech, Pfizer e Moderna fizeram as seguintes perguntas: por que é preciso esperar de dois a três anos? E se a nossa abordagem à Covid-19 pudesse mudar definitivamente a maneira como as vacinas são desenvolvidas? Poderíamos executar com segurança todo o processo em menos de um ano? Usando a técnica da desconstrução, eles se perguntaram quais eram as partes que compunham o processo de desenvolvimento de vacinas.

As respostas: as etapas são testes com seres humanos, aprovação regulatória, fabricação e distribuição.

Em seguida, dividiram cada uma das etapas, com o intuito de descobrir qual era a parte mais longa do processo, complexa, arriscada e o porquê. Eles aproveitaram anos de pesquisas anteriores sobre os vírus semelhantes e criaram sequências de RNA para a Covid-19 em janeiro de 2020. Isso permitiu que a tecnologia estivesse pronta para a aceleração na etapa de testagem do processo. Eles também buscaram maneiras mais rápidas de fabricar vacinas. O gigantesco financiamento do governo permitiu que as empresas realizassem vários testes ao mesmo tempo, correndo o risco, até mesmo, de produzir candidatas a vacinas que talvez não funcionassem. Os reguladores também fizeram sua parte, aprendendo a examinar e a aprovar rapidamente os dados em termos de segurança. Sob o programa conhecido como Operação Velocidade Máxima, o governo dos EUA investiu mais de US$ 10 bilhões no desenvolvimento de vacinas por empresas farmacêuticas[7].

O resultado foi o desenvolvimento e a aprovação de uma vacina na velocidade mais rápida de todos os tempos. Neste momento, é assustador imaginar o que poderia ter acontecido — considerando, na verdade, que o mundo como o conhecemos tivesse sobrevivido — caso o desenvolvimento dessas vacinas demorasse mais dois anos. Esse é o poder da mentalidade da inovação.

INOVADOR EM FOCO
PHIL MCKINNEY, PRESIDENTE E CEO DA CABLELABS; EX-CTO DA HEWLETT-PACKARD

Credenciais do inovador: ex-diretor de tecnologia (CTO, na sigla em inglês) da Hewlett-Packard (HP), Phil McKinney fundou o escritório de programas de inovação da HP, encarregado de desenvolver novos produtos e serviços para a gigante da computação. Seu departamento contava com vários produtos inovadores, incluindo as plataformas de compartilhamento de vídeo; a tecnologia de exibição 3D; o premiado Blackbird 002, um computador gamer de última geração; o Firebird, um computador gamer usando a tecnologia de notebook; e o Envy 133, o notebook de fibra de carbono mais fino do mundo, que ganhou um prêmio de design em 2009. Essas e outras inovações garantiram à HP um lugar na lista das cinquenta empresas mais inovadoras da Fast Company, por três anos consecutivos.

Atualmente, McKinney é CEO da CableLabs, um laboratório de pesquisa em inovação financiado por sessenta das maiores empresas a cabo operando em 35 países. A CableLabs existe para manter as pessoas conectadas, tornando a banda larga mais rápida, confiável e segura, consolidando a rede a cabo como a plataforma de escolha para entretenimento e conectividade. McKinney atua no conselho consultivo do Hacking Autism, e é presidente do conselho do Techtrend Group, que investe em empreendedores de países em desenvolvimento para criar empregos que impulsionem o crescimento econômico. Ele é autor de *Muito além do óbvio: o poder das perguntas certas para criar ambientes inovadores*, além de ser apresentador do podcast *Killer Innovations.* Mais recentemente, em 2020, McKinney apareceu na lista de referência da indústria da *MultiChannel News*, sendo considerado um dos principais influenciadores com papel transformador na produção e distribuição de mídia, tendo sido agraciado também com o Prêmio de Liderança em Transmissão e Tecnologia a Cabo, em 2021.

A INOVAÇÃO CONQUISTA A FAMA

A primeira inovação de McKinney, desenvolvida em 1988, teve amplas implicações: o ThumbScan, um dispositivo que permite que apenas usuários autorizados acessem dados criptografados em um computador. É a tecnologia do leitor de impressões digitais utilizada atualmente em delegacias de polícia, pelas indústrias de segurança e, até mesmo, em smartphones.

LIÇÕES APRENDIDAS

Na época em que Phil McKinney esteve na HP, nem tudo em que ele tocou virou sucesso. A empresa entrou no mercado de tablets e concorreu com o iPad, da Apple, lançando seu próprio dispositivo chamado HP TouchPad. Apesar de ter algumas vantagens de *software* sobre o iPad, o produto teve um sucesso limitado e foi vendido apenas em lojas de varejo por um mês, antes de ser retirado do mercado.

Contudo, como eterno aprendiz, McKinney sabia que aquilo poderia ser transformado em uma lição. Ele afirma que pode haver tendenciosidade quando as pessoas atribuem erroneamente o sucesso ao processo que levou àquele sucesso. Elas acreditam que fazer daquele processo uma rotina poderá produzir mais sucesso. Ele compara isso aos elogios feitos por um grupo de adultos após uma apresentação de dança infantil — os adultos elogiam as crianças pelo simples fato de elas estarem dançando, e não exatamente pelo seu desempenho. "Não há problema nenhum em elogiar o desempenho do seu filho na dança, mas não é correto acreditar em suas suposições de que o sucesso anterior nos negócios gera o sucesso futuro."

Como CTO da HP, McKinney afirma que passou grande parte de seu tempo identificando e corrigindo problemas de vários produtos, de PCs a tablets e dispositivos de jogos. Ele obtinha os indícios dos problemas observando e, até mesmo, conversando com os clientes enquanto eles compravam tais dispositivos.

NÃO SE PODE INVENTAR ISSO

Apesar de seus muitos créditos na área da inovação, a conquista de maior orgulho para este nativo de Cincinnati é o fato de ele ter recebido o distintivo Eagle Scout.*

---

* (N. do E.) É o distintivo especial da BSA (*Boy Scouts of America*), uma das mais importantes comendas escoteiras estadunidenses.

PERCEPÇÕES PARA INOVADORES

"Faça a si mesmo perguntas cruciais todos os dias, e nunca acredite que seu sucesso anterior garantirá o sucesso futuro."

As perguntas cruciais favoritas de McKinney são:

- Como posso tornar a vida de um cliente mais fácil, melhor, ou mais interessante?
- Por que o cliente deve comprar o meu produto, em vez de comprar o do concorrente?
- Do que o cliente não gosta nas interações com o produto e com a minha empresa?

ESTIPULE A LEI
A PROFESSORA MARCHAND AJUDA A COLOCAR EM PRÁTICA O PRINCÍPIO DA IDENTIFICAÇÃO DE PROBLEMAS

Neste capítulo, discutimos a importância de identificar corretamente o problema — fazer as perguntas corretas e encontrar abordagens que façam exatamente isso — e este processo faz parte do que chamamos de primeira lei da mentalidade da inovação. Então, para onde seguir a partir daqui? Onde estão os problemas que você vai resolver? Você não precisa resolver a fome mundial.

Algumas mudanças incrementais podem fazer uma grande diferença nos resultados da sua empresa. Garanto que se você conversar com o diretor financeiro, ficará muito bem informado sobre onde estão os pontos problemáticos. É aí que você vai inovar.

Se conversar com os líderes das unidades operacionais e descobrir em quais objetivos eles estão deixando a desejar, é aí que você vai inovar. Se conversar com o chefe dos estivadores, o gerente da central telefônica, o gerente de distribuição, descobrirá problemas. É aí que você vai inovar.

Digamos que você tenha conversado com o diretor financeiro, e talvez ele tenha lhe contado sobre como eles estão tentando resolver o problema de reduzir pela metade o custo de colocar um produto no mercado. Ou talvez você tenha descoberto, em sua visita à central telefônica, que um dos principais problemas enfrentados pela sua empresa é a eficiência de custos: como garantir que o cliente tenha uma experiência totalmente satisfatória enquanto reduz em um terço o tempo gasto por chamada. Ou talvez, em sua conversa com o chefe dos estivadores, você tenha ficado sabendo que a principal prioridade é a reutilização de suprimentos de navegação, com o intuito de reduzir custos e atingir seus objetivos de conscientização ambiental.

Depois de identificar o problema, você deverá obter o maior número de informações que puder. Você conversará com as pessoas certas, é claro, mas fará mais do que isso. Você precisará procurar os dados — fatos e informações que adicionarão dimensão e perspectiva ao problema.

Eu recomendo providenciar um caderno. Registre os problemas que você vê, quando os vê, e com que frequência os vê. Anote-os, crie diagramas e imagens para conferir-lhes a dimensão necessária. Converse com os seus clientes, o seu diretor de marketing, o chefe na inovação de produtos, o chefe de TI e os líderes de negócios e operações em sua empresa. Esteja munido de muitas perguntas. Teste-as. Junte todas as restrições. Desenvolva várias soluções. Escolha uma ou duas e verifique a sua adequação com clientes e operadores. Aprenda, ajuste sua estratégia e, se algo precisar ser aperfeiçoado, ou se for necessária alguma mudança de direção, seja ousado, mude. Se você esgotar todas as soluções e tiver de seguir em frente, siga, e não olhe para trás. Apenas certifique-se de obter algum aprendizado novo disso tudo.

Nos próximos capítulos, examinaremos algumas dessas etapas com mais profundidade. Mas, à medida que avançarmos no processo, lembre-se sempre disto: uma mentalidade da inovação é fruto da curiosidade, de saber o que o motiva, e de usar isso como um trampolim para explorar a sua paixão e o seu propósito. A partir daí, você pode passar a identificar uma área na qual focar, onde você poderá encontrar problemas que valham a pena resolver, que despertem sua paixão e se alinhem aos seus valores.

Capítulo 2

É A LEI! UMA GRANDE INOVAÇÃO COMEÇA COM PELO MENOS TRÊS BOAS IDEIAS

EIS AQUI COMO ENCONTRÁ-LAS

Randy fez sinal para que eu fosse encontrá-lo do lado de fora da sala de conferências, onde sua equipe havia acabado de concluir a oficina matinal do nosso Dia 1, obtendo resultados heterogêneos. "Você precisa pressioná-los mais", disse ele, ponderadamente. "As ideias que acabei de ouvir não levam a lugar algum. Precisamos de algumas grandes soluções para atingir nossas metas de crescimento no setor. Você quer que eu faça um discurso motivacional?"

Olhei através da parede de vidro para os engenheiros mecânicos e diretores de contas sentados ao redor do amplo espaço, cercados por cavaletes, notas adesivas, marcadores coloridos, xícaras de café vazias e embalagens de doces. Alguns conversavam baixinho entre si; outros estavam respondendo mensagens no celular; e vários estavam no quadro branco, reorganizando conscienciosamente os post-its produzidos no *brainstorming* matinal, em resposta ao que Randy lhes falara. Eles formavam um grupo simpático e inteligente, engenheiros mecânicos e elétricos que haviam procurado a minha oficina para aprender a pensar como seus clientes — neste caso, os maiores fabricantes de dispositivos médicos do mundo — e a expandir suas atividades de projeto e desenvolvimento de componentes essenciais, que constituíam os dispositivos médicos vendidos ao usuário final. Eles haviam trabalhado arduamente a manhã inteira, revisando as tendências da indústria; avaliando os concorrentes, os objetivos comerciais e as iniciativas estratégicas dos seus clientes; e levantando problemas que achavam que os clientes vinham enfrentando. Mas vários haviam tido dificuldade em articular a diferença entre um objetivo do cliente, uma iniciativa estratégica e uma definição do problema; todos estavam ansiosos para debater soluções técnicas, sem compreender inteiramente os desafios, riscos e problemas dos clientes. Havíamos começado com um exercício chamado "vinhetas de grandes ideias", um método popular de criar novas ideias, mas interrompi o exercício depois de trinta minutos, pois percebi que eles não estavam preparados. Esse método requer uma razoável compreensão do usuário final do seu produto, e ficou claro que aquele grupo não estava suficientemente familiarizado com as necessidades das pessoas com diabetes a ponto de conceber ideias proveitosas.

Percebi que estava com um desafio diante de mim quando Randy chegou na hora do almoço, sem avisar. Ele era gerente-geral da divisão de saúde de uma empresa avaliada em US$ 20 bilhões, especializada em plásticos e componentes eletrônicos, com sede em Tampa, Flórida. Randy avaliou o material dos cavaletes e do quadro branco, interrogando sua equipe com perguntas como "Onde está a grande ideia?"; "Eu os tirei de circulação por dois dias. Digam-me, onde estão os resultados?"; e "Nosso concorrente está nos vencendo; como vamos reagir?".

Alguns dos presentes enrubesceram de vergonha.

Comuniquei a Randy que ele estava tendo acesso aos resultados do nosso *brainstorming* inicial. Assegurei-lhe que as grandes ideias estavam aparecendo, e que ele precisava confiar no processo. Naquele momento, observando-o contorcer as mãos, claramente ansioso com os resultados trimestrais da empresa, tive certeza de que o que ele chamara de "discurso motivacional" não iria melhorar a situação. "Agradeço a oferta", respondi com um sorriso simpático, "mas me deixe passar a tarde com eles. Temos mais trabalho a fazer. Vamos manter o plano original de nos encontrarmos com você amanhã, no fim da manhã.".

Randy pareceu aliviado e concordou com a cabeça. Voltei para a sala de conferências e anunciei que dentro de quinze minutos nos reuniríamos novamente. Caminhei até a parede de vidro no fundo da sala e olhei para o lago, onde patos flutuavam graciosamente na água. Ao redor, pequenos grupos de colaboradores, acomodados nas mesas de madeira para piquenique, divertiam-se durante o almoço. Sob o sol do meio-dia de maio, o campus da empresa estava sereno e acolhedor. Ninguém jamais imaginaria a tempestade que se formava lá dentro, como consequência da queda dos resultados financeiros nos últimos dois trimestres. Eu estava refletindo sobre como aumentar a confiança do grupo após a visita de Randy, e o que poderíamos fazer para produzir algumas grandes ideias que pudessem se traduzir em novos produtos e soluções.

Eu sabia que possuía uma arma secreta aguardando nos bastidores, e esperava que ela fosse suficiente para ajudar a despertar o tipo de pensamento criativo pelo qual Randy ansiava — e para justificar meu cachê como consultora.

"Bem", disse eu, chamando novamente a atenção do grupo. "Esta tarde vamos começar com uma nova abordagem. Quero reenquadrar nossa discussão e olhar para o diabetes com os olhos do cliente dos seus clientes — os diabéticos e os médicos e familiares que cuidam deles. Vamos examinar a experiência de ser uma pessoa com diabetes."

Minha metodologia de "contar histórias", baseada em compreender mais profundamente as representações fictícias dos clientes, sempre foi um grande sucesso e normalmente produzia bons resultados. Os profissionais técnicos, em especial, a apreciavam. O grupo endireitou-se em suas cadeiras, assentindo. "Não conheço muito a perspectiva do paciente, pois não sei quase nada sobre o diabetes", admitiu Avik, chefe de engenharia. "Eu gosto dessa ideia."

No meu notebook, abri o mapa da jornada do paciente com diabetes, que eu havia criado com base em entrevistas com pacientes, cuidadores e médicos. O mapa é um fluxo visual que descreve o que o paciente vivencia, desde o diagnóstico até o tratamento.

Era chegada a hora de revelar a minha arma secreta, o momento oportuno — a minha colega Jan, uma professora de enfermagem com foco em diabetes, mãe de uma filha com diabetes e enfermeira por excelência. Mandei uma mensagem para Jan pouco antes de retomarmos a sessão, para ter certeza de que ela estava por perto. Ela entrou na sala, vestida com uma calça cinza, uma blusa branca, e um cardigã bege pendurado nos braços. "As temperaturas das salas de conferências são muito imprevisíveis", disse ela, enquanto colocava as suas coisas em uma cadeira vazia. Ela caminhou resolutamente até a extremidade da sala e se virou para encarar a plateia.

"Olá, pessoal", ela cumprimentou o grupo com um largo sorriso. "Lorraine me disse que vocês são as pessoas que ajudam a fazer os medidores de glicose no sangue, as canetas de insulina e os monitores que usamos para medir o açúcar no sangue e aplicar insulina. Bem, adivinhem só? Eu sou a cliente de vocês. Prazer em conhecê-los."

Conferi rapidamente a reação do público. Alguns se moveram para a frente em seus assentos e, sim, constatei alguns boquiabertos com aquele desdobramento inesperado, como se estivessem tentando processar algo realmente inusitado. "Uma cliente... aqui?"

Jan foi contando ao grupo diferentes histórias de pacientes — crianças, adultos, mulheres grávidas —, explicando a experiência típica de cada um no mapa da jornada do paciente, que eu estava projetando, na parede oposta da sala. Ela respondeu a perguntas e explicou os problemas, desafios e decisões que os pacientes e suas famílias enfrentam em cada etapa de suas experiências. Ela compartilhou sua própria experiência quando sua filha foi diagnosticada com diabetes na infância, demonstrando os sintomas clássicos de sede e perda de peso, e descreveu o medo e a ansiedade que ela e seu marido sentiram quando Amy começou a frequentar a pré-escola. "Nós embalávamos a caneta de insulina e o medidor de açúcar no sangue em uma bolsa especial que ela levava para a escola", disse Jan. "Pensando bem... talvez aquele fosse um dos seus medidores, ajudando a manter Amy segura."

Um dos participantes do seminário, Dave, ficou muito emocionado com a história, e levantou a mão quando ela terminou sua apresentação. "Jan", disse ele, procurando as palavras, "eu só tenho a dizer que isso é realmente incrível. De verdade, isso faz com que eu me sinta bem com o que estamos realizando aqui. Muito obrigado.".

Foi, de fato, uma interação emocionante e, conforme eu esperava, que estimularia o grupo a pensar de modo diferente. Era chegada a hora de usar a aparição de Jan para alcançar nossos objetivos. Dividi o grupo de 25 pessoas em cinco equipes, uma mistura de engenheiros de produto e diretores de contas, e dei-lhes a tarefa da tarde. "Quero que vocês desenhem este mapa da jornada do paciente em seus cavaletes e, em cada estágio, do diagnóstico até o fim da vida, passando pelo tratamento, quero que vocês identifiquem problemas e formulem perguntas." Fiz um aceno ao grupo, segurando um bloco de post-its nas mãos. "Escrevam seus problemas e perguntas nas notas adesivas." Jan e eu fomos até cada uma das equipes, incentivando-as a refletir mais sobre os problemas e as perguntas que precisavam ser respondidas.

No intervalo, Eric, um designer de produtos, me abordou. "Obrigado pelo exercício — leio o que posso sobre os cuidados com o diabetes, mas nunca pensei sobre o paciente assim. Estou aprendendo muito."

Quando a sessão recomeçou, percorremos a sala e fizemos a leitura em voz alta das percepções de cada grupo.

Ray, diretor de contas leigo em diabetes, tinha ouvido Jan contar histórias sobre como às vezes era difícil para Amy ler o medidor à noite e evitar de aplicar muita (ou pouca) insulina em si. "Eu não tinha ideia de que os números no medidor de glicose eram tão pequenos", disse ele. "Sim, e eu não sabia que o adesivo de detecção de glicose que os pacientes usam em seus braços poderia rasgar, nem que precisava ser substituído com tanta frequência", acrescentou Cheryl, diretora de marketing. "Que dor, especialmente para crianças pequenas." "Fico me perguntando do que esses pais precisam para facilitar suas vidas", disse Jay, "de modo que, quando seus filhos forem para a escola e praticarem esportes, eles não precisem se preocupar.".

Perto do fim do dia, o grupo ainda estava fervilhando com a energia criativa e já havia debatido intensamente, produzindo um consistente conjunto de problemas e questões conexas. "Quantos de vocês estão dispostos a se reunir novamente depois do intervalo para o jantar?", perguntei. Eu sabia que eles estavam cansados.

Várias mãos se ergueram. "Vamos continuar enquanto estamos com a mão na massa", exclamou Sabrina. "Temos um encontro com Randy amanhã, e precisamos estar preparados, com grandes ideias."

Trabalhamos até às 22h30 aquela noite, delineando questões-chave que ainda precisavam ser respondidas e selecionando problemas para levar ao *brainstorming* de soluções.

Às 7h30 em ponto nos reunimos novamente e, antes mesmo de os integrantes do grupo tomarem seu café, eles já estavam cheios de energia. Havia chegado o momento de concluir nossa sessão, fazendo um *brainstorming* de soluções. Usei o método da experiência do usuário final, no qual nos concentramos em associar o problema à solução, completando frases como "Esse problema faz com que o nosso usuário tenha dificuldades em..." e "Com a nossa solução, o nosso usuário agora pode...". O grupo decidiu resolver dois problemas: a dificuldade de leitura do medidor de glicose à noite e o desgaste do adesivo de glicose. Selecionamos três soluções para cada problema e decidimos qual era a mais adequada para o que chamamos de mínimo produto viável, ou MVP (na sigla em inglês).

No caso do medidor de glicose, ela implicaria em um novo design que incluiria uma luz de fundo ativada pela detecção do nível de iluminação do ambiente. A luz acenderia automaticamente quando o local estivesse escuro e o medidor seria acionado, facilitando a leitura. O desgaste do adesivo de glicose seria resolvido projetando uma pequena tampa de plástico sobre o adesivo. E, em um espírito de antecipar como uma criança se sentiria usando o adesivo, eles criaram adesivos à prova d'água com estampas de super-heróis e personagens da Disney.

Randy apareceu mais tarde naquela manhã, e o olhar sombrio em seu rosto sugeria que ele tinha poucas expectativas em relação àquele grupo, e que estava se perguntando se todo aquele exercício não teria sido um desperdício de tempo e dinheiro. Mas o que ele ouviu provocou uma reviravolta de 180 graus em seu humor e em sua confiança. O grupo exultava de orgulho enquanto repassava a pesquisa sobre o problema e explicava suas soluções. "Um medidor de glicose com luz noturna?", disse ele. "Caramba, isso é uma boa ideia!"

Conversei com Randy um mês depois. Aquelas soluções, mais algumas outras resultantes da nossa oficina, haviam sido encaminhadas para testes de protótipo e MVP. "A equipe financeira já está trabalhando nisso", disse ele. "Estou muito confiante de que vai dar certo." Talvez de forma ainda mais gratificante, Randy me confidenciou que eles haviam realizado uma oficina de experiência do usuário com um cliente importante, um dos maiores fabricantes mundiais de dispositivos para diabetes, e eles estavam entusiasmados com as novas ideias. "Não tenho certeza se teríamos conseguido fazer isso no passado", admitiu Randy. "Conhecer sua amiga e o que aprendemos com você realmente mudou nossa perspectiva sobre como interagimos com as pessoas que compram e usam nossos produtos." A mudança de atitude refletiu no relacionamento da empresa com aquele fabricante. "Nosso índice de satisfação com este cliente subiu vários pontos. A equipe está muito empolgada!"

Sem dúvida, a aparição surpresa de Jan foi um ponto decisivo para a equipe naquele dia. Mas acho que o verdadeiro aprendizado foi mostrar o quanto é importante considerar o usuário final ao conceber novas ideias. Na verdade, poderíamos afirmar que o processo criativo não será bem-sucedido sem a perspectiva do cliente, que é um elemento fundamental para gerar ideias e soluções novas e relevantes.

GERANDO NOVAS IDEIAS

De onde vêm as novas ideias? Elas simplesmente surgem por intervenção divina em nossas mentes, durante os sonhos, depois de uma longa corrida, quando nossos cérebros são inundados por endorfinas, ou após ingerir uma taça de vinho? Evidentemente, a natureza da musa — a fonte de inspiração e criatividade — tem sido especulada há séculos. Porém, no contexto organizacional, não podemos ficar esperando esta ou aquela musa aparecer (literal ou figurativamente). As organizações mais inovadoras têm um sistema, um processo para fomentar novas ideias, e isso inclui algumas ferramentas e princípios básicos. Eis aqui alguns exemplos de métodos comumente usados (alguns dos quais já mencionei no estudo de caso contado há pouco).

MÉTODO 1. VINHETAS DE GRANDES IDEIAS

O QUE É — Pense em uma grande ideia como um único quadrado de um *storyboard*. Esboçamos uma representação visual de como ela seria. Estamos gerando ideias, e não recursos para uma solução. Uma grande ideia descreve como um usuário poderia experimentar a solução. Os recursos descrevem a implementação da solução. Por exemplo, uma grande ideia seria “nosso cliente precisa conseguir reservar, de última hora, o voo que melhor lhe atende por um preço acessível”. Um recurso pode ser “o status do voo precisa ser atualizado em tempo real no app”.

POR QUE FAZEMOS ISSO — Nesta abordagem, produzimos rapidamente uma ampla gama de soluções possíveis para atender às necessidades dos usuários.

COMO FAZEMOS ISSO — Essa atividade começa com um bom estímulo, como uma declaração de necessidades, um relato de um usuário, ou um ponto problemático. Um exemplo de questionamento poderia ser: "Os desenvolvedores precisam encontrar uma maneira de interagir com as suas equipes de design, para que elas possam produzir os protótipos mais rapidamente". Sem conversar uns com os outros, os integrantes do grupo rascunham ideias em notas adesivas. Durante a discussão, os pontos principais são resumidos e afixados na parede. É importante ter em mente que — assim como em nosso estudo de caso sobre o fabricante de equipamentos para diabetes — a intenção é manter o foco nos seus usuários finais. Conte histórias sobre esses clientes durante a discussão, para que eles sejam mantidos no centro das atenções. No início, acolha todas as ideias; mais tarde, vocês se reunirão novamente para agrupá-las, reconhecer padrões e selecionar as mais fortes. Neste exemplo simples, dentre as possíveis ideias como resposta ao problema "os desenvolvedores precisam encontrar uma maneira de interagir com suas equipes de design, para que elas possam produzir os protótipos mais rapidamente", poderíamos encontrar "uma linha direta para conseguir o que você precisa", "uma linha direta com a equipe de design" e "um espaço de trabalho comum para reiterar as ideias em tempo real". Ao agrupar as ideias ou fazê-las convergir, você criará categorias úteis. Neste caso, optamos por soluções relacionadas à comunicação para aprimorar a produtividade entre os desenvolvedores e os designers.

MÉTODO 2.
STORYBOARDS

POR QUE USAMOS ESTA ABORDAGEM — Contar histórias ajuda as pessoas a entenderem intuitivamente como a sua ideia se encaixa no mundo do cliente. Atribui-se uma forma visual a ela, e isso auxilia os outros a entendê-la com mais clareza. Em nosso exemplo do diabetes, analisamos o problema de verificar o açúcar no sangue à noite, quando não se conseguia ver a tela claramente nem distinguir os números no monitor de açúcar no sangue.

QUANDO VOCÊ DEVERIA USAR ESTE MÉTODO — Os *storyboards* funcionam bem quando você conhece o problema que está tentando resolver e o público a quem a solução se destina. Opte pelo *storyboard* sempre que precisar compartilhar, de forma rápida e visual, uma ideia sobre as necessidades do seu usuário.

COMO COMEÇAR — Inicie com uma história. Identifique um personagem, um cenário e um argumento. Em nosso exemplo do diabetes descrito anteriormente, analisamos a experiência do paciente do ponto de vista de uma criança diagnosticada depois de a professora perceber mudanças no nível de energia da criança ao longo do dia. Em seguida, escolha cenas que apresentem o argumento do início ao fim. Certifique-se de incluir eventos importantes, mudanças de cenário, reviravoltas na trama ou o surgimento de um novo personagem. Pense no seu *storyboard* como uma história em quadrinhos. Associe aos esboços rápidos a balões de fala e pensamento, ações, legendas e narração.

MÉTODO 3.
ROTEIRO DA EXPERIÊNCIA DO USUÁRIO

POR QUE VOCÊ DEVERIA USAR ESTA ATIVIDADE — Para explorar qual experiência de longo prazo você quer que os seus clientes tenham, o que você deseja que eles façam e quando.

QUANDO VOCÊ DEVERIA USAR ESTA ATIVIDADE — Este método funciona melhor quando você já identificou os problemas e as necessidades dos seus clientes e já definiu ideias sobre como abordá-los.

COMO COMEÇAR — Escreva a declaração "nosso usuário deverá ser/será capaz de..." no quadro branco. Denomine de curto prazo o lado esquerdo e de longo prazo o lado direito. Esse método também é útil para configurar o MVP que examinaremos no próximo capítulo.

O MELHOR PROCESSO PARA A GERAÇÃO DE IDEIAS

- Defina o seu propósito;
- Faça um *brainstorming* de forma espontânea e generosa;
- Lembre-se de que não existem ideias ruins; nenhuma crítica, nenhuma negatividade;
- Registre as ideias para ter uma visão completa (utilize um quadro branco, virtual ou real, para acompanhar);
- Evite se comprometer com uma ideia (seja mais flexível na parte inicial da sessão);
- Decorridos de trinta a 45 minutos, volte e identifique as ideias mais promissoras, e as desenvolva;
- Refine e estabeleça prioridades;
- Agradeça a todos pela participação e pelo pensamento inovador!

A CRIATIVIDADE É SINÔNIMO DE INOVAÇÃO

De modo geral, a palavra “criatividade” é associada a artistas, músicos e escritores — pessoas que, de alguma forma, por meio de seus talentos e de sua imaginação, dão origem a pinturas, a filmes e a sinfonias. Em minha opinião, porém, alguns dos indivíduos mais criativos do mundo são os inovadores.

A noção de que a criatividade pode ser aprendida ou aprimorada tem implicações importantes para aqueles que, como nós, buscam inovar, criar mudanças. A maioria das pessoas é capaz de reconhecer um dom criativo. Pense na curiosidade e na criatividade que as crianças possuem. Vários estudos sugerem que a criatividade atinge o pico por volta do primeiro ano do ensino fundamental e depois diminui, à medida que a vida da criança vai se tornando cada vez mais estruturada, definida pelos outros e pelas instituições. A disciplina intelectual e o rigor adquirem muita importância quando a criança entra para a escola e, conforme ela avança academicamente, o foco se transfere para a lógica, o raciocínio e o pensamento analítico. Não à toa, quando chegamos à idade adulta, a nossa criatividade está em seu nível mais baixo registrado até então. É por isso que as abordagens de geração de ideias, como as descritas há pouco, o *brainstorming* e o processo de concepção de ideias dentro de um grupo durante determinado período de tempo, são importantes para desbloquear a criatividade de que precisamos para inovar de forma eficaz.

UMA PALAVRA SOBRE O *BRAINSTORMING*: UM PROCESSO PARA A GERAÇÃO DE NOVAS IDEIAS

Embora o termo *brainstorming* seja usado frequentemente de forma não muito precisa, e as pessoas afirmem estar fazendo isso sempre que estão discutindo algumas ideias com um colega, na verdade, trata-se de um processo de grupo mais formal, baseado em uma metodologia, como as que descrevemos anteriormente. No *brainstorming*, participantes com históricos diferentes potencializam seu conhecimento coletivo, sua compreensão e seu poder criativo para apresentar um número maior de ideias inovadoras do que um único indivíduo seria capaz de gerar. Pessoas de várias partes da organização, como design de produto, gerenciamento de produto, marketing, vendas e operações se reúnem tal qual uma equipe multifuncional. Com suas diferentes perspectivas, as ideias podem germinar de forma cruzada.

O *brainstorming* permite que os inovadores abram as suas mentes para um fluxo criativo de ideias, desfaçam-se de noções preconcebidas e olhem além da solução à qual possam ter chegado, consciente ou inconscientemente, durante a identificação do problema. Funciona melhor quando os participantes suspendem sua tendência de avaliar e fazer julgamentos sobre novos conceitos à medida que eles vão surgindo. Isso pode ser um tanto difícil para os brilhantes empresários, engenheiros e cientistas, que construíram suas carreiras tendo sempre as respostas corretas, conforme demonstrou o exemplo do meu cliente em sua empresa manufatureira.

O *brainstorming* é apropriado em diferentes ocasiões: ao abordar problemas; ao fazer perguntas; ao identificar soluções; e ao avaliar a segmentação de mercado, os modelos de negócios e os desafios táticos. Ele dá embasamento a uma abordagem cíclica e reiterativa para o pensamento criativo em grupo. A equipe que faz do *brainstorming* uma prática corrente nunca estará satisfeita! Novas informações surgem em cada estágio do processo de inovação; por isso, a equipe deveria estar preparada para voltar ao modo de *brainstorming* em diferentes conjunturas.

Costumo seguir cinco regras para o *brainstorming*. Elas se baseiam no modelo ensinado pela Innovation Design Engineering Organization (IDEO), uma empresa de design de produtos fundada em 1991, em Palo Alto, Califórnia. O modelo usa o recurso "pensar fora da caixa", definido como uma abordagem de inovação centrada no ser humano, inspirada no conjunto de ferramentas do designer, visando integrar as necessidades das pessoas, as possibilidades da tecnologia e os requisitos para o sucesso comercial.

REGRA 1.
PENSE VISUALMENTE

Pensar visualmente começa com o espaço no qual o *brainstorming* está acontecendo. É útil contar com cavaletes, quadros brancos, notas adesivas, marcadores coloridos e até brinquedos e dispositivos, para criar um ambiente onde as ideias possam fluir. Todos precisam conseguir ver o que está sendo escrito. Também é válido ter uma ou duas pessoas encarregadas de fazer anotações. Títulos e cabeçalhos atraentes ajudam o grupo a lembrar do que foi falado. Também pode ser interessante usar desenhos animados e representações fictícias para transmitir informações. Em um *brainstorming* com uma empresa de oftalmologia, criamos um personagem, e um cartunista desenhou a experiência desse personagem se submetendo a um exame oftalmológico para estimular a reflexão. Você também pode agrupar as ideias inter-relacionadas em uma parte da sala, com setas demonstrando como aqueles agrupamentos se relacionam entre si. Fazer com que as pessoas escrevam suas ideias em notas adesivas e as dividam em categorias, colando-as no quadro branco ou cavalete, garante que as ideias de todos sejam captadas.

Durante a pandemia da Covid-19, o *brainstorming* presencial não foi possível. Técnicas de *brainstorming* digital, como quadros brancos virtuais, permitem que as pessoas listem suas ideias e as façam transitar por diferentes categorias, para que os membros da equipe possam fazer suas contribuições com base nas anotações dos demais. Outra forma de registro é por meio de fóruns digitais, onde as pessoas podem colocar seus pensamentos e reações em tempo real durante as apresentações e discussões. Eu estava trabalhando no IBM Watson Health durante a Covid-19, época em que as pessoas precisaram trabalhar em casa por mais de um ano.

Durante aquele período, usamos quadros brancos virtuais para facilitar os exercícios de *brainstorming*, a fim de auxiliar na definição de metas e objetivos da nossa organização e, até mesmo, testar ideias com os clientes. Também usamos fóruns sociais como o Trello Boards para obter um retorno em tempo real, enquanto estávamos envolvidos em *brainstormings* e reuniões de grupo. E usamos o Slack para nos comunicarmos com outras pessoas durante as videoconferências. O Zoom possui recursos como salas simultâneas e quadros brancos para facilitar as sessões de trabalho em grupo, assim como o Teams, o WebEx e o Google Meets. Essas tecnologias ajudaram a simular a experiência de estar na mesma sala, conversando informalmente e estimulando conversas criativas.

REGRA 2.
PROTELE O JULGAMENTO

De todas as regras, protelar o julgamento é, provavelmente, a mais contraintuitiva e difícil de seguir. A questão é suspender quaisquer pensamentos ou comentários críticos até avançar um pouco mais no processo de inovação. O objetivo do *brainstorming* é despertar a criatividade individual e o processo criativo do grupo. Uma boa maneira de fazer isso acontecer é aceitar qualquer ideia nova — inclusive, sugestões que possam parecer impraticáveis ou tolas — e passar para o próximo conceito. Aprender a protelar o julgamento pode ser um desafio para muitas pessoas. Se elas forem leigas em tal processo, é importante explicar essa regra.

REGRA 3.
BUSQUE A QUANTIDADE

Um *brainstorming* bem-sucedido cria um impulso ou um fluxo que rompe as inibições usuais do grupo. Uma maneira de alcançar esse fluxo é estabelecer uma meta para que o time apresente um grande número de conceitos, sem levar em consideração a qualidade das ideias. Uma sessão típica de *brainstorming* dura sessenta minutos. Dentro desse prazo, uma equipe poderia esperar gerar sessenta novas ideias, com uma meta estendida de cem. Claramente, mover-se com velocidade é fundamental.

REGRA 4.
ESTABELEÇA UMA CONVERSA DE CADA VEZ

O conceito crítico subjacente a esta regra é que ouvir é tão importante quanto falar, se não for ainda mais importante. O Dalai Lama disse: "Quando você fala, só está repetindo o que já sabe. Mas se você ouvir, pode aprender algo novo.". A aplicação desta regra cabe ao mediador, mas todos no grupo deveriam manter o foco da conversa em uma única discussão. Esta regra deveria ser estabelecida no início da sessão. O mediador pode usar uma frase divertida para manter as pessoas no rumo certo. Certa vez, ao mediar um *brainstorming* com um colega um tanto falante, comecei a usar a palavra "entendi" para indicar quando era hora de seguir adiante. Ele sorria instantaneamente e parava de falar — começou como uma coisa engraçada, mas, no fim, seus colegas passaram a usar aquela palavra para mantê-lo sob controle, até mesmo em reuniões de equipe. Alguns meses depois, ele me agradeceu — "sinceramente, aprendi algo sobre mim mesmo, e estou aplicando isso em casa e no trabalho.".

REGRA 5.
MANTENHA O FOCO NO ASSUNTO

Até mesmo os participantes mais disciplinados tendem a deixar as conversas se dispersarem. Embora, por vezes, essas digressões resultem em ideias e informações valiosas, elas podem ter um efeito negativo no fluxo e na produtividade da reunião. Para manter o grupo focado, evite distrações, conversas paralelas, análise em tempo real e filtragem de ideias. Uma estratégia útil para minimizar essas distrações é ter um cavalete à mão para absorver as ideias que mereçam ser registradas, mas que não são particularmente relevantes para a discussão. Chamamos isso de criar um estacionamento. Se o *brainstorming* estagnar, o mediador deve optar por um novo aspecto do assunto, ou reenquadrar a discussão sob um novo ângulo ou sob a perspectiva de um operador diferente. Ao mesmo tempo, preservar o foco não deveria ser confundido com encorajar ideias malucas — existe uma distinção, e aprender essa diferença é algo que vem com a prática.

POR QUE VOCÊ PRECISA DE TRÊS OPÇÕES

Bem, a sessão de *brainstorming* foi realizada. Agora você tem um quadro branco ou um bloco de notas repleto de ideias — dezenas e dezenas delas. Como você faz para peneirar o ouro?

Neste estágio, avaliar soluções pode parecer um salto de fé, mas se o processo foi calcado na observação do problema em seu habitat natural, então avaliar as três principais soluções que melhor se encaixam é menos um salto e mais um equilíbrio entre a arte e a ciência. No exemplo anterior da minha sessão com os engenheiros que fabricavam dispositivos médicos, o fato de eu ter entrevistado pacientes, e de Jan poder expor a experiência de um deles, ajudou a aumentar a confiança do grupo na definição das soluções. Restringir a três soluções garante que você tenha uma variedade suficiente para testar diferentes abordagens e, caso necessário, optar por um plano B, mas nem tantas soluções assim a ponto de considerar trabalhoso ter de reduzi-las ou filtrá-las.

Neste ponto, chegar a algumas soluções para produzir protótipos do MVP mais rapidamente é fundamental. Quando meu pai nos alertou de que sempre precisávamos ter ao menos três soluções, não tenho certeza se ele estava trabalhando com dados ou se era apenas um pressentimento de que três era o número certo. De qualquer forma, essa abordagem tem sido uma boa meta para mim e para a maioria dos meus colegas e clientes.

INOVADOR EM FOCO
ARIS PERSIDIS, PHD, COFUNDADOR E PRESIDENTE DA BIOVISTA

Credenciais do inovador: o dr. Persidis foi cofundador de três empresas de biotecnologia. Ele assinou a coluna sobre as tendências da indústria na *Nature Biotechnology*, atuou como o primeiro editor-chefe da revista *Drug Repurposing, Rescue, and Repositioning* e é autor de noventa artigos e capítulos de livros. Persidis atua nos conselhos da MBF Therapeutics e do GridNews Bureau, tendo sido eleito um dos cinquenta futuristas mundiais em 2020. Ele obteve seu doutorado em bioquímica pela Universidade de Cambridge.

A INOVAÇÃO CONQUISTA A FAMA

Quando Persidis e seu irmão, Andreas, eram estudantes de pós-graduação em Cambridge, eles tinham uma noção de que, se conseguissem combinar tudo o que a humanidade sabia sobre cada medicamento contra cada doença, poderiam determinar novos usos para os medicamentos comercializados. E eles estavam certos.

Mais de vinte anos depois, por meio da inteligência artificial (IA), a Biovista ajudou a trazer vários medicamentos novos ao mercado, tratando doenças às quais não se destinavam originalmente, incluindo a doença de Parkinson. O método de examinar remédios já aprovados para determinar o que as doenças para as quais haviam sido destinados tinham em comum com outras doenças levou a vários desdobramentos.

LIÇÕES APRENDIDAS

À medida que os irmãos Persidis desenvolviam os conceitos que conduziriam à Biovista, empresa que usa a inteligência artificial para descobrir novos usos para medicamentos já existentes, eles empregavam abordagens de geração de ideias e *brainstorming* para explorar e avaliar suas opções. “Por exemplo, descobrimos que um medicamento aprovado para dor tinha benefícios potenciais na doença de Parkinson, no hipotireoidismo e na depressão. Em seguida, tivemos de determinar onde focar com base nas necessidades do cliente; para nós, os clientes eram os fabricantes de fármacos e os usuários finais, isto é, os pacientes com a doença.”

NÃO SE PODE INVENTAR ISSO

Quando era estudante de graduação em Londres, Persidis participou de um concurso patrocinado pela Honeywell, no qual os candidatos foram convidados a escrever um ensaio prevendo um avanço tecnológico que ocorreria dentro dos 25 anos seguintes. O jovem Persidis escolheu a IA — especificamente, a fotossíntese artificial.

Ele venceu o concurso.

PERCEPÇÕES PARA INOVADORES

"Nos próximos cinco minutos, podem me ocorrer cinco ideias de coisas legais para fazer. A diferença entre o sucesso e o fracasso está na disciplina de seguir um processo de identificação de problemas e geração de soluções. Aprendi, quando ainda era jovem, que o mais importante é a capacidade de se distanciar do viés de confirmação. É muito fácil ser guiado por seu ego, por suas suposições, e ter uma tendenciosidade em direção a uma solução que não é, de modo algum, sustentada por sua pesquisa. O mercado e o cliente lhe dirão tudo o que você precisa saber sobre o mérito do seu problema e das soluções, mas é preciso que você ouça essas vozes e esteja disposto a seguir aquilo que aprender."

Capítulo 3

ESTAMOS TORCENDO PELO SEU MVP!

Do púlpito, sobre o palco, olhei para a mal iluminada sala de conferências do hotel, cavernosa e fria, enquanto os 71 pares de olhos me encaravam ansiosos.

Alguns dos meus clientes, com os braços firmemente cruzados sobre o peito, batiam os pés no chão, o que, para mim, soava como uma estrondosa batucada, em um ritmo que prenunciava uma iminente desgraça. Outros dedilhavam os dedos sobre as mesas cobertas por um tecido branco, dispostas ao estilo de uma sala de aula. Os clientes da fileira de trás estavam de cabeça baixa, digitando em seus notebooks, tentando claramente aproveitar ao máximo o tempo livre a mais que a minha farsa havia lhes proporcionado.

Como consultora, é uma situação que não me é totalmente estranha. O dinheiro já foi gasto e as programações foram alteradas. Para quê? O que ela tem a dizer que poderia compensar todo esse inconveniente? Mas, daquela vez, a frieza da plateia era quase palpável.

Limpei a garganta, mas o meu estômago estava dando cambalhotas, e tive a certeza de que a primeira fila estava conseguindo ouvir as batidas do meu coração. Olhei para o meu smartwatch e me surpreendi ao constatar que a minha frequência cardíaca estava apenas em 75 batimentos por minuto — parecia 175, a frequência à qual costumo chegar quando estou correndo.

"Eu realmente sinto muito por esse atraso inesperado", disse, com a minha voz mais pesarosa. "Sei que vocês abriram mão dos seus fins de semana e viajaram de todas as partes do país até Indianápolis para a demonstração do nosso MVP e a oficina de experiência do usuário. Nossa equipe da Índia está trabalhando arduamente para que a rede volte a funcionar, de modo que possamos iniciar a sessão de teste de *software* esta manhã."

Por que eu havia concordado em permitir que o ambiente de teste ao vivo para aquela importante oficina sobre MVP, com 71 clientes, fosse realizado e executado a partir da Índia? Eu havia solicitado um ambiente de backup, mas Partha, nosso engenheiro líder de desenvolvimento de *software*, sediado em Mumbai, insistiu que a rede era estável e que sua equipe estaria a postos para garantir que o teste de usuário do MVP fosse um sucesso. Silenciosamente, jurei nunca mais fazer outra oficina de tecnologia sem, no mínimo, duas possibilidades de backup.

"Vamos fazer o intervalo para o café mais cedo, e esperamos resolver isso dentro de uma hora", ofereci, enquanto saía do palco em meio a murmúrios de descontentamento da plateia, e me encaminhava até a nossa cliente principal, Jackie. Ela era a patrocinadora executiva do evento, e eu sabia que aquilo a faria ficar mal também.

"O que posso dizer?", comentei. "Precisamos resolver esse problema, e rapidamente. Isso não traz nenhum benefício para a nossa imagem, em um evento tão importante assim." Jackie ergueu uma sobrancelha, um olhar que eu já havia visto antes, quando ela estava prestes a repreender alguém. "Eu entendo, Lorraine", disse ela, em sinal de apoio, mas com uma ponta de preocupação em sua voz. "Vamos torcer para que eles ajeitem isso logo."

Os executivos de dezessete corporações globais estavam participando de um consórcio industrial. Estávamos reunidos no Indianapolis Marriott Hotel para fazer um teste de usuário de um novo produto de *software* que a minha empresa estava desenvolvendo para o consórcio, e cada uma das empresas membros o implantaria em seu próprio ambiente. Tínhamos trabalhado juntos nos últimos quatro meses em uma "corrida de velocidade". Trata-se de uma metodologia de desenvolvimento de *software* que usa breves intervalos de tempo para criar um conjunto mínimo de recursos fundamentais, com base nas necessidades do usuário. O objetivo da oficina daquele dia era fazer com que os usuários testassem o MVP em um ambiente ao vivo. A sessão de experiência do usuário é um método comum para testar o MVP com os usuários para os quais o produto foi projetado.

O que tudo isso significa? Os executivos deveriam conseguir fazer o login no portal por meio da Internet, navegar pelas várias telas, e inserir dados em alguns formulários no sistema real, e ao vivo, que estava sendo hospedado na rede na Índia. Pense em tentar organizar uma reunião do Zoom na qual você não é capaz de compartilhar sua tela, desativar o som dos participantes ou criar salas paralelas de reunião. Os executivos ficaram olhando para as telas congeladas nos notebooks, enquanto Partha e a equipe na Índia tentavam restaurar a rede on-line.

A "corrida de velocidade" estava começando a se parecer com uma maratona. E não demorou muito para que alguns dos clientes mais incisivos começassem a reclamar. Dave, vice-presidente de TI de uma das empresas de médio porte, me procurou. "Examinei o roteiro do teste que você preparou", disse ele, friamente. "É deficiente. Há muito poucos recursos para justificar esta reunião." "Sim", disse Alan, de um grande fabricante em Chicago, entrando na conversa. "Quer dizer, eu sei que é um teste de MVP, mostrando como fazer o login, navegar no portal e inserir alguns dados básicos, mas, a essa altura, pensei que teríamos mais recursos para testar."

Tentei manter a calma. “Pessoal, vocês estiveram nas reuniões onde foram acordados os recursos a serem testados no MVP. Com dezessete empresas acessando esse sistema, precisamos garantir, primeiro, que o login, a navegação pelas telas e a inserção de dados básicos funcionem, certo? Mas vou conversar com a equipe de design. Podemos dar uma olhada no roteiro.”

Dave e Alan deram de ombros. “Tanto faz”, disse Dave. “Mas, como você sabe, há várias coisas melhores que eu poderia fazer com o meu tempo do que ficar olhando para uma tela congelada em um hotel em Indianápolis.” Eles saíram, a passos firmes, para o intervalo do café.

Rapidamente, fui até a sala de reunião da nossa equipe, em uma das extremidades do centro de conferências, onde as dez pessoas do grupo de trabalho de testes de usuário, os gerentes de projeto e os designers de produto estavam em teleconferência com Partha, tentando resolver a situação. “Está bem, não podemos mais esperar que Partha coloque a rede em Mumbai para funcionar. Precisamos lançar o plano B agora”, eu disse.

Minha equipe se entreolhou com perplexidade. Imagino que eles estivessem se perguntando qual era, exatamente, o plano B. “Eis o que vamos fazer agora”, comecei. “Tom, Jeff, Sid e Beenu, peguem os seus notebooks — sei que vocês pré-carregaram a versão de demonstração. Quero que cada um de vocês crie uma estação e reúna um pequeno grupo de usuários. Façam com que eles percorram a demonstração da experiência de acesso ao portal da Internet e, em seguida, deixem que cada um deles teste”. Era um risco. A experiência que havíamos planejado permitiria que o público acessasse um ambiente ao vivo em seus próprios notebooks, dando-lhe a aparência e a sensação de estar no portal real, navegando pelas telas e inserindo dados. Agora, eles teriam apenas uma visão estática.

“Chris, Ragan, Amit, quero que vocês peguem os *storyboards* dos usuários e configurem três estações na sala de conferências”, eu disse. “Peçam ao restante do grupo para lhes dar um retorno sobre eles. Victoria, quero que você divida o grupo em subgrupos menores, atribua uma estação a cada um e, em seguida, os conduza das estações de usuários do MVP para as discussões sobre os *storyboards*."

"Vamos aproveitar da melhor forma isso que temos", concluí, enquanto a minha equipe entrava em ação. "Os usuários farão comentários sobre uma versão estática do MVP, e sobre uma versão manual dos *storyboards*."

Felizmente, com um pequeno estímulo dado por Jackie e por mim, funcionou. Em pouco tempo, as pessoas estavam distribuídas em pequenos grupos paralelos, compartilhando suas ideias e conversando umas com as outras. A equipe coletava informações em cavaletes, fazia perguntas e interagia com os clientes. O som das conversas na sala ficou mais alto, e pude compreender que estávamos revertendo a crise.

No meio da tarde, a equipe da Índia conseguiu recuperar a rede e pudemos realizar nossos testes ao vivo. Eles conseguiram, inclusive, ativar alguns recursos que não planejávamos demonstrar até o fim daquela semana, apenas para aumentar a energia e a confiança do grupo. Até Dave e Alan pareciam agradecidos. "Ei", disse Dave quando estávamos saindo. "As coisas realmente acabaram indo muito bem."

Jackie veio até mim, olhando ao redor da sala de conferências e ouvindo o zumbido das conversas. "Bela defesa", disse ela. "Isso aconteceu comigo no ano passado, quando eu estava organizando uma oficina de teste de usuário do MVP em nossa sede em Munique, na Alemanha. Mandei todos aproveitarem a tarde para fazer passeios turísticos, o que os deixou muito felizes", ela riu. "Considerando que estamos em Indianápolis no meio de março, claramente essa não era uma opção, então estou feliz pelo fato de haver um plano B."

Ao término do fim de semana, havíamos aprendido muito. Ajustamos o MVP com base na experiência dos nossos clientes — tornamos a navegação mais intuitiva e adicionamos alguns menus suspensos para facilitar a inserção de dados. Mais tarde, naquela primavera, lançamos a primeira versão do produto.

O QUE É UM MVP, E POR QUE O UTILIZAMOS?

Os fãs de esportes o conhecem como o acrônimo de Jogador Mais Valioso, prêmio conferido anualmente ao jogador de melhor desempenho do ano na NFL, NBA ou MLB*. No mundo da inovação, a sigla tem um significado muito diferente, mas, nos negócios, um bom MVP pode ser tão decisivo para o sucesso quanto um MVP no meio esportivo.

O termo foi cunhado em 2001 por Frank Robinson, não o MVP de beisebol e ídolo das décadas de 1960 e 1970, mas o cofundador e presidente da SyncDev, empresa de consultoria em desenvolvimento de produtos em série. E foi popularizado pelos empreendedores do Vale do Silício Eric Ries, que escreveu a obra *A startup enxuta*, e Steve Blank, autor de *Startup: manual do empreendedor*, como sinônimo de uma maneira eficiente e focada no cliente de desenvolver produtos.

Em apenas vinte anos, o MVP se tornou uma das melhores práticas em inovação. "Um MVP converte uma ideia em algo real", escreveu Ries em seu livro, "a fim de começar o processo de iteração e repetição de testes.". O MVP cria uma via de mão dupla entre o cliente e o inovador. "Enquanto você decide o que é mínimo, o cliente decide o que é viável", observa Ries, em *A startup enxuta*.

Provavelmente, você já ouviu falar da Zappos, uma popular varejista on-line de sapatos e bolsas. Nick Swinmurn fundou a empresa em 1999, quando estava à procura de um par de botas Airwalk Desert

---

* (N. do T.) NFL são as iniciais para *National Football League*, a liga esportiva profissional de futebol americano dos Estados Unidos; NBA é a *National Basketball Association*, a principal liga de basquete profissional da América do Norte; e MLB representa a *Major League Baseball*, uma organização americana de beisebol profissional e a mais antiga das principais ligas esportivas profissionais dos EUA e Canadá. No original em inglês, a autora propõe um jogo com as iniciais MVP, que tanto servem para designar "Most Valuable Player" quanto "Minimum Viable Product".

Chukka* e não conseguia encontrá-las em seu shopping local, em São Francisco. Ele teve a ideia de vender uma variedade de calçados on-line por meio de um site. O primeiro MVP de Swinmurn foi um site simples, chamado Shoesite.com, em que as pessoas poderiam encomendar determinados tipos de calçados, como tênis de corrida e botas de caminhada. O que os compradores não sabiam era que, nos bastidores, Tony, seu parceiro de negócios estava indo fisicamente às lojas locais de calçados, comprando os sapatos e, em seguida, providenciando a entrega. Depois de comprovar seu MVP e seu modelo de negócios — ou seja, depois de se certificar de que as pessoas estavam dispostas a comprar sapatos on-line por meio de um site que trazia marcas populares —, ele levantou capital e investiu na automatização da cadeia de suprimentos, oferecendo mais produtos e desenvolvendo uma experiência do cliente que era sinônimo de excelência. Em 2009, a Amazon comprou a Zappos em uma negociação de US$ 1,2 bilhão.

A finalidade do MVP é refinar ou testar rapidamente a sua ideia — criar recursos mínimos e suficientes a serem testados com os clientes, para que você possa obter um retorno e refinar o seu produto antes de entrar em produção plena, o que é dispendioso e demorado. É uma das melhores maneiras de descobrir se você tem uma solução pela qual um cliente está disposto a pagar. O objetivo é traduzir um conceito promissor de uma ideia ainda em rascunho e transformá-lo em um projeto rudimentar. Isso permite que o inovador aprenda as funcionalidades e os recursos, obtenha um retorno dos usuários-alvo e refine continuamente o projeto do produto.

O MVP é um recurso independente, composto pelo menor conjunto possível de recursos que resolvam o problema central e demonstrem

---

* (N. do E.) Tipo de bota usada por soldados ingleses em guerras no deserto. Possui cano baixo, quase sempre é de couro cru ou camurça e solado de borracha. Por ser usada em camuflagem, não há muitas variações de cores, atendo-se em areia, marrom e suas variantes.

o valor do produto. Embora tenha surgido no contexto de uma abordagem das práticas mais recomendadas para o desenvolvimento de *softwares*, o MVP pode ser usado em todos os tipos de produtos e até mesmo em serviços, com algumas modificações. Ele maximiza a percepção do cliente enquanto minimiza custos, tempo e esforço.

No atual mercado de incertezas, quem aprender mais rápido vence! A duração do ciclo de inovação é definida pelo tempo decorrido entre ter uma ideia e validar se ela é brilhante ou descabida, coisa que apenas um cliente poderá ajudá-lo a fazer. As equipes que aceleram as durações do ciclo de validação ficam muito mais propensas a otimizar o ajuste de mercado de um produto e aumentar a sua probabilidade de sucesso. O MVP pode lhe permitir fazer exatamente isso.

QUAIS SÃO OS BENEFÍCIOS DE UM MVP?

Primeiro, um MVP permite que você coloque o produto nas mãos dos clientes o mais rápido possível. Mais tarde, aqueles clientes iniciais podem se transformar em divulgadores do seu produto.

Segundo, é uma ferramenta para gerar o máximo de aprendizado a respeito do cliente no menor tempo possível, permitindo que você acelere o seu desenvolvimento.

Terceiro, ele foca em um pequeno conjunto de recursos, reduzindo horas e custos de engenharia desnecessários.

Vejamos um exemplo. Três pesquisadores de pós-doutorado em engenharia mecânica da Universidade de Princeton participavam do laboratório de inovação que eu estava ministrando na instituição naquela época. Todos eles tinham horários irregulares e estavam frustrados com a falta de opções de refeições saudáveis e acessíveis. Comer fora era caro, especialmente se eles quisessem comer de forma saudável, e não na Hoagie Haven todos os dias, como faziam os alunos de graduação. Comprar e preparar alimentos saudáveis era custoso e demorado, especialmente quando se cozinhava para uma só pessoa. Depois de realizar entrevistas com outros estudantes de pós-graduação e observar seus próprios hábitos alimentares e culinários, eles chegaram à conclusão de que uma grande desvantagem em preparar comidas saudáveis em casa era o tempo necessário para cortar e picar os legumes e as carnes.

E qual foi a ideia que eles tiveram? Um robô que poderia funcionar como um assistente de cozinha, fatiando, picando e cortando os legumes crus e as carnes, reduzindo o tempo de preparo. Eles precisavam de um MVP para fazer o teste com clientes em potencial. Restringindo seu MVP a alguns recursos fundamentais, eles determinaram que o robô precisava ser capaz de cortar no mínimo dois legumes — a maioria dos pratos refogados que eles adoravam incluía cebola e aipo, e ambos eram desagradáveis de cortar! No laboratório da faculdade de engenharia mecânica, eles criaram um braço mecânico com metal, fios, plástico e alguns tipos diferentes de lâminas de faca. Foram promovidos encontros com estudantes, chefes de restaurantes locais e até mesmo a equipe de preparação de alimentos da Blue Apron, uma empresa local de preparação e entrega de alimentos frescos. Com base no que aprenderam com essas fontes, eles desenvolveram um protótipo de braço robótico para ser testado na cozinha da Blue Apron. Eles cronometraram o tempo que o robô levava para cortar, em comparação com um ser humano, e analisaram a precisão do corte. A conclusão foi que o braço robótico, uma vez ajustado, economizaria tempo e seria atraente, principalmente para a Blue Apron, que estava tendo dificuldade em manter colaboradores que ainda eram estudantes em sua equipe de preparação de comida. A empresa se tornou a primeira cliente do MVP, e os alunos refinaram e reiteraram o robô com a Blue Apron, uma das primeiras divulgadoras do produto.

A partir daí, eles passaram a instruir os clientes sobre como configurar o robô, onde ele seria posicionado na cozinha, como os legumes seriam preparados para o corte robótico e, inclusive, como o braço robótico seria higienizado e armazenado. Depois de distribuir protótipos adicionais do braço robótico em alguns mercados de teste da Blue Apron, eles entenderam como precificá-lo, e começaram a conversar com investidores. Por fim, adicionaram outros recursos, como facas capazes de cortar carnes aviárias e bovinas cruas e até mesmo um componente no braço que conseguia levantar a tigela e a tábua de cortar e despejar os legumes na panela wok.

No fim das contas, o tempo e o capital investidos para viabilizar plenamente o robô de cozinha superaram a capacidade e o interesse dos alunos, e eles seguiram ocupando suas conceituadas posições de pesquisa na academia, mas obtiveram uma nota 10 na disciplina e, mais importante do que isso, uma vida inteira de aprendizado!

A lição deste exemplo é que um verdadeiro MVP é uma experiência completa, que funciona. Ele é prático, confiável, útil e até mesmo agradável para o cliente.

Seguem aqui alguns outros exemplos bem conhecidos de MVP.

O fundador do Groupon, Andrew Mason, havia lançado sua startup The Point de forma não muito bem-sucedida, sem testar um MVP, e decidiu não cometer o mesmo erro novamente. Ao conceber o Groupon, usou uma estratégia de MVP manual. Ele criou um site básico, utilizando o *software* de criação de sites faça-você-mesmo do WordPress, e postou diariamente ofertas e cupons disponíveis ao público. Quando os pedidos começaram a chegar, ele gerou PDFs dos vouchers e cupons e os incorporou a e-mails enviados aos clientes a partir de sua caixa eletrônica pessoal, ainda durante o estágio de MVP. Tudo foi feito manualmente, com a ajuda de recursos de terceiros. Somente após a ideia do produto ser validada, e ficarem comprovadas uma necessidade genuína e a disposição dos clientes em pagar pelo serviço, foi que ele criou a versão digital e automatizada do Groupon.

O Instacart, o popular aplicativo de entregas de supermercado, começou como um MVP no iPhone. Na época do lançamento, o código do aplicativo contava com funcionalidades básicas, e os clientes podiam usá-lo para fazer seus pedidos de supermercado, mas, nos bastidores, não havia automação. À medida que os pedidos chegavam, os fundadores faziam as compras de supermercado e entregavam as mercadorias aos clientes, tudo em uma localização geográfica próxima. Depois de validar o conceito com os clientes e demonstrar que o aplicativo funcionava, a empresa automatizou o processo de pedidos, compras e entregas, e passou a incorporar inovações pioneiras. A abordagem manual do MVP deu à empresa a velocidade e a flexibilidade necessárias para gerenciar recursos e custos, ao mesmo tempo em que provava que a ideia era escalonável.

A Etsy, famosa comunidade on-line em que qualquer pessoa pode vender coisas que ela mesmo fabrica, começou como um rudimentar site de MVP que permitia que os usuários se registrassem e comercializassem seus próprios produtos. Apesar do design simples do site, milhares de artesãos começaram a usá-lo praticamente da noite para o dia, tão logo a notícia se espalhou. Isso aconteceu em uma época em que o eBay dominava o mercado e em que muitos outros mercados on-line haviam falido, pois ficaram sem fluxo de caixa antes de conseguir obter um número significativo de usuários e receitas de publicidade. Economizando dinheiro e desenvolvendo, primeiro, um site básico para testar a sua ideia, a Etsy conseguiu sobreviver e prosperar.

Para soluções digitais baseadas em serviços, como os exemplos citados, um MVP manual é a maneira mais rápida e econômica de confirmar o ajuste do produto ao mercado. Ele permite que você se concentre na solução do problema do cliente, transferindo os detalhes de tecnologia e implementação para o estágio seguinte. "De forma manual primeiro" significa que o seu MVP parece ter todas as funcionalidades do produto completo, mas, na realidade, sua equipe está nos bastidores, fazendo de tudo para entregar o produto e a experiência do cliente. Isso permite que você examine o trabalho físico que precisa ser realizado para atender à necessidade do cliente, o que, por sua vez, permite simular fluxos e processos de trabalho, identificando o que permanecerá manual e o que será automatizado.

Em resumo, significa mais trabalho para você no início — atender os pedidos dos clientes, gerar os cupons ou fazer as compras, como os fundadores do Groupon e do Instacart fizeram —, mas o resultado, como esses casos comprovam, pode ser uma ideia transformadora e de grande impacto.

TIPOS DE MVP

O tipo de MVP a ser utilizado vai depender do que você está tentando atingir. Há MVPs de diferentes tamanhos e modelos, e eles são mais uma disciplina para testagem de um produto do que um processo ou um método definidos. Os métodos a seguir são usados na Intuit.

TIPO 1.
TESTES DE RASCUNHOS RÁPIDOS

Simule uma experiência real usando papel, papelão ou outros materiais sobre os quais você possa desenhar. Um exemplo: você deseja criar um site, mas antes de começar a escrever o código do *software*, rascunhe primeiro o formato e as funcionalidades em um papel ou um quadro branco e teste-o com um cliente.

TIPO 2.
TESTES DE PORTA DE ENTRADA

Faça uma apresentação mínima da ideia, até o cliente demonstrar interesse em saber mais. Um dos meus alunos em Princeton usou esse método quando pretendia avaliar o interesse em uma bebida que ele vinha desenvolvendo para tratar a ressaca. Ele criou uma página simples descrevendo a bebida e seus benefícios, e pediu às pessoas que visitavam o site que indicassem se queriam obter mais detalhes.

Havia a opção de inserir as informações de contato, e ele conseguiu fazer o devido acompanhamento.

TIPO 3.
TESTES DE PORTA DE SAÍDA

Simule manualmente o produto ou o serviço. Quando a Zappos criou um site para encomendar sapatos, mas Swinmurn continuou comprando os calçados em uma loja local e entregando-os aos clientes, ele estava usando o teste de porta de saída.

TIPO 4.
TESTES DE PONTA A PONTA

Simule a experiência integral do usuário e avalie como o cliente responde. O MVP original combina os testes de porta de entrada e de saída. Quando os alunos de Princeton desenvolveram o braço de corte robótico para testar o interesse do cliente em um ajudante de cozinha, eles criaram um teste de ponta a ponta.

TIPO 5.
CARTEIRA VAZIA

Teste as opções de pagamento e os modelos de receitas. O cliente avança no processo de pagamento do produto (on-line), mas não conclui a transação. Isso permite que o testador observe quantas etapas estão envolvidas no pagamento e quanto tempo demora o procedimento.

TIPO 6.
JUDÔ

Teste o produto ou o serviço de um concorrente para entender como você pode melhorá-lo. Phil McKinney, ex-CTO da Hewlett-Packard, andava pelos corredores da Circuit City concentrando a atenção nos clientes que interagiam com tablets e jogos, e depois usava o que havia observado para aprimorar os produtos da HP.

TIPO 7.
ANALÓGICO/RETRÔ

Crie uma versão física do conceito, como um folheto, um livreto ou um guia, para obter um retorno sobre o seu produto ou serviço. Um dos meus alunos teve uma ideia para exibir publicidade em veículos da Uber e da Lyft, semelhante à forma como os táxis exibem publicidade no capô dos veículos. Ele criou um panfleto para mostrar aos anunciantes em qual lugar do carro o anúncio seria colocado.

TIPO 8.
LOJA POP-UP

Monte uma loja, estande ou área para mostrar e testar o seu produto ou serviço. Um novo tipo de programa de adoção de animais de estimação instalou um estande do lado de fora de uma estação de metrô em Nova York para testar seu conceito com os turistas.

ABORDAGENS COMUNS EM TESTAGENS DE MVP

Assim como existem muitos tipos de MVPs, também existem várias técnicas de testagem.

TÉCNICA 1.
SITES E APLICATIVOS

Um dos métodos mais simples para testar a demanda por um produto é criar um site para ele e, em seguida, direcionar o tráfego para aquele site. Tal como no caso dos MVPs do Groupon e do Instacart, o site não é totalmente funcional; ele age mais como um modelo, explicando o que estará disponível e convidando os clientes a clicar para obter mais informações. O número de cliques é comparado ao número de visitantes, a fim de determinar o nível de interesse no produto.

TÉCNICA 2.
SERVIÇOS

Se você vai vender um serviço, a maneira mais fácil de testá-lo é prestar o serviço e perguntar ao cliente quanto ele está disposto a pagar. Quando meu filho e um amigo dele estavam no ensino médio, eles lançaram um negócio de limpeza de calhas durante as férias de verão. Nos primeiros trabalhos, pediram aos clientes que pagassem o que achavam que o trabalho valia, após a conclusão do serviço. Depois de alguns serviços prestados, conseguiram calcular um preço por hora.

TÉCNICA 3.
NOVOS RECURSOS

Antes de desenvolver novos recursos para um produto existente, talvez valha a pena anunciar o recurso em um site já existente e fornecer um link para mais informações. O link leva o cliente a uma página que explica o recurso em desenvolvimento. Pode-se computar o número de cliques como um indicador do nível de interesse. Voltando ao exemplo do aluno que desenvolveu uma bebida contra a ressaca, depois de lançar sua mistura engarrafada, ele começou a trabalhar em uma versão em pó, que poderia ser preparada com água. Ele avaliou o interesse postando uma frase — "nova versão em pó" disponível em breve — em seu site, e os visitantes poderiam clicar no link para saber mais. Ele contabilizou o número de pessoas que clicaram no link como um sinônimo de interesse.

ESCOLHENDO O SEU MVP DENTRE VÁRIOS CANDIDATOS

No mundo dos esportes, a concorrência para se tornar um MVP costuma ser acirrada. Normalmente escolhidos por votos de outros jogadores ou da mídia, os candidatos — atletas que cumpriram ótimas temporadas — são, quase sempre, numerosos. Mas apenas um pode conquistar o título de Jogador Mais Valioso.

Acontece o mesmo com o nosso MVP. Se você passou pelo processo corretamente, talvez esteja diante de várias opções. Como você as reduzirá àquela opção que será usada para testar o seu produto ou serviço inovador? Scott Cook, da Intuit, usa a seguinte técnica: ele pede que cada pessoa da equipe considere o projeto no qual está trabalhando e passe cinco minutos anotando ideias/suposições sobre a solução. Em seguida, ele pede a cada pessoa que escolha uma suposição/ideia e passe cinco minutos discutindo diferentes métricas capazes de mensurar se a suposição é verdadeira. Por fim, pede que cada pessoa escolha uma única métrica para fazer um *brainstorming* de diferentes MVPs capazes de gerar os dados necessários.

Vejamos um exemplo retirado do livro *O Estilo Startup*. Gosto deste exemplo por conta de sua simplicidade. O exemplo original do autor Eric Ries era o de uma nova limonada artesanal na Califórnia. Prefiro suco de cenoura, que cresceu em popularidade como bebida saudável, de modo que, na minha versão do MVP, estamos lançando um suco de cenoura artesanal em Nova York.

Louise está trabalhando na criação da nova bebida.

Suposição: as pessoas que gostam de suco de cenoura estão descontentes com a variedade e a qualidade limitadas das bebidas disponíveis.

Hipótese: se um suco de cenoura artesanal de alta qualidade estiver disponível para entrega sob demanda, os clientes aumentarão o consumo de suco de cenoura.

Agora, Louise deve fazer algumas perguntas.

A quem se destina o produto? Existe um segmento de consumidores de suco de cenoura que: (a) bebem suco de cenoura pelo menos uma vez por semana, e, (b) estão dispostos a pagar mais por bebidas premium — por exemplo, pessoas que frequentam cafés gourmet e lojas de suco?

Qual é a oferta de produto mais simples que consigo fabricar para começar a testar a veracidade da minha hipótese?

Eis aqui as escolhas que Louise pode fazer em relação aos MVPs:

MVP 1: Estande de suco de cenoura montado em uma esquina, com mesas, cadeiras, sinalização e uma degustação antes de o cliente comprar;

MVP 2: Link do site permitindo encomendas sob demanda e entregas feitas por seres humanos;

MVP 3: Site e aplicativo permitindo encomendas sob demanda e entregas feitas por um drone robótico no Brooklyn, em Nova York;

MVP 4: Site e aplicativo permitindo encomendas sob demanda e entregas feitas por uma frota de drones robóticos em qualquer lugar do estado de Nova York.

Louise, então, avalia o que será aferido com cada um desses MVPs. Ela também analisa o custo de execução dos testes.

Qual MVP ela deveria testar primeiro, e por quê? Embora cada um tenha prós e contras, finalmente ela escolhe o MVP 2, pois é a maneira mais rápida e econômica de obter um retorno sobre seu conceito inicial de um produto on-line como o suco de cenoura.

Assim como Louise, você precisa iniciar o processo de MVP definindo o que precisa ser aferido, e junto a qual público. Você pode engajar um pequeno grupo de primeiros clientes visionários e apaixonados, com a intenção de orientar o desenvolvimento de recursos, até entender se um modelo de negócios lucrativo poderá surgir a partir daí. Quanto mais cedo o MVP estiver nas mãos dos clientes, mais cedo você poderá obter um retorno.

Em vez de perguntar aos clientes sobre recursos específicos, a melhor abordagem para definir o MVP é perguntar qual é o menor ou o menos complicado dos problemas que o cliente nos pagaria para resolver. Em nosso exemplo do suco de cenoura, poderia ser "eu experimentaria o suco de cenoura artesanal se pudesse pedir uma pequena quantidade on-line, e se a entrega fosse gratuita.".

A propósito, essa abordagem vai na contramão do foco típico, que recomenda vencer a concorrência com mais, melhores e diferentes recursos, mas ela é muito mais eficaz. Você deve ter percebido que Louise não está perguntando se as pessoas querem suco de cenoura com gengibre, ou se preferem uma caixa de papelão reciclável, ou uma garrafa de plástico.

Lembre-se: também é importante saber o que não desenvolver. O MVP oferece essa disciplina, baseada na máxima de que menos é mais, para garantir que você tenha um conjunto básico de recursos que resolvam o problema do cliente e confirmem, de fato, que você dispõe de um modelo de negócios. "Nada de novos recursos até confirmar os seus modelos de negócios!", é o que eu costumo dizer aos meus alunos.

Mike, estudante da Escola de Negócios de Columbia, me procurou para pedir conselhos sobre sua startup de *software* de ensaios clínicos. Sua plataforma on-line para ajudar os médicos a encontrar ensaios clínicos para seus pacientes estava a seis meses do encerramento quando ele percebeu que precisava aprimorar seu conceito de negócios. Essa percepção atrasara seu MVP e, naquele momento, ele tinha o prazo de um ano para apresentar um produto a ser testado. Sentia-se frustrado, pois queria chegar logo ao seu mercado-alvo e avaliar o interesse em sua solução. Ele queria saber se deveria esperar para desenvolver seu MVP ou conversar com clientes para validar sua ideia. E se perguntava: se a sua ideia fosse mesmo validada, o que mostraria aos clientes em potencial? Ele tinha uma preocupação adicional, pois estava em um mercado competitivo, com poucas barreiras à entrada. "Como posso testar a minha ideia se o meu MVP não está pronto, e como posso ter certeza de que alguém não vai roubar a ideia?"

Depois de conversar com Mike, percebi que reexaminar seu conceito de negócios significava que ele também precisava reavaliar seu produto. Isso me dizia que ele deveria parar imediatamente de elaborar o MVP e fortalecer o conceito antes de gastar mais tempo ou dinheiro. Pensando nisso, ele desenvolveu uma apresentação de slides descrevendo seu produto e mostrando como ele funcionava. Delineou as principais funcionalidades, recursos e benefícios. Os clientes ficaram felizes em debater com ele e foram sinceros em seus comentários. "Acho que recebi um retorno melhor lhes mostrando uma apresentação de slides do que se eu tivesse lhes entregado uma demonstração física do meu MVP. Fiquei conhecendo os problemas para os quais eles precisavam de ajuda e para os quais buscavam solução. Nós nos concentramos nas necessidades deles, e não no escrutínio do meu produto e em suas opiniões, que podem ou não ser relevantes em qualquer estágio inicial do desenvolvimento de produtos."

Mike aprendeu uma lição valiosa. Um inovador deve ouvir as explicações do cliente sobre o problema, sem nunca deixar que o cliente dite completamente aquilo que ele (o inovador) irá construir. Os clientes nem sempre sabem o que querem. Basta perguntar à equipe que trabalhou com Steve Jobs no primeiro iPhone! Os clientes, porém, são especialistas em dizer quais problemas precisam resolver. No caso de Mike, ao construir seu MVP, ele foi obtendo retorno dos clientes ao longo do caminho, o que, a longo prazo, o ajudou a se mover mais rápido.

Se você tem uma startup como a de Mike, talvez esteja se fazendo uma pergunta semelhante: "Como posso desenvolver algo para ser testado com o meu cliente?". Examinamos isso anteriormente na seção sobre os tipos de MVPs, mas vamos aplicar ao caso de Mike aquilo que sabemos.

Uma opção é criar uma amostra do produto. Esta é uma abordagem comumente utilizada na edição de livros. O autor monta um esqueleto de uma proposta de publicação, incluindo uma visão geral do livro oferecido e vários capítulos de amostra. Com base nisso, o editor tem de decidir se será um bom produto. Em uma proposta de publicação, é preciso apresentar uma visualização e uma descrição de sua ideia. Mike fez a mesma coisa quando criou a apresentação de slides com a proposta de seu produto.

Você também pode criar uma demonstração interativa, que ajude a comunicar a sua ideia. A interatividade permite que as pessoas usem seu produto e reajam aos conceitos principais enquanto você ainda está fazendo a demonstração. Pacotes de *software* úteis como o Adobe XD, o Sketch e o InVision permitem que você crie ativos visuais, transforme-os em simulações de telas e, então, navegue por essas telas como se fosse um aplicativo móvel ou um aplicativo da web. Com a ajuda de um engenheiro de *software* da Columbia, Mike acabou fazendo exatamente isso. Eles criaram uma demonstração para simular a experiência de um médico em busca de ensaios clínicos para pacientes com Alzheimer.

Criar uma simulação a partir de capturas de tela também é uma boa opção. Você pode usar o Photoshop, o PowerPoint ou slides do Google para simular capturas de tela, possibilitando uma visualização da interface do usuário com o aplicativo. Mike simulou uma captura de tela do aspecto do aplicativo de telefone que os médicos utilizariam para buscar os ensaios clínicos. Ele incluiu essa simulação em sua apresentação de slides. Lembre-se: esses modelos precisam, primeiro, ser funcionais; de início, a atratividade é um objetivo secundário.

Em seguida, você deve achar alguém a quem mostrar os seus slides, demonstrações ou simulações. Se possível, comece com quem toma as decisões, a pessoa que pagará pela solução apresentada. Você também pode começar com um apoiador, aquele que encontrará mais utilidade ou valor no produto e que poderá levá-lo ao tomador de decisões, a pessoa disposta a pagar por sua solução. No caso de Mike, ele precisava chegar tanto aos médicos que encaminhariam os pacientes para os ensaios clínicos de Alzheimer quanto às empresas farmacêuticas que patrocinavam os testes de medicamentos para Alzheimer, para os quais os pacientes seriam igualmente encaminhados.

Depois de encontrar as pessoas certas com quem testar a sua ideia, você pode contatá-las usando o LinkedIn, o Facebook ou o Twitter. Seja breve. Mike enviou uma mensagem aos clientes farmacêuticos em potencial no LinkedIn: "Estou construindo uma plataforma de referência de pacientes para ensaios clínicos e preciso de sua opinião profissional. Posso lhe fazer algumas perguntas?". Você também pode encaminhar aos entrevistados uma pesquisa on-line de fácil preenchimento. Esse processo o ajuda a estabelecer contatos e a construir uma rede de clientes em potencial, da qual você precisará mais tarde. É uma maneira fácil — e até divertida — de coletar informações.

Essa etapa de conversar com os clientes no início do processo é importante, inclusive nas corporações. Muitas vezes elas estão tão focadas em levar um produto ao mercado que menosprezam a etapa de conversar sobre seu produto com os clientes potenciais.

AS LIÇÕES DO MVP

A estratégia do MVP é uma abordagem "fora da caixa", ideal para startups. Ela também é empregada por empresas consagradas, especialmente em projetos considerados de alto risco. O objetivo da estratégia é colocar um produto básico no mercado em um curto espaço de tempo e, então, examinar a viabilidade do produto e determinar quais recursos devem ser adicionados na reiteração seguinte. Sendo uma abordagem "fora da caixa" focada no usuário, o MVP coleta constantemente comentários valiosos, no intuito de fornecer um produto aprimorado a cada reiteração. Por fim, lembre-se de que o sucesso consiste em aprender a resolver um problema.

INOVADOR EM FOCO
LESLIE AISNER NOVAK, FUNDADORA DA HOWDA DESIGNZ

Em 1990, inspirada por uma geringonça parecida com uma cadeira, que ela havia descoberto quando seu senhorio de 93 anos esvaziou uma velha garagem, Novak fundou a Howda Designz. Depois de se sentar no arremedo de cadeira feita de madeira e lona em uma apresentação ao ar livre dos Boston Pops, ela ficou impressionada com o conforto e o encosto do objeto. Com alguns refinamentos, desenvolveu, patenteou e fabricou, por conta própria, o que chamou de HowdaSeat. Rapidamente, o produto se tornou um campeão de vendas no catálogo da J. Peterman.

Em 2006, Leslie lançou o multipatenteado HowdaHug, uma versão infantil do assento que embala e balança as crianças sem sair do lugar, trazendo benefícios como a calma, o foco e a atenção. Desenvolvido inicialmente para alunos com diversos desafios em sala de aula, o HowdaHug logo se tornou um equipamento padrão para crianças em escolas de todo o mundo.

A INOVAÇÃO CONQUISTA A FAMA

Novak foi criada em Des Moines, Iowa, onde seu pai era um inventor detentor de várias patentes — incluindo a do primeiro par de tesouras de plástico. Mudando-se para Boston para trabalhar na indústria têxtil, ela resolveu transformar sua próxima grande ideia em um negócio, mergulhando nas palestras e fitas de áudio de empreendedores como Paul Hawken e Anita Roddick — defensores da sustentabilidade, da produção local e de produtos baseados em serviços. Ao descobrir casualmente a engenhoca original parecida com um assento, percebeu que aquilo representava a ideia que vinha procurando. Ela decidiu batizá-la de Howda, em homenagem ao nome, em hindi, de um assento usado para montar em elefantes.

Novak fez uma exaustiva prototipagem, e sempre trabalhou com fornecedores capazes de escalonar diante do sucesso que ela estava esperando alcançar. Em 2017, quando o HowdaHug ganhou o primeiro prêmio de design de produto na maior feira de suprimentos educacionais do país, foi um momento transformador, que quadruplicaria a produção praticamente da noite para o dia.

LIÇÕES APRENDIDAS

"Os meus fracassos podem ser atribuídos ao fato de eu não ouvir a minha intuição", afirma ela. "Comecei este negócio sem capital, sem garantia e sem experiência prévia, mas eu sabia que se tratava de um produto vitorioso, com todas as fibras do meu ser. Hoje em dia, confio na minha intuição a respeito de todas as coisas — as minhas ideias, os meus parceiros e colaboradores, e as minhas decisões sobre o que fazer a seguir."

NÃO SE PODE INVENTAR ISSO

Quando estava lançando a HowdaSeats, Novak participou do Chicago Home Show*, onde foi aconselhada a realizar as vendas por meio de um distribuidor experiente. O representante de vendas mostrou a Leslie uma série de produtos, e disse que o negócio havia começado com nada mais do que uma tesoura de plástico. "E lá estava a invenção do meu pai no mostruário!", disse Leslie. Ela tomou aquilo como um sinal — e acabou sendo um bom sinal. "Fechamos mais negócios naquela mostra do que eu poderia imaginar."

PERCEPÇÕES PARA INOVADORES

Novak entende bem a importância do MVP. "Não compartilhei as minhas grandes ideias até me certificar de que eram viáveis", diz ela, "e, algumas vezes, isso demorou anos. Significou manter uma distância segura dos céticos e trabalhar cada uma das fases com pessoas de mente aberta em suas respectivas especialidades.".

---

* (N. do E.) É uma feira anual onde são apresentadas as novidades de empresas dos Estados Unidos e de outros países relacionadas ao lar e à decoração.

Capítulo 4

A LEI DOS CEM CLIENTES (ELES NÃO PODEM ESTAR ERRADOS!)

Jenna Ray, usando um vestido sem mangas azul-claro estampado com minúsculos veleiros brancos, e os longos cabelos loiros presos em um coque arrumado, sorria com afeição e confiança diante da plateia de conselheiros, colegas e membros da equipe. Sua apresentação estava preparada no slide de abertura, "Quem é a nossa cliente? A experiência de compra de roupas na Blue Catamaran". Blue Catamaran era o nome da startup de Jenna, uma varejista eletrônica de roupas de luxo femininas, da qual ela era cofundadora e diretora de marketing. Ela estava apresentando o trabalho de sua equipe como parte do programa de aceleração de inovações da Universidade de Princeton, onde estava se formando. "Esta é Emma", começou Jenna, fazendo um aceno com a mão e acendendo um slide com uma foto de uma mulher impressionante, com cabelos pretos longos e lisos, óculos de sol redondos, um vestido de linho branco curto e sem mangas e sandálias de couro cor de tangerina, com tiras amarradas até os joelhos. Ela estava adornada com grandes argolas de ouro nas orelhas e diversas pulseiras de metal de formatos variados em um dos braços. De pé, parada ao lado de um elefante em uma cena turística comumente associada a viagens a Bangcoc, Emma estava em perfeita sintonia. "É uma profissional do setor de bancos de investimentos de Manhattan que viajou pela Ásia e quer transmitir um visual de viajante exótica nas roupas que usa".

Jenna passou para o slide seguinte. "Esta é Anisha, uma fotojornalista que gosta de capturar imagens de animais selvagens em seu habitat natural". Anisha estava equilibrada no encosto de um assento, em um jipe salpicado de lama, tirando fotos de um rebanho de zebras com uma câmera Canon e uma lente de zoom longo. "Ela se inspira na vida selvagem que fotografou durante seus safáris na África; ela mora no Reino Unido e, neste verão, espera conseguir um emprego na National Geographic."

"E esta é Dara", continuou Jenna, orgulhosa. "Ela é voluntária em um programa que vem ensinando mulheres a fabricar joias no Afeganistão. Ela vende as joias em seu site e divide 50% do lucro com as outras mulheres, para que elas tenham uma chance de independência financeira." Dara, com a franja castanha engenhosamente arrumada sob uma boina vermelha, estava vestida com calças boca de sino listradas de laranja e vermelho. Ela estava no primeiro plano de uma foto com uma dúzia de mulheres sentadas sobre um piso de pedra, fazendo colares de contas e fabricando joias ostensivamente, que mais tarde, Dara venderia em seu site.

"Estas mulheres representam a inspiração, as clientes da Blue Catamaran. Queremos lhes proporcionar uma experiência que dialogue com seus anseios internos por viagens, aventuras e uma vida com propósitos."

Jenna estava prestes a passar para seu plano de marketing quando eu a interrompi. O programa de aceleração de inovações da Universidade de Princeton era um seminário de verão de dez semanas de duração, projetado para proporcionar aos alunos uma experiência imersiva no desenvolvimento e lançamento de uma startup a partir de uma ideia original. O programa era patrocinado pela Faculdade de Engenharia. Agora, em seu segundo ano, ele pretendia ajudar futuros inovadores a aprender como desenvolver e comercializar suas inovações. Princeton, com sua longa e célebre reputação como universidade da Ivy League* dos Estados Unidos, não oferecia diplomas de profissionalização, concedendo apenas seletos diplomas de pós-graduação, pois queria enfatizar seu compromisso com uma ampla experiência educacional nas artes liberais. Muitos zombavam da ideia de que a inovação poderia ser "ensinada", mas os administradores do programa insistiam que a proposta experiencial imersiva do programa expunha os alunos ao processo de inovação. O que eles fariam com aquela experiência dependeria de sua energia criativa e de seu investimento no seminário.

Certamente, Jenna e sua cofundadora eram enérgicas, e estavam determinadas a lançar uma marca de luxo no varejo eletrônico voltada para as profissionais de vinte e poucos anos, inspirando-se em marcas famosas como Tory Burch, Marc Jacobs, Kate Spade e Ralph Lauren.

Limpei a garganta, preparando-me para fazer um comentário construtivo diante dos seis conselheiros do programa e de uma sala com 25 colegas, todos estudantes. "Jenna, na quarta semana do programa vocês ficaram de apresentar a sua pesquisa de clientes. De acordo com as instruções fornecidas em aula na semana passada, vocês deveriam ter entrevistado um mínimo de 25 clientes potenciais na última semana com o seu MVP — no seu caso, algumas páginas de um site simulado, onde as clientes poderiam consultar três exemplos de seus conjuntos e decidir se queriam comprar uma roupa. Vocês poderiam compartilhar conosco a sua pesquisa?"

---

* (N. do E.) Criada em 1954 como uma agremiação que reunia os grupos esportivos das instituições, hoje a Ivy League ganhou importância e é sinônimo de excelência acadêmica. Ela reúne oito das universidades mais prestigiadas dos Estados Unidos: Brown, Columbia, Cornell, Dartmouth, Harvard, Universidade da Pensilvânia, Yale e a citada Princeton.

"Estamos fazendo as coisas de maneira um pouco diferente", respondeu Jenna, educadamente. "Esta semana, criamos representações fictícias — perfis das mulheres reais, e que serão o público-alvo de nossas criações de moda inspiradas em marcas de luxo — mulheres jovens sofisticadas e que são instruídas, adoram viajar, levam a vida com propósitos e desejam usar uma moda que as diferencie da multidão. Quando você compra uma roupa, você se identifica com a mulher que inspirou aquela criação, então parece que ela selecionou aquela roupa para você, e que vocês compartilham algum vínculo."

Certo, tudo bem. Sendo professora de inovação, como eu poderia discordar da decisão de serem inovadoras ao abordar a tarefa que lhes foi atribuída?

"Eu gosto das representações fictícias", afirmei. "Foram estas as mulheres que vocês entrevistaram? As mulheres interessadas em comprar suas roupas?"

Dentre todos os alunos, pensei eu, Jenna, formanda e muito brilhante, compreendia o propósito do programa e o valor de uma sólida pesquisa de clientes.

"Mais ou menos", respondeu ela. "Elas foram inspiradas nas mulheres que eu conheço, minhas amigas."

De repente, não me senti tão entusiasmada com o que acreditava ser o espírito empreendedor e criativo da minha aluna.

"Jenna, com quantas clientes vocês realmente conversaram? Para quantas mostraram o seu site? De acordo com a ementa do programa, vocês devem entrevistar cem clientes até a sexta semana, e isso é daqui a apenas duas semanas."

Ela baixou o olhar para suas unhas bem-cuidadas.

"Hmm, ainda não entrevistei nenhuma cliente, porque tenho trabalhado no nosso site e na campanha de marketing. Tenho conversado com os designers da Tory Burch para saber mais sobre a experiência do site que eles criaram e como eles comercializam a sua marca. Conheço as mulheres que vão comprar as nossas roupas. Elas são semelhantes às mulheres que fazem compras na Tory Burch, Kate Spade, Ralph Lauren, Marc Jacobs."

Um dos conselheiros designados para a Blue Catamaran, Paul, ex-profissional de marketing da Chanel, comentou: "Jenna e equipe, o objetivo da pesquisa de clientes é esclarecer as pessoas e confirmar que existe um negócio a ser desenvolvido. Seu site e sua campanha de marketing parecem incríveis, e estou realmente impressionado que vocês tenham consultado os meus contatos na Tory Burch. Mas concordo com a professora; é muito importante pesquisar suas clientes potenciais para descobrir como elas estão comprando e o que elas não gostam na atual experiência de compra junto às marcas de luxo, para que vocês possam preencher essas lacunas. Caso contrário, vocês serão uma startup competindo com algumas marcas de sucesso muito consolidadas.".

"Estamos aprendendo muito com a equipe da Tory Burch", contestou ela, referindo-se à varejista de marcas de luxo voltada para a comercialização em massa e listada entre as 1.000 Melhores Marcas Globais, com um valor de mercado de US$ 102,2 bilhões. "Os lucros da Tory Burch Foundation são revertidos para apoiar as mulheres empreendedoras. Eles estão animados com o que estamos fazendo e querem ajudar. Eles até se ofereceram para nos auxiliar com a pesquisa de clientes", disse a irmã de Jenna e assistente de marketing, no fundo da sala.

"Equipe Blue Catamaran", me dirigi à equipe de Jenna, que incluía um designer, um líder de operações que, segundo soubemos, já estava agendando reuniões com fornecedores de tecidos e fabricantes de roupas na América Latina, e um assistente de marketing. "Na próxima aula, quero analisar o seu plano para localizar cinquenta mulheres a serem entrevistadas e um rascunho do seu roteiro de entrevista." Eu temia que a equipe já tivesse caído na armadilha das startups: se apaixonado pela sua própria ideia e desconsiderado que era preciso conversar com as clientes para confirmar que eles estavam abordando uma necessidade do cliente e oferecendo um produto ou, neste caso, uma experiência, pelo qual as pessoas estariam dispostas a pagar.

Embora eu tenha gostado do fato de Jenna e seus colegas de equipe terem imaginado vívida e detalhadamente sua cliente, a realidade nos mostra que é muito mais difícil sair e conversar com cinquenta clientes potenciais, quanto mais com cem. Mas os estudantes de pós-graduação não são os únicos culpados por pegar esse atalho. Já vi isso acontecer muitas vezes na minha carreira. Temos um produto, temos uma necessidade, temos um MVP. Conversamos nós mesmos e nos convencemos de que é uma ótima ideia e de que temos um público para isso. Porém, muitas vezes, somos nós mesmos próprias e ínfimas caixas de ressonância. Da boca para fora, todos defendem a ideia de ouvir o cliente, mas a maioria não ouve de fato. Ou, pelo menos, não sistematicamente. E nunca são cem pessoas.

Mas isso é o que os inovadores de sucesso devem fazer.

QUAL É O OBJETIVO DA PESQUISA DE CLIENTES?

Quando falamos sobre pesquisa de clientes, geralmente nos vêm à lembrança imagens de grupos focais e entrevistas por telefone, bem como planilhas, relatórios e dados assim produzidos.

Mas estou me referindo a algo um pouco diferente. Minha ideia de pesquisa de clientes é se transformar nos seus clientes — entender tão profundamente os seus problemas, as necessidades não atendidas, as aspirações e os sonhos que, no fim, você seja capaz de pensar como eles. Não estou afirmando que você precisa desempenhar o papel de ator. Porém, estou afirmando que você precisa entender suficientemente bem os seus clientes para poder identificá-los na multidão.

Nesse sentido, a Blue Catamaran estava adotando o conceito correto ao criar as representações fictícias. O problema era que elas se baseavam em pesquisas insuficientes, que não representavam todo o espectro de clientes reais. Um primeiro passo importante é delinear os seus objetivos de pesquisa: o que você precisa aprender sobre os clientes para desenvolver uma solução que eles queiram comprar?

No caso da Blue Catamaran, a questão era saber se a jovem profissional interessada em moda estaria disposta a gastar mais de US$ 250 em uma roupa extravagante e expressiva, espelhando a personalidade com a qual ela se identificava. Em essência, ela gastaria algumas centenas de dólares para ter uma "experiência" de moda? Ou ela achava que uma experiência on-line já atenderia a seu desejo de fazer uma afirmação por meio da moda? Como a Blue Catamaran conseguiria preencher a lacuna entre "Uau, este site é incrível, com suas fotos de viagens exóticas e layout eclético, fazendo com que você se sinta como se estivesse em Bangcoc: eu consigo me identificar com Emma." e o ato de clicar efetivamente no botão de pagamento e inserir o número de sua conta no Apple Pay, no PayPal ou no cartão de crédito?

Se Jenna e sua equipe tivessem entrevistado 25 clientes, mostrando-lhes o site e as roupas com várias escalas de preços, teriam constatado que, embora o público-alvo adorasse a experiência da Blue Catamaran, ele hesitava em gastar US$ 250 (US$ 500, se optassem também por comprar acessórios) em uma roupa.

Ela acabou percebendo isso quando lançou o site e descobriu o quanto era difícil atrair compradoras para o site e converter aquela visita em uma venda. Apenas uma pequena parte de seu público-alvo estava disposta a comprar roupas e, mesmo assim, apenas para uma ocasião especial. "Afinal de contas", como disse uma entrevistada, "tenho um aluguel em Manhattan para pagar e roupas do dia a dia para comprar.".

Compare a Blue Catamaran com a Stitch Fix, que oferece à mulheres de várias camadas sociais combinações de diferentes peças de roupa, adequando-se a seu estilo de vida e, principalmente, a seu orçamento. A empresa é flexível, solicita comentários constantamente, é altamente receptiva às necessidades do cliente e é extremamente bem-sucedida.

POR QUE A PESQUISA DE CLIENTES É IMPORTANTE PARA O PROCESSO DE INOVAÇÃO?

A pesquisa de clientes é um tipo de pesquisa de mercado; ela é denominada pesquisa de mercado primária, pois envolve a coleta de informações, em primeira mão, de clientes e outros operadores importantes.

Outra forma de pesquisa de mercado, chamada de secundária, inclui a configuração de ambientes de negócios e avaliações da concorrência. Neste caso, os dados e as informações são provenientes de fontes publicadas, como relatórios e sites. Quando lhe perguntaram sua opinião sobre o fato de a pesquisa de clientes ser fundamental para a inovação, o CEO do Facebook, Mark Zuckerberg, respondeu afirmativamente, e completou: "Em última análise, nos dedicamos aos negócios para resolver o problema de um cliente. Não vendemos serviços para ganhar dinheiro; ganhamos dinheiro para resolver os problemas dos clientes com nossos serviços."[8].

Como poderemos resolver os problemas dos clientes se não entendemos quem eles são e do que precisam? E eu estou me referindo a entender de verdade.

Vejamos alguns exemplos de negócios que foram extintos por não terem conseguido entender e responder às necessidades dos clientes.

As ferrovias dos EUA não entraram em declínio porque a necessidade de transportar pessoas e cargas foi alterada — na verdade, a necessidade só aumentou. As ferrovias estão obsoletas porque sempre se viram como ferrovias, e não como meios de transporte comercial e de consumidores. Elas não conseguiram resolver as necessidades dos clientes. Elas não reconheceram que seus concorrentes não eram outras ferrovias, mas novas tecnologias emergentes: o automóvel, o avião e o trem de alta velocidade.

Os táxis não foram substituídos pela Uber e pela Lyft por não conseguirem levar uma pessoa do ponto A ao ponto B. Eles foram rechaçados porque a Uber é capaz de pegar uma pessoa em sua casa e levá-la ao seu destino por um custo razoável, com um motorista que dirige o seu próprio veículo, coloca a música que você quer ouvir e lhe oferece uma garrafa de água durante a viagem. Eles pegaram a experiência da condução e remaram a favor da correnteza (qualquer pessoa com um celular pode solicitar uma viagem privada), fazendo com que ser conduzido até o seu destino se tornasse algo popular. Eles projetaram o serviço em torno do cliente e da maneira como ele vive, trabalha, se desloca — e gosta de ser tratado.

E quanto à TV a cabo? A TV a cabo não viu cair seu número de assinantes porque as pessoas estão vendo menos televisão; na verdade, elas estão vendo mais. Mas elas não estão fazendo isso a cabo — ou, pelo menos, não tanto quanto costumavam fazer. Agora, a qualquer momento, os clientes podem acompanhar programas de TV e filmes por *streaming* — e personalizar o que assistem. Um *plug-in* do Chromecast combinado com assinaturas da Netflix, Amazon e HBO oferece entretenimento que se adapta ao seu perfil individual. Isso é algo que a TV a cabo não consegue fazer. Porém, conforme alguns argumentariam, as empresas a cabo poderiam ter tornado a experiência do espectador mais amigável e fornecido mais opções para pacotes de visualização personalizados do que aqueles que forçam os clientes a contratar centenas de canais.

Esses exemplos ilustram o que pode acontecer quando nos tornamos complacentes com a situação e deixamos de prestar atenção às mudanças nas necessidades de nossos clientes. Sempre haverá alguém construindo uma ratoeira melhor. Uma dessas empresas é a Apple, que vem dominando formas criativas da pesquisa de Voz do Cliente (VOC).

COMO FUNCIONA A PESQUISA DE VOC?

O VOC é um método de pesquisa que as empresas usam para descrever as necessidades e as exigências de seus clientes. Ele ajuda as empresas a visualizar a lacuna entre as necessidades e as expectativas do cliente, e a sua experiência real com o produto e a marca. Os relatórios mostram que as empresas que usam a pesquisa de VOC obtêm uma receita anual dez vezes maior, porque se conectam e se envolvem com o cliente em todos os pontos da jornada. Custa mais caro às organizações atrair um cliente novo do que manter um já existente. Vejamos como isso funciona na Apple.

O iPhone é um dos produtos mais famosos do século XXI. No entanto, Steve Jobs nunca realizou nenhum grupo focal. Isso é verdade. Mas não significa que Jobs deixou de entender e atender às necessidades dos clientes. O mesmo se pode dizer de Henry Ford, que criou a linha de montagem de automóveis. Ainda nem existiam os grupos focais quando Ford começou a lançar seus primeiros Modelos T.

Ambos os inventores estavam à frente de seu tempo, com tecnologias tão disruptivas que apresentar suas ideias aos clientes teria sido bastante difícil. Eles precisavam, então, comercializá-las para os consumidores, e só então convencê-los de que eles precisavam daqueles produtos.

Jobs afirmou: "Aproxime-se mais do que nunca dos seus clientes. Tão perto que você possa lhes dizer do que eles precisam, muito antes de eles mesmos perceberem."[9]. Foi exatamente o que ele fez com a câmera do iPhone. Ninguém nunca participou de um grupo focal e disse: "Puxa, eu gostaria que o meu telefone também fosse uma câmera.".

Se Jobs tivesse perguntado aos clientes se eles queriam tirar fotos com seus telefones, a maioria, provavelmente, teria respondido: "E não é para isso que a minha câmera serve?". Mas Jobs percebeu que, em uma cultura digital e visual, e cada vez mais acelerada, a ideia de tirar uma foto a qualquer hora, em qualquer lugar — sem ter tido a previdência de trazer sua câmera consigo —, seria algo que os clientes, principalmente os jovens que foram os impulsionadores iniciais das vendas do iPhone, adorariam. Mesmo que eles ainda não tivessem percebido isso. Assim, era algo que Jobs precisava lhes mostrar. Ele aprimorou o iPhone com base em sua percepção do cliente — obtida não por meio de uma pesquisa formal de clientes. E como ele sabia disso? Era, simplesmente, parte de sua genialidade?

Jobs passava muito tempo estudando os seus clientes, antecipando seus comportamentos e também suas necessidades. Ele sabia que seu o mercado-alvo queria uma tecnologia moderna, interessante e ainda divertida e criativa. Mas como ele sabia quais eram essas necessidades? Por dois caminhos: autoetnografia e pesquisas. Soa um pouco antropológico, e é! A Apple inspeciona seus clientes enquanto eles estão usando o iPhone para, por exemplo, complementar seus próprios dados internos e a estratégia do produto. A empresa usa os dados para ir ainda mais longe, seduzindo o cliente e garantindo-lhe uma ótima experiência.

E Jobs aperfeiçoou o mantra do fracasso rápido do Vale do Silício, o que significa que é preciso colocar logo um protótipo nas mãos dos clientes. Se eles gostarem, você continua a desenvolvê-lo; se não, você segue em frente. O teste do MVP, uma parte fundamental da mentalidade de inovação, foi popularizado por Jobs e seus conterrâneos do Vale.

Assim como a Apple, você precisa conhecer os clientes que está buscando e o que eles gostam de fazer. Além de verificar as suas suposições sobre os problemas dos clientes, você precisa validar a sua hipótese sobre como eles gastam o seu tempo e o dinheiro, e sobre como realizam as suas tarefas. Independentemente de o produto ser destinado a clientes corporativos, mídias sociais, setores sem fins lucrativos ou varejo, você deve compreender em detalhes como os seus clientes fazem as coisas. Como o trabalho é realizado? Qual é o processo, o fluxo de trabalho, as comunicações?

POR QUE VOCÊ PRECISA CONVERSAR COM CEM CLIENTES?

Primeiro, por que cem? O que há de tão mágico nesse número? Por que não dez, ou 75, ou quinhentos? Existem algumas razões pelas quais eu insisto que os estudantes, os clientes e a minha própria equipe conduzam cem entrevistas com clientes ao testar um novo produto, seja uma startup ou uma empresa já existente.

Primeiramente, a melhor pesquisa de clientes inclui vozes de diversas perspectivas. É preciso articular características demográficas e psicográficas. Obter uma boa transversalidade significa um amplo tamanho de amostra. Se você estiver fazendo uma pesquisa nacional ou global, precisará entrevistar clientes em diferentes localizações geográficas, e talvez precise entrevistar clientes de várias idades, etnias, níveis econômicos, funções e responsabilidades.

Em segundo lugar, a melhor pesquisa de clientes inclui uma combinação de metodologias: pesquisas curtas e entrevistas, tanto individuais quanto em pequenos grupos e, cada vez mais, mídias sociais, nas quais é possível ouvir opiniões divergentes. Você precisa de uma massa crítica de clientes para garantir a correta transversalidade de perspectivas e a combinação de técnicas de coleta de informações.

Terceiro, cem clientes fornecem uma amostra que é estatisticamente significativa e apropriada para verificar os seus resultados. A maioria dos investidores com quem trabalhei considera cem entrevistas uma boa base para confirmar o interesse do cliente na solução apresentada. Em última análise, muitos podem solicitar um retorno adicional do cliente antes de investir — já vi investidores exigirem trezentas entrevistas com médicos para um dispositivo médico e, até mesmo, vários milhares para um aplicativo.

Quarto, de todas as etapas do processo de inovação, esta é a mais desafiadora e importante para o inovador. Por quê? É difícil localizar pessoas a serem entrevistadas; ouvir coisas que você pode não gostar; e, por fim, saber o que fazer com todas as informações coletadas.

Finalmente, a pesquisa de clientes é uma combinação de ciência com arte e um pouco de acaso. Em minha própria experiência profissional, sempre obtive os comentários mais relevantes naquela centésima entrevista. É como correr uma maratona, chegar ao quadragésimo quilômetro e querer muito parar e caminhar os últimos dois quilômetros. Mas você segue em frente, porque sabe que os quilômetros finais são os que mais contam, pois sinalizam que você terminou a corrida. Quando me tornei CEO de uma empresa de diagnósticos, entrevistei cem clientes em potencial, incluindo médicos, pacientes e colegas farmacêuticos. Foi a centésima entrevista — com o chefe de pesquisa de uma grande empresa farmacêutica — que proporcionou, especificamente, aquele "momento eureka" e inspirou um piloto do MVP. Se eu não tivesse buscado aquela entrevista, que levou muito tempo para ser acertada, teria perdido uma oportunidade fundamental de comercializar com sucesso o nosso produto. Eu poderia ter parado na entrevista 99 e, ainda assim, ter uma boa ideia acerca do nosso produto? Sim. Eu teria obtido o discernimento que produziu o que acabou se revelando uma ótima ideia? Não sem percorrer o caminho todo.

Deixe-me dar um exemplo de como funciona essa combinação das perspectivas do cliente com a metodologia de pesquisa.

Como consultora de uma startup de biotecnologia, fui contratada para testar o interesse do mercado em uma terapia genética para um problema chamado degeneração macular úmida relacionada à idade (DMRI úmida), uma doença ocular debilitante que afeta pessoas mais velhas, levando, por vezes, à cegueira. A terapia genética envolve a substituição de um gene ausente ou defeituoso por um que está funcionando normalmente, e pode ser uma potente terapia em doenças em que se consegue isolar algum gene errante. Se a terapia oferecida pela empresa funcionasse, poderia reduzir significativamente a necessidade do paciente de medicamentos para retardar a progressão da doença; na melhor das hipóteses, poderia equivaler a uma cura. Mas ainda se tratava de algo experimental. Sabíamos que, em nossa pesquisa de clientes, precisaríamos coletar informações robustas, bem definidas e precisas, com o intuito de alimentar o projeto dos ensaios clínicos, a estratégia comercial e os investimentos da empresa em ambos.

Selecionamos e entrevistamos cuidadosamente cirurgiões de retina, oftalmologistas gerais e optometristas da América do Norte, Europa, China e Japão, para aprender tudo o que podíamos sobre como eles diagnosticavam e tratavam a DMRI úmida e para avaliar sua receptividade a uma nova terapia genética.

Entrevistamos cem médicos, seguindo a minha lei dos cem clientes. Esse era o número necessário de entrevistas para poder garantir que coletássemos informações de um relevante espectro de clientes; também assegurava um resultado estatisticamente significativo capaz de comprovar nossas descobertas, e se adequava ao orçamento do cliente. O diretor de marketing concordou. "Não me procure novamente até que você tenha entrevistado os cem clientes", foi seu conselho quando saímos da reunião inicial sobre a pesquisa, com ele e sua equipe.

Nossa pesquisa de mercado se desmembrou em: 40% na América do Norte, 30% na Europa e 15% no Japão e na China. As nossas perguntas foram organizadas de acordo com as seis melhores perguntas da voz do cliente, como descritas na seção a seguir.

Neste caso, precisávamos entender como os oftalmologistas estavam tratando, naquela ocasião, os diferentes tipos de pacientes; o que estava funcionando e o que não estava com relação ao estado dos pacientes; quais desafios eles enfrentavam ao ajudá-los a evitar a cegueira; que tipos de alternativas haviam tentado; se eles estavam abertos a experimentar a terapia genética; quais dados precisavam para convencê-los de que nossa terapia era segura e eficaz; e, mais importante ainda, que tipo de pacientes eles achavam que seriam mais beneficiados com a nossa terapia genética.

Essas entrevistas nos ajudaram a segmentar os médicos com base em suas especialidades e formas de conduzir o tratamento. Compreendemos que, embora alguns médicos fossem agressivos e aderissem precocemente a novas tecnologias como a terapia genética, a adoção dependia da idade, das práticas em seu país e da formação de preços e reembolso do tratamento.

Nos Estados Unidos, o custo da terapia e os valores de reembolso impulsionavam a tomada de decisão sobre o que prescrever exatamente e em que momento. Também descobrimos que alguns médicos eram cautelosos, adotando uma atitude de "esperar-para-ver" diante de terapias experimentais. Isso foi particularmente verdadeiro na China.

Em última análise, nossos resultados de pesquisa indicaram que a empresa deveria projetar dois tipos de estratégias para entrada no mercado, a serem submetidos a testes suplementares: pacientes recém-diagnosticados, para os quais a possibilidade de cura seria mais significativa, e pacientes em fase terminal, que não dispunham de outras opções. Após concluir uma análise financeira sobre o tratamento dos pacientes em fase terminal, a empresa decidiu que era muito arriscado lançar uma nova e dispendiosa terapia genética para tais pacientes, cuja doença poderia estar em estágio tão avançado que nem mesmo a substituição do gene seria capaz de reverter os sintomas; essa situação poderia tornar muito difícil a avaliação da resposta e a comprovação dos efeitos benéficos da terapia genética. A empresa resolveu se concentrar em pacientes cuja doença estivesse em fase inicial. Com base em nossa pesquisa, a empresa conseguiu desenvolver um ensaio clínico que fornecia os dados necessários para que os médicos se sentissem confortáveis para prescrever uma terapia genética a um paciente recém-diagnosticado. No entanto, esse ensaio clínico não saiu como o planejado e, por fim, a empresa decidiu priorizar uma doença ocular diferente, embora semelhante, a retinopatia diabética, para a qual os tratamentos eram mais escassos, e sobre a qual os médicos afirmaram que o valor da terapia genética seria maior.

QUAIS SÃO AS SEIS MELHORES PERGUNTAS DA VOZ DO CLIENTE?

Vejamos as seis principais áreas de perguntas na pesquisa de VOC. Eu as chamo de módulos de discussão, pois podem abranger várias perguntas até se chegar efetivamente ao cerne do que precisa saber.

1. QUEM É O CLIENTE E QUAL É O TRABALHO QUE ELE FAZ?

Descubra tudo o que puder sobre o seu cliente. Por exemplo, no estudo de caso dos oftalmologistas, precisávamos entender as práticas dos médicos, os dados demográficos e psicográficos de suas populações de pacientes e o que influenciava o modo como os médicos trabalhavam.

2. QUAL É O ATUAL ESTADO DO NEGÓCIO DO CLIENTE?

Em seguida, você precisa entender como o cliente está trabalhando atualmente e por que ele conduz as coisas dessa maneira. No exemplo dos oftalmologistas, perguntamos como e quando os pacientes foram diagnosticados com DMRI úmida; que terapia os médicos usaram primeiro e por quê; quais testes eles usaram para determinar se um paciente estava respondendo ao tratamento; e se um paciente não mostrasse sinais de resposta, o que eles tentariam a seguir.

3. QUAL(IS) É(SÃO) O(S) PROBLEMA(S) DO CLIENTE (TAMBÉM CONHECIDO COMO NECESSIDADE NÃO ATENDIDA)?

Descubra quais são os maiores desafios do cliente. Às vezes, as pessoas usam perguntas como "o que o faz perder o sono à noite?".

Em nosso estudo de caso dos oftalmologistas, procuramos entender os fatores que fariam com que os médicos mudassem de terapia, e quais as maiores dificuldades enfrentadas no tratamento de seus pacientes — por exemplo, o acesso às terapias ou o custo delas?

4. QUAL É O TAMANHO DO PROBLEMA?

Neste ponto, precisamos ter uma maneira de medir o impacto do problema. Precisamos quantificá-lo e qualificá-lo. Por quê? Para ter certeza de que vale a pena resolvê-lo. Em nosso exemplo, sondamos os oftalmologistas para descobrir quantos pacientes tinham DMRI úmida; quantos não estavam respondendo à terapia e progredindo para a cegueira; quanto tempo e dinheiro o médico estava gastando com a DMRI úmida, e quanto dinheiro o paciente ou o seguro estava gastando; e qual o nível de frustração entre os seus pacientes e as suas famílias.

5. QUE SOLUÇÕES TENTARAM E QUAIS OS RESULTADOS?

Essa pergunta o ajuda a entender as deficiências das soluções presentes, além da concorrência. Lembre-se: manter a situação atual e não fazer nada continua sendo uma forma de concorrência — às vezes, é mais fácil seguir o caminho da menor resistência do que tentar algo novo — de modo que você precisa saber disso. Você também pode sondar quem influencia a tomada de decisões. Em nosso caso dos oftalmologistas, precisávamos entender a trajetória do tratamento para pacientes com DMRI úmida. Se a terapia nº 1 não funcionasse, o que o médico tentaria em seguida? Isso nos ajudou a determinar em que ponto do caminho a nossa terapia genética poderia se encaixar, de acordo com a forma como o médico tomava decisões a respeito do tratamento daqueles pacientes.

6. O QUE O CLIENTE PENSA SOBRE A SOLUÇÃO QUE DEU?

Agora chegamos ao momento da verdade! A parte mais importante do VOC para o inovador: você deseja saber as reações dos clientes

— preferências, frustrações, perguntas e preocupações — à sua solução potencial. Em última análise, você quer saber a probabilidade de eles usarem a sua solução, e em que situação.

Conforme discutido no exemplo da terapia genética para doença ocular, queríamos saber se os médicos teriam maior probabilidade de prescrever a terapia genética a um paciente recém-diagnosticado ou a um paciente em estágio terminal. Essa era uma informação fundamental para o nosso posicionamento no mercado.

SEIS MANEIRAS DE ENCONTRAR CEM CLIENTES

Uma pergunta que alunos, clientes e membros da minha própria equipe me fazem o tempo todo quando discutimos o método VOC é: “Como encontramos cem clientes? Isso parece muito difícil”. Uma coisa importante a ter em mente é que a sua pesquisa deveria ser uma combinação de pesquisas, entrevistas individuais e discussões em pequenos grupos.

Normalmente, você começaria com algumas entrevistas em pequenos grupos e entrevistas individuais para verificar o problema e a sua solução potencial. Em seguida, você usaria esses dados para enriquecer o projeto de uma pesquisa que abrangesse uma amostra representativa de clientes.

A pesquisa pode sondar o valor agregado, a formação de preços e os recursos preferenciais da solução. Você poderia, então, complementar o seu estudo com mais algumas entrevistas individuais para confirmar as suas conclusões.

Envolve esforço, sim, mas precisa ser feito — e é eminentemente viável. Vamos começar com a melhor abordagem, caso você tenha dinheiro para investir em pesquisa profissional de VOC, e, em seguida, iremos diminuindo a abrangência a partir de uma nova perspectiva de custos.

ABORDAGEM 1. EMPRESAS DE PESQUISA COM SERVIÇO INTEGRAL

Essas empresas conseguem identificar, recrutar e entrevistar clientes com base em seus objetivos de pesquisa. Você precisa preparar um resumo dos seus objetivos e o escopo do projeto. Recomendo obter cotações de três fornecedores diferentes e pedir para analisar amostras dos outros proponentes nos bancos de dados da empresa, bem como um estudo de caso de trabalhos anteriores. Esse tipo de pesquisa pode custar algumas centenas de milhares de dólares, dependendo da facilidade ou dificuldade das entrevistas, geralmente baseadas na função desempenhada pelo entrevistado e em sua localização geográfica. Por exemplo, o estudo de caso dos oftalmologistas compartilhado neste capítulo custou ao cliente aproximadamente US$ 250 mil, pois envolvia oftalmologistas e cinco regiões geográficas diferentes. Pesquisas de clientes do mesmo tamanho, mas limitadas a uma única geografia, custariam menos de US$ 100 mil. Essa opção funciona melhor se você tiver muitas pesquisas a realizar em um curto período de tempo, não tiver restrições de capital e quiser garantir resultados e percepções mais precisos, obtidos por analistas profissionais de pesquisas de mercado, que saibam conduzir e analisar pesquisas desse tipo.

ABORDAGEM 2. AGÊNCIAS DE PESQUISA DE AUTOATENDIMENTO

Essas agências podem fornecer especialistas no assunto, mas é você quem conduz a pesquisa. Empresas como a Gerson Lehrman Group (GLG), a Guidepoint e a AlphaSights mantêm um banco de profissionais de consultoria em uma ampla gama de indústrias. Você pode contratá-las para acessar os especialistas em seus bancos de dados, mas a partir daí funciona no esquema de autoatendimento, o que significa que você mesmo precisará selecionar e entrevistar os especialistas, geralmente em uma ligação telefônica individual com duração de 45 minutos. Essa opção pode custar de US$ 750 a US$ 2 mil por entrevista, dependendo do nível de especialização exigido. Essa é uma boa opção para um pequeno número de entrevistas individuais, com o intuito de enriquecer as perguntas a serem incluídas em uma pesquisa. Também funciona bem se você tiver um orçamento modesto e os recursos e conhecimentos necessários para gerenciar internamente a pesquisa de clientes.

ABORDAGEM 3.
LISTAS

Se uma opção de autoatendimento for a mais indicada para você, mas o seu orçamento estiver apertado, você pode adquirir listas de diversos tipos de profissionais e consumidores em geral, com base nos CEPs, vendidas por centros de pesquisa, e, então, enviar e-mails para os contatos. Esta opção é boa se você quiser lançar uma vasta rede e não se importar em fazer "chamadas telefônicas não solicitadas" e tentar a sorte. O lado positivo é que você terá uma lista de clientes com os quais poderá trabalhar de várias maneiras ao longo do tempo. Outra coisa a se ter em mente é que, de modo geral, essas listas são atualizadas anualmente; portanto, algumas das informações já podem estar desatualizadas tão logo você as receba.

ABORDAGEM 4.
PESQUISA DE MERCADO INTERNA

Esta é uma opção se você tiver um especialista de marketing em sua empresa que possa executar o processo e conduzir a pesquisa. Nessa situação, você pode usar as mídias sociais para postar perguntas e incentivar a discussão e, inclusive, recrutar clientes para entrevistas individuais. Quando trabalhamos com um programa on-line de treinamento de inglês, postávamos perguntas sobre como os alunos aprendiam o idioma em lugares como os grupos do Facebook para os estudantes de intercâmbio no exterior e os estudantes do TOEFL nos Estados Unidos. Os alunos se mostravam ansiosos para interagir, fornecer as suas opiniões e aprender mais sobre a nossa plataforma, especialmente se ela fosse fácil de acessar e pouco custosa. A partir daí, conseguimos garantir entrevistas individuais e conceder-lhes acesso ao nosso MVP para testagem. Um benefício adicional deste método de pesquisa, caso ele atenda às suas necessidades, é o fato de ser gratuito.

ABORDAGEM 5. COLABORAÇÃO PÚBLICA

Se você for uma startup, tentar localizar clientes para entrevistar pode ser especialmente assustador se o seu público não estiver necessariamente agrupado em uma comunidade das mídias sociais. Uma equipe que queria realizar uma pesquisa de clientes a respeito de uma navalha movida a laser postou o protótipo em sites como o *Kickstarter* — uma plataforma de colaboração pública para as mais recentes inovações. Os clientes interessados percorrem o site procurando por coisas novas e interessantes para experimentar, coisas que eles podem comprar por um preço muito baixo em troca do compartilhamento de seus comentários. É uma maneira eficiente de fazer pesquisa de clientes e vender a primeira versão do seu produto, caso você esteja suficientemente adiantado no desenvolvimento dele, a ponto de poder atender aos pedidos dentro de uma janela de seis meses.

ABORDAGEM 6. LINKEDIN E FACEBOOK

Outra abordagem de pesquisa para startups é localizar clientes no LinkedIn e no Facebook. Você pode usar palavras-chave para localizar pessoas que se encaixam no seu perfil de cliente. Depois de assegurar que o candidato-alvo atende às suas necessidades, você pode encontrar outras pessoas na sua rede que conheçam aquele cliente em potencial e pedir para ser apresentado. Quando o contato for estabelecido, você envia uma mensagem para ambos se conectarem, informando que está fazendo uma pesquisa de mercado e que gostaria que eles respondessem a um questionário on-line ou participassem de uma vídeochamada.

Por exemplo, quando eu estava tentando encontrar uma comunidade de diretores de marketing na indústria manufatureira, obtive cem acessos no LinkedIn. A partir daí, refinei a minha estratégia de busca para um setor e uma área geográfica. Pedi a cada pessoa que entrevistei que recomendasse outras duas pessoas. Em dez dias, eu tinha uma lista qualificada de clientes potenciais. Essa opção funciona bem se você não tiver um cronograma apertado e não dispuser de orçamento, mas quiser expandir a sua rede no LinkedIn.

INOVADOR EM FOCO
SPENCER RASCOFF, COFUNDADOR E EX-CEO DA ZILLOW

Credenciais do inovador: em 2003, após a venda do site de viagens Hotwire para a Expedia por US$ 685 milhões, o cofundador Spencer Rascoff e sua equipe tiveram uma nova ideia para um negócio digital: um site que "acendia as luzes" e fornecia transparência de informações sobre os valores das residências, permitindo que todos soubessem quanto valiam as suas casas.

Para transformar em realidade esse conceito inovador, Rascoff e seus colegas sabiam o que precisavam fazer: conversar com o cliente. "A pesquisa de clientes", diz ele, "foi fundamental para nós.". Porém, depois de lançar a Zillow, o retorno dos clientes acabou sendo um tanto inesperado — um momento de "eureka" que os levaria a aprimorar seu conceito e desenvolver um segundo formato da Zillow, que alcançaria um sucesso fenomenal.

"A Voz do Cliente foi levada muito a sério", lembra Spencer. "Foi essa voz que nos indicou uma mudança estratégica que o mercado queria e precisava, e estávamos lá no momento certo para fornecê-la."

LIÇÕES APRENDIDAS

A pesquisa de Rascoff se baseava em representações fictícias: personalidades multifacetadas dos nichos mais importantes de clientes, com base em uma extensa pesquisa demográfica e psicográfica, que incluía dezenas de entrevistas com indivíduos reais.

As representações fictícias que Spencer e a sua equipe criaram eram imaginárias, mas ancoradas em informações reais de pessoas reais.

"Tínhamos Beth, a compradora; Alan, o agente; Larry, o credor; e Susan, a vendedora", lembra ele. "Tínhamos até pôsteres deles nas paredes."

Apesar de serem representados por desenhos animados, esses personagens prototípicos se tornaram uma parte importante do planejamento elaborado para o novo negócio. Suas preocupações, necessidades, sentimentos e atitudes foram rigorosamente estudados e levados a sério. E com base no que foi dito por Beth, Alan, Larry e Susan (e pelas pessoas reais que aqueles personagens representavam), alterou-se o modelo de negócios da futura Zillow.

"A Zillow começou como uma apoiadora do processo de vendas, e servia como um auxílio aos corretores de imóveis", diz Spencer. "Mas o que a pesquisa nos mostrou foi que os clientes queriam ajuda em tudo que envolvia a venda de suas casas. Eles odiavam o processo... arrumar a casa, levar as pessoas para visitá-la, ter de pagar uma comissão ao corretor de imóveis para vendê-la. E o ponto de atrito mais importante: não saber quando a venda seria efetivada e, portanto, não poder planejar sua mudança para uma nova propriedade."

Em 2017, guiado pela pesquisa de clientes, Spencer liderou a expansão da Zillow para um novo segmento de negócios, em que a empresa compraria as casas diretamente dos consumidores, as reformaria e as revenderia. Essa ampliação dos negócios foi bem-sucedida durante o mandato de Spencer e, conforme a Zillow ia estendendo o serviço para novas cidades, o preço de suas ações continuava subindo. Em 2019, Spencer se aposentou como CEO da Zillow e passou as rédeas da direção executiva para o seu cofundador, Rich Barton. Dois anos depois, em uma tentativa de alcançar a OpenDoor, líder no setor, a Zillow cresceu muito rapidamente nesse segmento e comprou inúmeras casas. Sobrecarregado com perdas de centenas de milhões de dólares, um pesaroso Barton fechou a divisão e demitiu dois mil funcionários enquanto a empresa perdia dezenas de bilhões em valor, um grave lembrete de que a execução é tão importante quanto a estratégia.

NÃO SE PODE INVENTAR ISSO

Quando Spencer era criança, seu pai, Joseph Rascoff, deixou uma das oito maiores empresas de contabilidade do país para acolher um novo e pouco ortodoxo cliente: os Rolling Stones. Além de aprender muitas lições de negócios com o trabalho de seu pai junto à maior banda de rock and roll do mundo, Spencer teve uma oportunidade única na vida.

Em 1990, os Stones saíram em turnê pela Europa. Seu pai viajou com eles e levou Spencer junto — então, um adolescente. A turnê denominada *Urban Jungle* passou por 25 cidades, inclusive com shows nas então Tchecoslováquia e Alemanha Oriental. "Fizemos turnês por países que nunca haviam conhecido as liberdades civis nem o rock", disse ele. "Foi uma época maravilhosa."

Em meados de agosto, os Stones fizeram um show em um estádio na Berlim Oriental, à sombra dos restos do Muro de Berlim, que havia sido quase totalmente derrubado no ano anterior. Naquela noite, o jovem Spencer teve uma rara oportunidade em uma das músicas mais famosas dos Stones: "Eu acabei operando a mesa de luz quando a banda tocou '*Sympathy for the Devil*'", disse ele. E, assim, acompanhado de todos os "u-hus" no memorável refrão e de um coro de cinquenta mil fãs recém-libertos, o futuro CEO da Zillow controlaria as luzes.

PERCEPÇÕES PARA INOVADORES

"Obtenha vários pontos de vista sobre a sua ideia, de diferentes faixas etárias e camadas sociais. Talvez alguém veja as coisas através de uma lente que o ajude a reformular melhor a ideia."

"Converse constantemente com o cliente, mesmo se a sua empresa já estiver em funcionamento. Você aprenderá coisas sobre as mudanças nas necessidades do cliente e as dinâmicas do mercado."

"Seja destemido ao tomar decisões estratégicas de expansão. Remova sistematicamente os obstáculos e se lembre de que, se você estiver servindo o cliente, tudo funcionará da melhor maneira possível."

Capítulo 5

OS INOVADORES DEVEM ESTAR PRONTOS PARA MUDAR DE DIREÇÃO A QUALQUER MOMENTO

Sylvana Sinha parecia prestes a convocar uma reunião do conselho. Vestida de forma profissional, com uma blusa de cetim bordô e usando brincos de ouro, Sinha estava parecidíssima com uma CEO. O mais notável é que Sinha é fundadora e CEO do Praava Health, com sede em Bangladesh, que ficou com a 57º posição entre as 58 economias mundiais no Índice Mastercard de Mulheres Empreendedoras de 2019, chamando a atenção para o péssimo histórico do país na criação de ambientes para negócios chefiados por mulheres. Contudo, apesar de parecer estar sentada à cabeceira de uma mesa de conferências em Dhaka, ela estava em sua cozinha, em Manhattan.

Estávamos em fevereiro de 2021, e Sinha era uma das palestrantes convidadas do meu curso "Estratégia global de cuidados de saúde", ministrado na Escola de Negócios de Columbia. Ela estava em seu apartamento, em Nova York, reunindo-se conosco pelo Zoom, já que a pandemia ainda se alastrava por todo o mundo e Nova York estava sob quarentena. A julgar pela imagem de fundo que aparecia na tela, Sinha parecia estar sentada em um pequeno espaço que fazia às vezes de escritório, ao lado da cozinha. Para Sinha, integrar-se à minha turma como oradora convidada era uma espécie de volta para casa. Ela concluíra seu doutorado em direitos humanos, conflitos e direito internacional na Escola de Direito de Columbia, e um mestrado em economia do desenvolvimento e conflitos internacionais em Harvard, ambos em 2004. E se mudou para Bangladesh em 2015, determinada a elevar os cuidados de saúde na terra natal de sua família, depois de sua mãe ter corrido risco de vida em uma emergência e ela ter aprendido, em primeira mão, o quanto o sistema de saúde privado era completamente deficiente.

Sinha lançou o Praava Health em 2018, como uma clínica ambulatorial integrada de serviços completos; logo depois, ela acrescentou os serviços de saúde digital. Em dois anos, o empreendimento se tornou a marca de consumo de mais rápida evolução em uma das economias de mais rápido crescimento do mundo, oferecendo assistência médica privada por assinatura para a classe média.

Em março de 2020, o crescimento do Praava foi interrompido pela pandemia da Covid-19. "A Covid-19 foi um momento sombrio", explicou Sinha, enquanto meus alunos acompanhavam atentamente, a partir de suas telas de Zoom. "Os pacientes não podiam vir às clínicas e nosso serviço de telessaúde não estava totalmente potencializado. Sendo um modelo de assinatura onde as pessoas pagavam mês a mês, enfrentamos um verdadeiro dilema. Como conseguiríamos gerar receitas quando não podíamos oferecer nossos produtos e serviços?"

Prevaleciam, também, as inquietações com as dívidas e o fluxo de caixa. "Os investidores estavam preocupados", diz ela. "Eu tinha chegado a Nova York em março para reuniões com eles. Elas acabaram sendo canceladas, e foi assustador." Sinha enfrentou pressões para mudar de direção e garantir a sobrevida do Praava. Ela precisou se mover rapidamente para lançar o serviço de telessaúde em abril.

Em maio, o Praava recebeu boas notícias. O governo de Bangladesh aprovara o teste de Covid da empresa, tornando o Praava o primeiro laboratório privado do país a obter tal aprovação. E foi aí que as coisas realmente começaram a decolar: o volume de telefonemas diários subiu de cerca de duzentos para mil. A marca começou a ser reconhecida. O fluxo de caixa melhorou. Os pacientes testados para Covid se converteram em pacientes aos quais outros serviços poderiam ser oferecidos. "Estávamos com um fluxo de caixa positivo, mês a mês", disse ela. Mas o Praava ainda não estava fora de perigo. "Nós ainda estávamos apenas sobrevivendo. Hoje, estamos em um ponto de inflexão, com algumas decisões a tomar a respeito de nosso futuro." Após fazer uma pausa, Sinha acrescentou: "Eu adoraria ouvir o que vocês acham que deveríamos fazer agora.".

Aquela era a nossa deixa.

Pela lente da câmera do Zoom, olhei para os rostos dos meus alunos dispostos em galeria no painel direito da tela do meu computador. "Bem, turma, o que vocês fariam se estivessem na situação de Sylvana? Como vocês poderiam pensar em mudar de direção e tirar proveito da crise da Covid, e para além disso? Que oportunidades ela terá para repensar sua estratégia de negócios, ofertas, modelo de negócios e financiamento daqui para frente?"

Uma aluna, profissional do mercado financeiro que participava da aula de seu apartamento em Manhattan, ligou o microfone e se manifestou. "Obrigada por compartilhar sua história e estar conosco hoje, Sylvana. Seu trabalho é realmente emocionante. Minha pergunta ou sugestão é: como o Praava pode continuar a expandir o negócio de telessaúde? Criar uma boa experiência do cliente ajuda na adoção da telessaúde por ele, ou outros fatores são igualmente importantes?"

De sua casa, em Nova Jersey, um aluno que trabalha no ramo farmacêutico disse: "Olá, Sylvana. Obrigado por estar conosco hoje. Minha pergunta é: você consegue expandir seus serviços de laboratório, aproveitando o sucesso dos testes de Covid?".

"Sim", concordou Sinha. "Ambas são boas ideias. Gostaria de usar a tecnologia para direcionar os pacientes aos serviços de laboratório e expandir nosso aplicativo para pacientes. Eu também preciso aprimorar o marketing."

Eu a interrompi. "Sylvana, você descreveu sua mudança de direção no início da Covid, e os alunos ofereceram boas ideias sobre como você poderia continuar ajustando a sua estratégia e expandir as suas ofertas para atender às necessidades dos pacientes durante a pandemia. Quão realistas são essas sugestões, e que tipo de cronograma e recursos elas exigiriam? E o mais importante, já que esta é uma discussão de estudo de caso, talvez você possa compartilhar conosco o que você fez nos últimos oito meses e como isso vem funcionando."

Sinha abriu um sorriso e balançou a cabeça. "Os alunos fizeram algumas sugestões muito úteis." Ela, então, mencionou as estatísticas que tinha em mãos: nos últimos oito meses, sua empresa havia ajudado trezentas corporações a levar serviços virtuais de cuidados de saúde aos seus colaboradores; processado 56 mil testes de Covid; e interagido com 135 mil pacientes, contra 35 mil no ano anterior. E, sim, Sinha conseguiu expor essas estatísticas sem fazer nenhuma observação paralela, uma prática que todos os empreendedores confiáveis deveriam imitar. Ela continuou: "Ainda precisamos de financiamento para investir em tecnologia e contratar talentos, e precisamos tomar algumas decisões sobre a nossa estratégia em telemedicina e nosso modelo de dados. No momento, estamos nos reunindo com investidores e avaliando nossas prioridades. Como ainda temos um caminho a percorrer, corrigimos o rumo e convertemos a crise em uma oportunidade.".

Embora o futuro ainda parecesse desafiador, Sinha havia transformado o lado negativo em positivo, e mostrado resiliência e agilidade para enfrentar a crise. Na verdade, ela havia transformado a crise em uma oportunidade — a mudança de direção perfeita. Apenas algumas semanas após a sua apresentação aos meus alunos, ela garantiu US$ 10 milhões em investimentos privados, feito que ela, orgulhosamente, postou no LinkedIn.

Talvez você já tenha ouvido esse ditado, que tem sido bastante veiculado durante a pandemia: "Nunca deixe uma crise séria ser desperdiçada; é uma oportunidade de fazer coisas que você achava que não poderia fazer antes.". Embora Rahm Emanuel, do governo Obama, seja frequentemente creditado como o autor desse conselho, a citação pertence a Winston Churchill. Ele disse: "Nunca deixe uma boa crise ser desperdiçada" em meados da década de 1940, quando nos aproximávamos do fim de uma das maiores crises dos tempos modernos: a Segunda Guerra Mundial.

A pandemia nos apresentou, em todas as esferas da vida, em todos os setores, em todos os países, um desafio e, portanto, uma oportunidade — como repensar a maneira como vivemos, trabalhamos, socializamos, viajamos e vamos à escola, à igreja, à academia e muito mais. Algumas empresas se adaptaram; outras não. Eu diria que o Praava é um negócio que se adaptou com sucesso — mudou de direção —, tornando-se mais forte como resultado desta crise.

Embora não saibamos o que acontecerá à medida que o mundo for suspendendo os confinamentos, uma coisa é clara: somos um experimento da maior mudança global de direção já enfrentada nos tempos modernos. Nada mais será o mesmo na era pós-Covid. A pandemia produziu uma série de adaptações — uma infinidade de mudanças de direção, se você preferir — em organizações grandes e pequenas.

Por exemplo, o varejo e os restaurantes passaram a oferecer serviços apenas nas calçadas, mas tiveram de se ajustar novamente quando os estabelecimentos foram autorizados a abrir com capacidade reduzida, usando máscaras e mantendo o distanciamento social. Muitos de nós conseguimos nos lembrar das longas filas do lado de fora dos supermercados em meados de 2020, quando apenas cinquenta pessoas por vez podiam entrar nas lojas. Houve mudanças nos locais de trabalho e nas escolas, com pais e filhos aprendendo a compartilhar o Wi-Fi e os espaços físicos, pois todos se viram obrigados a ficar em casa.

"A Covid acelerou em, provavelmente, vinte anos nossa aceitação a ambientes de trabalho remoto", afirmou Spencer Rascoff, ex-CEO da Zillow, a quem você foi apresentado no último capítulo. "Não existe mais ninguém encarregado de vigiar fisicamente o colaborador. Sob alguns aspectos, uma mudança de direção é sinônimo de gerenciamento de mudanças. Esse, certamente, é o caso da Covid." Em empresas como a IBM, ajudar os colaboradoes a gerenciar a mudança incluiu processos como formular diretrizes para o trabalho doméstico, incentivando os gerentes a tornar aceitável ou permitido que, vez por outra, o filho ou o cachorrinho de estimação de um colaborador aparecesse na tela do Zoom. "Criei uma pausa obrigatória para caminhada ao meio-dia, a fim de garantir que os colaboradores se afastassem de suas mesas, praticando alguma atividade física", diz um gerente de vendas do IBM Watson Health.

Outras empresas que responderam positivamente à crise, por meio de mudanças de direção, encontraram novos mercados para suas ofertas e as tornaram parte permanente de seus negócios. Um bom exemplo é a Fictiv, uma empresa sediada no Vale do Silício que produz peças mecânicas personalizadas para uso nas etapas de prototipagem, desenvolvimento de produtos, lançamento de novos produtos, manutenção e reparos do ciclo de vida de um produto, com encomendas como peças de automóveis para montadoras, peças aeroespaciais para fabricantes como a Honeywell, peças robóticas para empresas como a Intuitive Surgical e peças usadas em relógios fitness e smartphones. São muitas peças! O cofundador e CEO Dave Evans foi citado na lista dos trinta melhores com menos de trinta anos, da *Forbes*, como um dos mais importantes inovadores da atualidade.

Em um momento em que a produção se tornou global, mas permanece presa a processos desatualizados, demorados e custosos, a Fictiv oferece uma abordagem moderna: com seu ecossistema global de produção composto por 250 fabricantes em todo o mundo, ela consegue garantir o fornecimento, de forma praticamente imediata, de peças de precisão de alta qualidade. Trata-se de uma força disruptiva na fabricação de *hardware*. À medida que o impacto da Covid foi atingindo a indústria manufatureira na China e, depois, na Europa, Evans imaginou um novo papel para a Fictiv. "Pude perceber o quanto as cadeias de suprimentos de manufatura foram afetadas em todo o mundo", afirmou ele, durante um seminário on-line do qual participei como convidada, comentando sobre as oportunidades de melhoria na cadeia de suprimentos de dispositivos médicos durante a pandemia. "A fabricação de equipamentos de proteção individual e de peças para dispositivos médicos ficou comprometida na China. Conforme o vírus foi se espalhando pela Europa, a fabricação na Alemanha e na Itália também sofreu um impacto. E eu podia ver que, quando o vírus chegasse à América do Norte, teríamos escassez no México e nos Estados Unidos."

Um lembrete de que não é necessária uma pandemia global para haver a interrupção da cadeia de suprimentos nos foi dado no segundo trimestre de 2021, quando um dos maiores navios porta-contêineres do mundo encalhou no Canal de Suez, levando à interrupção daquele importantíssimo canal de navegação.

Em resposta à crise da Covid, a Fictiv colocou seu ecossistema digital globalmente conectado para funcionar. A empresa produziu peças para o desenvolvimento e a distribuição de protetores faciais, e depois os doou para hospitais nos Estados Unidos. Ela se manteve um passo à frente do vírus, fornecendo peças fundamentais para empresas de dispositivos médicos, enquanto enfrentava a crise e tentava encontrar novos fornecedores. Isso resultou em novos clientes de cuidados de saúde, um segmento de mercado que se tornou um dos que mais cresceram dentro da Fictiv.

A mudança de direção da Fictiv foi bem-sucedida. A empresa não apenas colaborou na crise, dando um exemplo de cidadania, como também ampliou permanentemente suas capacidades na área médica, oferecendo peças robóticas e dispositivos médicos para os cuidados de saúde.

"Foi uma mudança de direção que teve um impacto positivo a longo prazo, pois nos deu a oportunidade de buscar um novo segmento de mercado", afirmou Evans. "Se não fosse a crise, não sei se teríamos explorado os cuidados de saúde de forma tão agressiva, ou se teríamos nos movido de forma tão rápida quanto fizemos. Felizmente, o ecossistema alimentado digitalmente nos deu a oportunidade de atender nossos clientes com a agilidade de fabricação da qual eles precisam sempre que as condições do mercado se alteram. E, hoje em dia, a mudança é uma constante, daí a razão pela qual nosso negócio cresceu quatro vezes nos últimos dois anos e meio."

Alguns dizem que mudar de direção é ruim, que significa que você não sabe o que está fazendo ou que você pode exagerar na mudança e usar isso como desculpa para a falta de estratégia. Logicamente, qualquer abordagem boa pode ser usada de forma incorreta ou ineficaz, e a mudança de direção não é exceção. O Vale do Silício tornou famoso o MVP, e os críticos afirmam que alguns empreendedores de lá usam a mudança de direção como uma abordagem para as pesquisas de mercado. A questão é fazer a sua lição de casa. Comece com o melhor dos seus planos, mas não tenha medo de mudar de rumo se o mapa estiver errado.

POR QUE MUDAR DE DIREÇÃO É PRIMORDIAL

Uma mudança de direção é uma mudança de estratégia sem uma mudança de visão. Às vezes, porém, uma mudança de direção pode ser uma mudança de estratégia para realinhar a sua visão.

Mudar de direção pode ser algo bom para um negócio, pois o caminho para o sucesso raramente é uma linha reta. Vejamos alguns exemplos históricos e atuais.

Em 1850, Cornelius Vanderbilt reconheceu que estava surgindo uma nova forma de transporte capaz de deslocar mercadorias e produtos com muito mais rapidez e eficiência do que os navios a vapor. Ele se voltou para as ferrovias.

Aos treze anos de idade, William Wrigley era caixeiro-viajante, comercializando os sabonetes da empresa de seu pai. Atuando como vendedor em Chicago, ele começou a oferecer fermento em pó e goma de mascar a cada caixa de sabonetes vendida. Ele mudou seu foco, do fermento em pó para o chiclete, quando percebeu que este último era mais popular entre os clientes. Em 1893, a mudança de direção acabou gerando uma nova marca popular: a goma de mascar Wrigley's Spearmint.

No início dos anos 2000, uma empresa de *podcasting* chamada Odeo reconheceu que não conseguiria competir com uma plataforma semelhante, oferecida pelo iTunes da Apple. A empresa estava sem rumo quando um de seus funcionários, Jack Dorsey, teve a ideia de criar uma plataforma que permitisse que as pessoas compartilhassem seu status — o que elas estavam fazendo naquele momento. A empresa mudou de direção, e assim nasceu o Twitter.

O Yelp começou como um serviço de e-mails automatizados em 2004, antes de lançar um aplicativo móvel de colaboração pública para coletar avaliações de consumidores sobre estabelecimentos comerciais. Originalmente, o YouTube era um site de encontros. A Airbnb foi lançada como uma empresa de aluguel de colchões em São Francisco.

Pesquisas mostram que novos empreendimentos que se reinventam várias vezes podem reduzir suas chances de fracasso devido ao fato de conservarem recursos, enquanto continuam aprendendo mais sobre clientes, parceiros de negócios e novas tecnologias.

A história está repleta de grandes mudanças de direção. Sua empresa poderia ser a próxima? Talvez. Mas, primeiro, precisamos lembrar por que uma organização pode precisar mudar de direção.

QUAIS SÃO AS PRINCIPAIS RAZÕES PARA MUDAR DE DIREÇÃO?

Se você estiver prestando atenção ao retorno do mercado e às informações que está recebendo a respeito do seu produto ou serviço, deveria ser capaz de identificar os eventuais indícios de que a sua estratégia não está tendo o impacto esperado. Aqui estão alguns dos motivos mais comuns pelos quais você pode querer reavaliar o seu produto e a sua estratégia, e determinar se é necessário fazer alguma mudança.

MOTIVO 1. OS CLIENTES NÃO ESTÃO COMPRANDO O SEU PRODUTO OU SERVIÇO DE ACORDO COM A SUA PREVISÃO OU AS SUAS EXPECTATIVAS

Jabril Bensedrine, CEO do Triana Group, descreve o trabalho com uma empresa de Internet das Coisas (IoT, na sigla em inglês) de capital aberto. A empresa, anteriormente uma firma de engenharia eletrônica cujo modelo de receita era baseado em remuneração por serviço, decidiu se tornar uma empresa de produtos de "sensor de IoT", mais escalonável. No entanto, no momento em que a mudança foi realizada, o valor real da IoT havia começado a se distanciar do *hardware* e a se aproximar do *software* e dados: o *software* como serviço e, inclusive, os dados, com novos modelos de receita baseados em um modelo de pagamento por dados. A empresa iniciou uma segunda mudança de direção, com a intenção de adicionar fontes de receita baseadas em *software* e dados, mas isso foi desafiador.

Bensedrine explicou: "A empresa estava acostumada a fornecer tecnologia que era empregada em vários setores e aplicações. Ela poderia alimentar, literalmente, milhares de possíveis casos de utilização. Portanto, precisávamos explorar como restringir seu escopo a apenas algumas aplicações. Nesse meio tempo, a empresa havia levantado um capital substancial no mercado público, graças a ambiciosas projeções de receita — que, infelizmente, não se concretizaram. Os investidores estavam ficando impacientes e decisões drásticas precisavam ser tomadas. Os recursos foram realocados em um grande movimento para tornar a empresa ainda mais focada. Em última instância, isso resultou em parcerias estratégicas com empresas multibilionárias que precisavam reforçar seus portfólios de IoT. É fácil afirmar a *posteriori*, mas uma lição foi aprendida: quando mudamos de direção, devemos fazê-lo de maneira que não apenas represente uma reação às tendências correntes do mercado, mas que antecipe a próxima onda", adverte Bensedrine.

MOTIVO 2.
O CONCORRENTE TEM MAIS RECONHECIMENTO DE MARCA E O SEGMENTO DE MERCADO ESTÁ CRESCENDO

Se o segmento de mercado a quem você está servindo vem crescendo, se os seus concorrentes estão expandindo a participação de mercado e se você não está conseguindo acompanhar, é hora de reavaliar o seu ajuste ao mercado, entender a necessidade do cliente e executar os seus planos. Quando eu estava trabalhando com um fabricante de produtos eletrônicos com a intenção de aumentar a sua participação de mercado no setor de cuidados de saúde, a nossa avaliação de mercado mostrou um forte crescimento do setor e do principal concorrente, mas as vendas da nossa empresa se mantinham no mesmo plano. A mudança de direção que alterou o estado das coisas envolveu dois fatores: focar em um cliente diferente no interior das empresas a quem estávamos nos dirigindo e treinar a equipe de contas para se alinhar ao foco no novo cliente. Neste caso, a equipe de contas vinha recorrendo a aquisições e se emaranhando em pantanosos processos de contratação. O cliente que estava usando a linha de produtos da empresa nem sabia quem eles eram. Em vez disso, treinamos a equipe de contas para conversar sobre negócios com os chefes de P&D e engenharia, já que eram estes os grupos de clientes que detinham o poder de decisão sobre os produtos e os fornecedores com os quais gostariam de trabalhar. Essa reinicialização teve um efeito colossal e, embora tenha levado cinco meses para ser totalmente executada, no ciclo de negócios seguinte a equipe de contas já estava derrotando a concorrência em 40% das vezes e, posteriormente, expandindo a participação de mercado.

MOTIVO 3.
SEU PROGNÓSTICO FINANCEIRO APRESENTA UM DESEMPENHO ABAIXO DO ESPERADO

Pode ser um desafio desenvolver um prognóstico financeiro realista, especialmente para um novo produto ou serviço, mas se as vendas e as receitas ficarem consistentemente abaixo das expectativas por mais de um trimestre financeiro, é fundamental avaliar o motivo.

MOTIVO 4.
OS SEUS PARCEIROS DE CANAL E/OU PARCEIROS ESTRATÉGICOS NÃO ESTÃO SE ENGAJANDO

Parceiros que possam fornecer acesso direto aos seus clientes e estejam dispostos a se engajar em um relacionamento comercial para ajudá-lo a levar o seu produto ou serviço aos clientes são um componente eficaz e fundamental da estratégia de entrada no mercado para qualquer marca. A Amazon é uma parceira de canal para milhões de marcas físicas e on-line. Mas se você não conseguir atrair clientes, um parceiro de canal como a Amazon rebaixará a sua categoria e poderá até retirá-lo do catálogo. É um sinal importante sobre a relevância do seu produto e do seu marketing e, muitas vezes, esse retorno pode ser usado para planejar uma mudança de direção. Uma das minhas equipes de alunos em Princeton desenvolveu uma bebida com infusão de nutrientes que, segundo eles, poderia reduzir os sintomas da ressaca. Eles foram vendedores cinco estrelas da Amazon durante alguns meses, mas quando as vendas caíram vertiginosamente porque a startup estava tendo dificuldades para atender aos pedidos dentro do prazo, a Amazon ameaçou retirar o produto do catálogo. Afinal, a Amazon ganha seu dinheiro com uma porcentagem das vendas dos produtos que comercializa. Após uma dolorosa experiência de exclusão do catálogo, a empresa reforçou sua capacidade de produção e lançou uma campanha de marketing para se recuperar.

MOTIVO 5.
RESTRIÇÕES EXTERNAS ESTÃO DESAFIANDO O SEU NEGÓCIO

A pandemia global é um bom exemplo do que pode acontecer quando fatores que escapam ao seu controle impedem a sua capacidade de vender os seus produtos e serviços originais. A indústria aérea parou abruptamente durante os primeiros dias da pandemia, mas transportadoras como a United Airlines rapidamente se adaptaram para se tornar um tipo diferente de companhia aérea — elas transportaram suprimentos, como equipamentos de proteção individual e respiradores, para vários destinos ao redor do mundo. Mais importante ainda, elas enviaram equipes médicas e socorristas para as regiões que precisavam desses recursos. Elas conseguiram mostrar sua contribuição nas mensagens enviadas aos clientes durante a pandemia, demonstrando como estavam contribuindo para a causa e mantendo-se na lembrança dos seus clientes até que as viagens aéreas regulares pudessem ser retomadas.

QUANDO MUDAR DE DIREÇÃO: APROVEITE A OPORTUNIDADE!

Para colocar um excelente produto ou serviço no mercado e garantir que ele floresça, você precisa responder regularmente a percepções substanciais sobre os seus clientes. É por isso que a decisão de migrar para a mentalidade da inovação ocorre depois de você ter conversado com cem clientes. Eles lhe dirão se você precisa fazer alguma mudança de rumo. Mesmo que a sua ideia de startup não esteja encontrando eco nos clientes, não é preciso se desfazer de tudo e começar do zero. Na verdade, mudar de direção é exatamente o oposto! Mantenha uma lista ou catálogo do que você aprendeu sobre os clientes ao longo do caminho. Algumas das suas melhores percepções virão da compreensão do motivo pelo qual sua ideia não está lhes agradando. Não tenha medo de lhes fazer as seguintes perguntas:

- O que os desagrada neste produto?
- O que seria mais adequado às suas necessidades?
- Se fizéssemos X, vocês achariam mais útil?

Sondar potenciais pontos fracos na sua ideia original com o mercado-alvo facilitará a descoberta de como e onde mudar de direção. Em vez de fracassar, você apenas adotará uma nova direção que o deixará mais alinhado com o seu cliente.

Aqui está um bom exemplo do que se poderia chamar de mudança de direção visando ao "realinhamento": fui orientadora educacional de uma equipe, denominada Mountain Guitars, que integrava o programa de aceleração de inovações de Princeton. A empresa havia projetado um violão de viagem, leve e pequeno, para adeptos de acampamentos e caminhadas. Originalmente sediados em Salt Lake City e concebendo projetos para quem costumava acampar nos confins de Utah, os fundadores chegaram a lançar um programa Kickstarter, por meio do qual conseguiram vender cinquenta daqueles pequenos violões. Contudo, quando começaram a ampliar o alcance de seus clientes, descobriram que músicos sérios não gostavam da ideia do que chamavam de violão "tamanho infantil". Uma entrevista com um ávido mochileiro que levava regularmente seu violão nas viagens produziu um momento de "eureka". Por acaso, ele tinha um filho de cinco anos de idade. Ele revelou aos entrevistadores que gostaria de comprar um violão, mas não para ele — e sim para o filho! Ele nem sequer reconhecia que o público-alvo daquele violão eram pessoas como ele. Depois de explorar isso mais a fundo, a empresa chegou à conclusão de que o mercado para seus violões era muito mais forte entre os pais de crianças em idade escolar do que entre os dedilhadores sérios. "Os pais e as crianças gostavam do tamanho e da leveza do nosso violão", disse o fundador da empresa, "mas o aspecto mais crítico era que, por ser feito de fibra de carbono, ele era indestrutível. A maioria dos violões infantis no mercado era muito barata e quebrava com facilidade.".

Quando a Mountain Guitars desistiu da ideia de ser uma versão compacta do instrumento para músicos mais sérios e decidiu se tornar um modelo infantil premium, ela decolou. "Criamos um catálogo com os comentários dos clientes, e começamos a entrevistar pais e professores de música", afirmou ele. "Testamos, então, uma nova versão do produto nos cursos das escolas de música. Acabamos nos valendo desses cursos para vender os violões, e isso funcionou muito bem. Mais tarde, criamos uma versão maior do violão para adultos, de modo que conseguimos atrair os dois mercados."

COMPREENDA OS SEUS CLIENTES: NÃO OLHE APENAS PARA AS ESTATÍSTICAS

Como enfatizamos ao longo deste livro, você precisa se aproximar do seu cliente. Steve Jobs inculcou esse conceito na Apple, e Spencer Roscoe fez o mesmo na Zillow. E qual seria o grau de proximidade? Você precisa se tornar o seu cliente. Isso exige mais do que apenas consultar os dados. Você precisa observar os clientes em ação, conversar com eles pessoalmente por meio de pesquisas, ver como eles trabalham e como os seus produtos ou serviços se encaixam na maneira como eles trabalham. Isso se mantém verdadeiro nesta fase do processo: aproxime-se dos seus clientes enquanto você estiver mudando de direção.

Um dos meus clientes estava desenvolvendo uma nova maneira de coletar dados dos consultórios médicos. Sua primeira solução demandava um alto volume de entrada de dados. Os médicos e seus funcionários reclamaram. Os resultados das vendas, ou a falta deles, eram desesperadores. Mas não nos deixamos paralisar com essa informação — se tivéssemos feito isso, poderíamos ter concluído que precisávamos, simplesmente, de um discurso de vendas mais eficaz. Em vez disso, nos reunimos com cem médicos (sim, cem) e suas equipes de entrada de dados para examinar os processos de inserção de dados dos pacientes. A nova solução permitia que os médicos copiassem e colassem dados de outros registros em nosso sistema. Foi uma mudança de direção em relação ao produto original, mas a estratégia e o objetivo da empresa permaneceram os mesmos: coletar dados de pacientes dos consultórios médicos de uma forma que garantisse precisão e se ajustasse aos fluxos de trabalho dos médicos.

Moral da história? Mude de direção logo e frequentemente! Uma mudança de direção está longe de ser um fracasso. Pense nisso como uma correção necessária de rumo, que o ajudará a implementar mudanças significativas e bem-sucedidas da maneira mais barata possível.

CONSTRUA UMA CULTURA FOCADA NO CLIENTE, E NÃO NO PRODUTO

Uma mudança de direção pode parecer óbvia vista de longe, mas para os responsáveis por executar a mudança, pode ser frustrante. A fim de que ela aconteça, você precisa construir uma cultura de equipe focada em agradar o cliente. Sua equipe deveria saber que mudanças de rumo com base no retorno do cliente são esperadas — e não devem ser interpretadas como fracasso.

NÃO SE CONTENTE COM A SITUAÇÃO ATUAL APENAS PELO FATO DE JÁ TER ESCOLHIDO UM CAMINHO

Às vezes, você pode ter medo de mudar de direção porque investiu demais no produto ou no serviço. Você acredita que precisa de apenas mais uma semana ou mais um trimestre para reverter as coisas. Quando a situação atual não está levando ao crescimento, é hora de respirar fundo e reavaliar. É hora de ser ousado e se dispor a fazer uma grande mudança. É hora de mudar de direção.

Atribui-se frequentemente a Albert Einstein a autoria da frase "A definição de insanidade é fazer a mesma coisa repetidamente e esperar resultados diferentes". Na realidade, Einstein nunca disse isso. A citação teria sido feita em um encontro do Al-Anon (para familiares de alcoólatras) em outubro de 1981.[10] Um repórter de Knoxville, Tennessee, escreveu um artigo para o jornal em que trabalhava mencionando um diálogo em uma reunião do grupo, e isso acabou sendo admitido como verdade pelas pessoas, dada a frequência com que a frase é atribuída a Einstein. Pena que não saibamos quem realmente disse isso, mas independentemente do autor, o alerta é pertinente.

Eu estava ajudando uma startup no lançamento de um frasco desodorante "inteligente", que dispensava a quantidade certa de desodorante para que as roupas não ficassem manchadas. Inicialmente, eles obtiveram uma resposta muito positiva no Kickstarter e receberam uma enxurrada de pedidos. Eles haviam investido muito no projeto do produto e no pré-marketing, mas depois de atenderem aos pedidos do Kickstarter, descobriram que a demanda simplesmente não existia. Pesquisas de clientes lhes revelaram que a maioria das pessoas que usava desodorante não estava disposta a pagar 35 dólares por um dispensador inteligente, mesmo que ele viesse com um refil barato, das marcas mais populares. Os clientes do Kickstarter adoraram a novidade trazida pelo produto, mas o consumidor médio simplesmente não considerou o valor agregado suficientemente atraente para desembolsar 35 dólares de uma vez. Descobrimos uma aplicação muito mais premente para aquela tecnologia de medição de volume na área médica. A empresa mudou de direção e começou a tentar resolver o problema da dispensa tópica de medicamentos para doenças da pele, em que a aplicação em excesso pode levar a efeitos adversos. Era um uso muito melhor da tecnologia. Embora ela não tivesse mudado, o foco no mercado mudou, e no momento oportuno. Eles conseguiram estabelecer uma parceria com uma marca de produtos dermatológicos que oferecia o dispensador gratuitamente, como incentivo ao uso de seu produto em detrimento do produto concorrente.

COMO SE PODE GARANTIR A ESTABILIDADE AO MUDAR DE DIREÇÃO?

Como você implementa uma mudança de direção e, ao mesmo tempo, mantém os acionistas e outros operadores engajados e confiantes? Primeiro, você precisa ter clareza sobre o motivo da sua mudança de direção, e sobre como você a executará para continuar avançando com dinamismo. Se você puder evitar a interrupção das atividades ou um retrocesso excessivo, esse seria o ideal. Mas se a mudança de direção exigir uma alteração significativa que atrase ou retarde a trajetória do negócio, você precisa delineá-la claramente, mostrando como acelerará o crescimento quando começar a trilhar o novo caminho. Ao executar uma mudança de direção para uma empresa de diagnósticos, mostrei aos investidores como as parcerias de pesquisa que geravam receita poderiam ajudar a manter a atividade enquanto concluíamos os estudos clínicos adicionais necessários para obter a aprovação regulatória e fechar parcerias comerciais com empresas biofarmacêuticas. Em segundo lugar, durante o planejamento e a execução da mudança de direção, você precisa garantir que está se comunicando de forma clara, consistente e com frequência regular. Manter a sua equipe e seus operadores informados sobre etapas críticas e a situação atual delas é fundamental para que você inspire confiança como líder de inovação. E, finalmente, mantenha-se fiel ao novo plano. Se você definir um novo rumo e depois hesitar em permanecer comprometido com ele, confundirá a organização e os seus investidores. Portanto, siga adiante com excelência e busque manter a confiança.

FOCO NO PANORAMA MAIS AMPLO

Crie uma narrativa ampla que deixe algum espaço para você transitar livremente ao longo do caminho. Talvez você não queira apresentar um roteiro muito preciso, mas sim, indicar a sua direção e mostrar algumas das opções ao longo do percurso, a serem confirmadas, a partir das suas pesquisas. Prometa que chegará a um destino, mas deixe os processos abertos à mudança. Por exemplo, nos primeiros dias da Netflix, o fundador Reed Hastings, antecipando uma posterior mudança para o *streaming* de vídeo, começou com o propósito declarado de oferecer a melhor visualização de vídeo doméstico para todos. Sua liderança não era exercida por seu produto — o envio de DVDs pelo correio —, mas pela experiência que desejava criar. À medida que o negócio foi se voltando para a distribuição digital, a grande ambição original ainda fazia sentido. Até mesmo o nome da empresa sustentava seu curso futuro. Hastings afirmou que queria estar pronto para o vídeo sob demanda quando a tecnologia permitisse, e foi por isso que ele batizou a empresa de Netflix. Você pode ler mais sobre a reinvenção promovida por Hastings na indústria do entretenimento doméstico em seu livro *A regra é não ter regras*, um campeão de vendas na lista do *New York Times*[11].

MANTENHA-SE FIEL À SUA VISÃO

Pesquisas mostram que, quando as organizações são contraditórias em suas mensagens, os clientes as percebem como menos legítimas e confiáveis. Para manter a credibilidade, os fundadores precisam deixar clara a conexão entre a sua orientação estratégica e a sua oferta. Por exemplo, quando os fundadores da Away, uma startup de malas, constataram que sua primeira maleta não ficaria pronta até o Natal, criaram um livro de mesa sobre viagens. Eles o enviaram junto com um cupom de desconto para uma bolsa da Away, que poderia ser resgatado após as festas. Mas isso pareceu um afastamento radical de sua estratégia, o que irritou seus investidores. Finalmente, eles conseguiram explicar que estavam criando uma marca de experiência de viagens, de modo que o livro se encaixava naquela estratégia mais ampla. Eles venderam dois mil livros (e cupons resgatáveis). E ainda bem que fizeram essa venda, pois a Covid causou um grande impacto nas viagens, o que acabou afetando a marca. Desde então, conseguiram se recuperar. Permanecer fiel à ideia de uma marca que representa a experiência de viagens foi um desafio, mas o conselho de investidores reconheceu que a mudança de direção era muito criativa e estrategicamente sólida[12].

AJA RAPIDAMENTE: COMO A ASSOCIAÇÃO DE DISTROFIA MUSCULAR MUDOU DE DIREÇÃO E SE TRANSFORMOU EM UM NOVO PARADIGMA NAS CAMPANHAS DE DOAÇÃO

Seja firme, e se mova em um novo sentido. Essa é a essência da mudança de direção — e foi isso que uma organização sem fins lucrativos, mais conhecida por arrecadar fundos em eventos de gala organizados por um comediante dos anos 1950, fez em 2020.

Depois de decidir mudar de direção, é importante agir rapidamente, colocar seus recursos em ordem e se concentrar na nova estratégia. Mudar as coisas de lugar custa tempo e dinheiro, e confunde os operadores e o mercado. Em 2020, quando as empresas farmacêuticas Pfizer e Moderna decidiram frear seu planejamento para suprimentos terapêuticos e desenvolver uma vacina contra a Covid, agiram de forma rápida e decisiva, anunciando seus planos e organizando seus recursos na tentativa de apresentar uma vacina ao mercado antes do fim do ano. Ambas foram bem-sucedidas — de maneira histórica[13].

Mas nem toda mudança de direção bem-sucedida durante a pandemia envolveu as áreas de saúde ou tecnologia. As organizações sem fins lucrativos foram duramente atingidas pela Covid-19. Metade de suas receitas desapareceram quase da noite para o dia, e elas tiveram de dispensar pessoas e reduzir a equipe permanentemente. Muitas eram fortemente dependentes de eventos presenciais — jantares para arrecadação de fundos, caminhadas beneficentes e torneios de golfe, que há décadas têm sido um marco para as organizações sem fins lucrativos. Durante a pandemia, todos esses eventos, sem falar nas importantes reuniões presenciais com grandes e potenciais doadores, tiveram de ser suspensos.

Uma organização sem fins lucrativos que respondeu com uma criativa mudança de direção foi a Associação de Distrofia Muscular (MDA, na sigla em inglês). Fundada em 1950 como uma organização de defesa das crianças com doenças neuromusculares, a organização era mais conhecida por seu Teleton anual do Dia do trabalho, apresentado pelo comediante Jerry Lewis. Ele levantou US$ 2,45 bilhões desde o início do Teleton, em 1966, até 2009. Após o último evento conduzido por Lewis, em 2010, a MDA testou outras maneiras de arrecadar fundos, incluindo os eventos presenciais. Quando a Covid chegou e os eventos presenciais foram cancelados, a organização precisou encontrar uma grande ideia. Durante o verão, a então presidente e CEO da MDA, Lynn O'Connor Vos, ao lado de sua equipe, agiu rapidamente para relançar o icônico Teleton, desta vez como um evento virtual de arrecadação de fundos, tendo o ator e comediante Kevin Hart como apresentador. Jogos ao vivo e conteúdos esportivos tiveram início sete semanas antes do Teleton, com a intenção de engajar os participantes na preparação para o grande evento. O Teleton arrecadou mais de US$ 10,5 milhões, uma quantia impressionante para o primeiro evento de arrecadação de fundos desse tipo a exemplificar o espírito da mudança de direção.

Vos afirmou: "O Teleton foi fundamental para aumentar a conscientização e as doações para a distrofia muscular, que estão diretamente ligadas a terapias capazes de transformar a vida das pessoas. Nossa mudança de direção criou a oportunidade de alterar a forma pela qual arrecadamos fundos para organizações sem fins lucrativos. Aproveitando-nos de Kevin Hart e de sua verve beneficente, levamos o poder e a magia das doações para um novo paradigma nas campanhas de doação.".

COMO EVITAR AS ARMADILHAS COMUNS NAS MUDANÇAS DE DIREÇÃO

As armadilhas comuns nas mudanças de direção malsucedidas incluem senso de oportunidade, execução e comunicação. É preciso ter em conta a excelente coordenação de todos esses três elementos. Aqui estão alguns exemplos de erros nas mudanças de direção.

A Magic Leap foi pioneira em realidade aumentada ou virtual (VR, na sigla em inglês). Ela lançou seu novo produto como um fone de ouvido de alta qualidade para jogos, usando o slogan: "Liberte sua mente, entre no Magicverse". Porém, em uma época em que a aceitação da VR ainda era baixa, a empresa foi em busca de outros mercados e decidiu participar de uma licitação do governo para vender fones de ouvido de VR aos militares. Ela não ganhou o contrato, mas foi criticada por deixar de ser uma "prazerosa tecnologia de consumo" para se tornar um "equipamento militar letal", segundo uma análise do produto feita em uma publicação comercial. Puxa vida! Após esse deslize, a empresa contratou um ex-executivo da Microsoft como CEO e procurou aplicações mais abrangentes para a VR, incluindo educação e cuidados de saúde[14].

Outro exemplo de armadilhas nas mudanças de direção: duas empresas financeiras formaram uma comunidade on-line para espelhar as transações financeiras de investidores. A ideia era atrair investidores para os sites, identificar os mais talentosos e ganhar dinheiro com suas estratégias. As empresas foram lançadas com seis meses de diferença entre si, e tinham equipes semelhantes para cuidar dos fundos. Por fim, ambas mudaram de direção, passando a prestar serviços de investimento diretamente ao consumidor, com o potencial de substituir consultores financeiros humanos por serviços automatizados baseados em *software*. Uma delas se tornou líder no setor de consultoria automatizada de investimentos, tendo mais de US$ 1 bilhão sob gestão, enquanto a outra foi forçada a vender seus ativos e fechar. Depois de realizar uma análise comparativa aprofundada, uma equipe de Harvard concluiu que uma das principais razões para as suas trajetórias divergentes era a forma como as empresas lidavam com os operadores. A empresa bem-sucedida nunca hesitou em sua missão de democratizar as finanças, nem mesmo quando mudou de estratégia. Para o CEO, a mudança nos planos de negócios era encarada apenas como outra forma de atingir o mesmo objetivo.

A empresa malsucedida tentou várias mudanças em rápida sequência e, em cada uma, lançou um novo objetivo: desde "levar transparência às informações de investimento" a "socializar os investimentos", passando por "consultoria de investimentos de confiança". Para piorar a situação, o CEO não se comunicava adequadamente com os operadores e acabou semeando dúvidas. Mais tarde, ele admitiu a "saraivada de mensagens" como o principal motivo por sua incapacidade de manter os operadores a bordo. Lição aprendida: depois de mudar de direção, o seu novo posicionamento pode soar confuso para clientes e parceiros, caso você não tenha comunicado plenamente por que, quando e como a mudança foi realizada.

Os brinquedos Anki são outro exemplo de mudança de direção que não funcionou. Eles prometeram levar a IA ao mundo dos brinquedos infantis, mas, embora contassem com muitos fãs, não proporcionaram um valor atrante para as crianças. A empresa foi incapaz de lidar com a rapidez necessária e, em maio de 2019, a seguinte mensagem apareceu em seu site: "É com pesar que informamos que a Anki encerrou o desenvolvimento de produtos, e que não estamos mais fabricando robôs. A nossos parceiros e clientes, obrigado por todo o apoio e por se juntarem a nós nesta jornada para levar a robótica e a IA dos laboratórios de pesquisa às suas casas."[15]. Foi, sem dúvida, uma jornada — que, infelizmente, pode ter sido interrompida pelo fato de a empresa não ter conseguido delinear um novo curso com a agilidade suficiente.

SEIS FAMOSAS E BEM-SUCEDIDAS MUDANÇAS DE DIREÇÃO

Até mesmo empresas icônicas como a Uber, a Airbnb, a Starbucks, a United Airlines e eventos brilhantes, como o Teleton da distrofia muscular, foram derrubados pela Covid. Como vimos, alguns foram bem-sucedidos em suas mudanças de direção, outros nem tanto. Recentemente, a *CEO Magazine* publicou uma lista de algumas das mais conhecidas e mais bem-sucedidas mudanças de direção. Cada uma delas é inspiradora e instrutiva à sua maneira[16].

1. NINTENDO

O maior negócio de venda de cartões no Japão. Um serviço de táxi. Um hotel para estadias de curta duração. Um fabricante de macarrão do tipo ramen. Um negócio de aspiradores de pó. Alguma empresa já mudou de direção tantas vezes quanto a Nintendo? Na década de 1980, porém, quando a empresa decidiu concentrar na indústria de jogos e brinquedos eletrônicos, ela finalmente fez a mudança de direção perfeita. Na sequência, vieram Donkey Kong e Mario Brothers, Game Boy e Nintendo Switch, e em 2018 a Nintendo alcançou quase US$ 10 bilhões em lucro. É muito macarrão!

2. PLAY-DOH

Lançado em 1930 como limpador de paredes, o Kutol foi projetado para limpar o resíduo que os aquecedores a carvão deixavam nas paredes. No entanto, à medida que o aquecimento a óleo e a gás foi se tornando mais popular, a demanda pelo limpador diminuiu drasticamente. Demonstrando uma flexibilidade que acabaria se tornando um mote de seu novo produto, a empresa ficou sabendo que um professor de artes e ofícios estava usando o Kutol não para limpar, mas para criar. O Kutol se transformou na Play-Doh, uma massa de modelar multicolorida. Entre 1955 e 2005, mais de dois bilhões de embalagens de Play-Doh foram vendidas, tornando a icônica marca uma das mudanças de direção mais bem-sucedidas de todos os tempos.

3. STARBUCKS

Em 1971, a Starbucks foi lançada como uma empresa de venda de máquinas de café expresso e grãos de café. Em 1983, após uma visita à Itália, o CEO Howard Schultz decidiu preparar os grãos de café da Starbucks em uma cafeteria de estilo europeu. Assim, a marca pegou uma xícara de café e a transformou em uma experiência social, na qual amigos e colegas se reúnem em torno de pequenas mesas, bebendo cafés superfaturados enquanto trocam ideias de negócios e histórias. A Starbucks tem 31 mil lojas em todo o mundo, e se tornou um ponto de encontro habitual para reuniões de negócios. Pode-se encontrar "Local da reunião: SBX" em muitos registros nas agendas das empresas.

4. INSTAGRAM

O Instagram começou como Burbn, um aplicativo que permitia aos usuários acompanhar seus esportes favoritos, compartilhar fotos e colocar as conversas em dia. Originalmente, foi concebido como um projeto para que o cofundador, Kevin Systrom, aprendesse codificação em seu tempo livre. Quando Systrom percebeu que o compartilhamento de fotos era o recurso mais utilizado, ele declarou que o Burbn havia sido um falso começo, e simplificou o aplicativo para criar o Instagram. Poucas horas após seu lançamento, a rede social tinha mais seguidores do que o Burbn havia adquirido em um ano. Dois anos depois, o Facebook comprou o Instagram por US$ 1 bilhão.

5. AIRBNB

Em 2007, os amigos Brian Chesky e Joe Gebbia alugaram colchões de ar em seu apartamento em São Francisco para viajantes parcimoniosos, ou para aqueles que preferiam não se hospedar em hotéis durante os períodos de pico. Eles batizaram seu serviço de Airbed and Breakfast. No início, perceberam que seu modelo era dependente das grandes conferências. Eles mudaram de direção e adotaram o conceito de ajudar os viajantes a encontrar acomodações baratas e uma experiência local autêntica. Hoje, a Airbnb é estimada em US$ 38 bilhões, tendo realizado uma IPO em 2020.

6. YOUTUBE

"Sintonize, faça contatos" era o slogan não oficial do site de encontros por vídeo YouTube, lançado no Dia dos Namorados de 2005. O conceito nunca decolou. Os cofundadores descobriram, então, que os usuários estavam acessando o site não para conhecer pessoas, mas para trocar vídeos engraçados, como aquele que o cofundador Jawed Karim havia postado, intitulado: "Os elefantes têm trombas muito, muito, muito longas". Acabou sendo uma ideia muito, muito, muito boa. Apenas um ano depois, o Google comprou o YouTube por US$

1,65 bilhão. Hoje, ele é o site mais popular de compartilhamento de vídeos, com um valor estimado em US$ 160 bilhões.

INOVADOR EM FOCO
SYLVANA Q. SINHA, FUNDADORA E CEO DO PRAAVA HEALTH

Credenciais do inovador: Quando Sylvana Sinha estava de férias na terra natal de sua família — Dhaka, Bangladesh —, sua mãe adoeceu e precisou fazer uma apendicectomia de emergência. Apesar de estar na suíte VIP do hospital, eles não conseguiram o tratamento médico do qual ela precisava, e tiveram de viajar para um país vizinho para realizar o procedimento. Sinha ficou impressionada com a experiência, e isso a inspirou a assumir o compromisso de fazer o que pudesse para amenizar as disparidades dos cuidados de saúde em Bangladesh. Em 2018, ela fundou o Praava Health, um sistema de saúde privado com fins lucrativos que se orgulha de ser uma empresa orientada para o paciente — e que está modificando o padrão de assistência médica para os 170 milhões de cidadãos do país. O Praava é uma plataforma de cuidados de saúde com atuação física e virtual (conhecido como modelo "bricks and clicks") que integra saúde digital e experiências clínicas apropriadas aos lugares onde todos vivem, trabalham e interagem. Tendo triplicado o crescimento a cada ano desde o lançamento em 2018, e atendendo atualmente 230 mil pacientes, o modelo de tecnologia avançada do Praava foi projetado para ser eficiente, acessível e escalonável em mercados emergentes, onde residem 85% dos habitantes do planeta.

LIÇÕES APRENDIDAS

As oportunidades e os desafios específicos apresentados pela pandemia da Covid permitiram que Sinha e sua empresa se voltassem para o crescimento. Em apenas alguns meses, o Praava conseguiu delegar e liderar de forma eficaz — e remota — equipes globais para o lançamento de seus próprios produtos de tecnologia totalmente novos, incluindo cuidados primários virtuais, um rastreador de sintomas da Covid, uma plataforma de telessaúde, uma farmácia eletrônica e muito mais. “Nossa mudança de direção acabou levando a um crescimento sem precedentes nos serviços”, afirma Sinha. “Tivemos de aprender a lançar rapidamente novos produtos para oferecer aos pacientes os serviços necessários, e conseguimos.”

A pandemia também deixou evidente, para o Praava, a importância das relações governamentais. “Precisamos entender rapidamente como poderíamos ser um sistema de apoio mais amplo e confiável para combater uma pandemia e uma crise nacional”, diz ela, “e expandir nosso foco para além do setor privado, visando a saúde preventiva.”.

Outra área fortemente impulsionada foi a linha de produtos do Praava. “Da noite para o dia, a nossa equipe precisou redefinir, subitamente, a prioridade das ofertas de produtos (...) e, com isso, cronogramas inteiros de desenvolvimento e treinamento, (...) mantendo o foco máximo em nossos pacientes já existentes, com necessidades imediatas e/ou pessoais não relacionadas à Covid-19.” Durante a pandemia, o Praava despontou como um dos maiores fornecedores privados do país para testes da Covid, processando cerca de 3% dos testes no país até o momento desta publicação.

Embora Sinha se orgulhe da maneira como a sua empresa respondeu aos desafios impostos pela pandemia, ela também sabe que ainda há muito trabalho a ser feito — não apenas em nome do Praava, mas em nome do povo de Bangladesh. Oitavo país mais populoso do mundo, com uma população três vezes mais densa do que a da Índia, Bangladesh tem enormes necessidades de cuidados de saúde: o tempo médio que os médicos passam com os pacientes é de 48 segundos, há apenas um laboratório credenciado internacionalmente e mais de 10% dos medicamentos no mercado são falsificados. “Como chamamos atenção para atrair financiamento externo em um momento em que muitas nações estão focadas em seus próprios cidadãos?", pergunta ela. "Preciso aprender a contar melhor nossa história."

NÃO SE PODE INVENTAR ISSO

Sinha se orgulha do papel que sua família desempenhou no que já foi o Paquistão Oriental e, hoje em dia, é a nação de Bangladesh — e ela tem consciência de que deve dar continuidade a esse legado.

"Quando penso no meu papel e na minha visão para o Praava, penso no meu avô paterno, que fundou uma empresa farmacêutica no Paquistão Oriental, em 1954. Atualmente, ela é a mais antiga do país, e também uma das dez maiores. A lenda da família é que ele sempre dizia: 'Devemos manter o compromisso com a qualidade; nunca podemos enganar o consumidor.' Apesar de nenhum de nós ter formação médica, procuramos fazer alguma coisa para transformar o cenário dos cuidados de saúde em Bangladesh e promover a confiança no sistema. Hoje em dia, porém, mesmo depois de várias décadas, nossa nação ainda enfrenta a falta de acesso a cuidados de saúde de qualidade. Meu avô ajudou a lançar as bases desse movimento, e agora eu quero desenvolvê-lo, acelerá-lo, levá-lo adiante. Então, eu me pergunto: como posso colocar não apenas o Praava no mapa, mas também o próprio Bangladesh?".

PERCEPÇÕES PARA INOVADORES

Saiba que as pessoas irão subestimá-lo ao longo de sua carreira. No mundo dos negócios, isso é especialmente verdadeiro se você for mulher ou uma pessoa não branca. Não leve a atitude desdenhosa para o lado pessoal. Basta estar preparado. Se os outros o subestimam, só lhe resta superar suas expectativas.

Crie seu próprio espaço. Se você quiser se adequar minimamente, precisa criar sonhos e oportunidades para si mesmo que sejam os mais gratificantes, impactantes e recompensadores possíveis.

Não deixe que outra pessoa defina quais devem ser esses sonhos e oportunidades.

Não ter experiência em um setor que você deseja mudar não deve impedi-lo de tentar mudá-lo! Ao contrário, aprenda sobre a área, mergulhe nela — e, depois, descubra como mudá-la. "Mergulhei fundo no meu próprio país para aprender sobre o atual cenário dos cuidados de saúde", diz Sinha. "Viajei por Bangladesh, conversando com pacientes, médicos, profissionais de saúde pública, empresários, investidores... qualquer pessoa no país, em toda a Ásia e em todo o mundo que pudesse me ensinar o que significa ter acesso a cuidados de saúde de qualidade."

Continue! Às vezes, a coisa mais difícil de se fazer é acordar e lutar mais um dia — mas, às vezes, é tudo o que você pode e deve fazer.

Capítulo 6

DESENVOLVENDO O SEU MODELO E O SEU PLANO DE NEGÓCIOS

Desviei o carro da estrada principal e peguei um caminho de cascalho, ouvindo o som do concreto e dos pedregulhos sendo esmagados sob os pneus. A janela estava abaixada, e eu apreciei a brisa fresca do início de abril enquanto cruzava a fronteira da Pensilvânia e entrava em Nova Jersey.

Finalmente, havia sinais da primavera depois de um longo e triste inverno — cerejeiras e pereiras em flor, violetas naturais e ranúnculos pontilhando os canteiros da autoestrada, e tulipas e narcisos nos gramados bem cuidados diante dos estabelecimentos que encontrava pela estrada. Respirei fundo enquanto saudava o contraste. A estradinha de cascalho terminava em um estacionamento asfaltado, porém desgastado e corroído.

O prédio de concreto, sem janelas, com a cerca alta de arame que o circundava, pairava à minha frente, envelhecido e cinza, recortado contra um céu azul. Uma pequena placa estava pendurada na entrada. As palavras "Centro correcional masculino" estavam esculpidas em letras brancas em uma placa de madeira marrom tão antiga quanto o estacionamento e o prédio. "O que você esperava?", perguntei a mim mesma, enquanto olhava para o meu smartwatch, que marcava 9 horas e 15 minutos: "Você sabia que não estava vindo para um dia de spa no Four Seasons.".

Ser jurada de um concurso de planos de negócios denominado "De detentos a empreendedores" parecera uma boa ideia quando fui consultada poucos meses antes. Fiquei encantada — que maneira significativa de apoiar empreendedores em potencial e dar um retorno à comunidade. Agora, enquanto esperava ser chamada para o interior do prédio, segurando apenas as chaves do carro, já que havia deixado todos os meus pertences pessoais trancados no porta-malas, me perguntava se aquela era a melhor maneira de passar uma manhã de sábado, o primeiro dia quente de primavera. Também comecei a me perguntar sobre a conveniência de entrar voluntariamente em uma prisão.

Afastei esse pensamento quando o diretor acenou para mim, do outro lado do portão de segurança. Ted, meu contato, foi a primeira pessoa que vi quando adentrei o cavernoso ambiente, claramente o ginásio esportivo, pela aparência dos pisos de madeira agora gastos e os aros de basquete enganchados contra as paredes de concreto verde. Seu cabelo castanho estava cuidadosamente penteado para o lado, e seus dentes perfeitos se mostravam ainda mais brancos e brilhantes contra seu rosto bronzeado. Ele estava vestindo calças bege e uma camisa branca com o colarinho aberto. Difícil associar aquela imagem à de um agente penitenciário; ele se parecia mais com um estudante de pós-graduação de Princeton, coisa que, de fato, ele era. Em um dos cantos, percebi dois policiais parados um ao lado do outro, me observando com atenção e curiosidade. Não os culpo. Quantas vezes uma professora da Universidade de Princeton visitara sua prisão? Eu tinha certeza de que era a primeira. Ted confirmou isso.

"Olá, professora Marchand. Muito obrigado por ter vindo hoje. Os rapazes estão superempolgados com o fato de que você ouvirá nossos planos de negócios, fará seus comentários e nos ajudará a escolher um vencedor entre os concorrentes ao melhor plano. É um grande dia para todos que participam do programa."

Apertei calorosamente a mão de Ted. Seu entusiasmo era contagiante, e comecei a me animar com a agenda do dia. "Ted, estou honrada por estar aqui e ansiosa para conhecer os rapazes e ouvir seus planos", respondi, embora, para ser honesta, não tivesse a menor ideia do que esperar. Que tipo de planos de negócios os presos teriam? Será que seus empreendimentos seriam válidos, até mesmo juridicamente?

Ted era voluntário de uma organização sem fins lucrativos que oferecia programas de treinamento em empreendedorismo para as penitenciárias locais. Durante oito semanas, ele e alguns de seus colegas haviam liderado um programa de treinamento em plano de negócios voltado para os detentos interessados do centro correcional localizado nas cercanias de Newark, Nova Jersey. A maioria dos presos era formada por homens afro-americanos com idades entre dezoito e trinta anos, que haviam sido encarcerados por roubo, uso e tráfico de drogas e violência de gangues. Muitos eram reincidentes que haviam lutado para se reerguer depois de serem libertados, já que, com antecedentes criminais, era difícil encontrar um emprego.

"A reincidência é um problema real", me disse o diretor, ao se juntar a nós no ginásio. "O programa foi pensado para ajudar esses homens a desenvolver habilidades, planejar seus futuros e descobrir interesses ao lançar seus próprios pequenos negócios."

Ted veio novamente ao nosso encontro, carregando uma pilha de papéis manuscritos. "Aqui estão os planos de negócios", disse ele.

Eu estava acostumada com impressões bem-acabadas, apresentações de PowerPoint, ou PDFs que os meus alunos costumavam usar para entregar suas tarefas. Aqueles planos haviam sido escritos em folhas de papel pautado, arrancadas de cadernos espiralados. Ted retirou alguns clipes de papel dos bolsos da calça e começou a organizá-los. "Eles não podem ter acesso a nenhum aparato, nem clipes de papel, nem grampeadores", disse ele, parecendo se desculpar. "Por isso, eles escreveram com a melhor caligrafia possível — pedimos que usassem letra de forma, para que você pudesse lê-los com mais facilidade."

Ted me disse que eu tinha duas horas para ler e fazer comentários sobre os planos. Às 12h30 os homens se reuniriam em grupo, e cada um deles apresentaria seu plano e ouviria a minha análise. Em seguida, chegaríamos a um acordo sobre os três primeiros colocados e compartilharíamos as boas notícias com o grupo. Precisávamos terminar às 15h30, para que os homens pudessem retornar às suas celas.

Só de ouvir aquilo, já senti calafrios.

Ele me deixou sozinha no único jogo de mesa e cadeira disponível naquele espaço. Os dois policiais ainda estavam em um dos cantos, conversando. Não lembrava nem um pouco o ambiente em que eu estava acostumada a corrigir trabalhos. Nenhum quintal para admirar, nenhum pássaro cantando, nem mesmo o aconchegante confinamento do meu escritório em Princeton — apenas as paredes nuas do ginásio da prisão.

Comecei a ler os planos e a fazer observações, mas parei depois do segundo. Entendi que uma abordagem melhor seria ler todos os planos primeiro, para ter uma noção do que eu teria de trabalhar, e depois fazer comentários de acordo com a melhor proposta. Usei o trabalho de um preso chamado James como referência. Era o mais completo e o mais bem escrito.

Eu nunca tinha avaliado uma tarefa de um detento antes. Pensando bem, eu mal conseguia me lembrar se já tinha conhecido algum detento antes.

Porém, ainda que as circunstâncias e os alunos fossem pouco ortodoxos, eu queria dar àqueles homens e aos seus planos cuidadosamente elaborados o retorno que eles mereciam. Tentei ser bem específica, positiva e clara em meus comentários, sabendo que teria a sessão presencial para elaborar alguns pontos e explicar o que diferenciava um bom plano de negócios de um plano medíocre.

O plano de James se destacava como o mais bem elaborado. Nele, ele explicava que ele e seu primo Reggie haviam observado um problema no Aeroporto Newark Liberty (conhecido como EWR pelos viajantes de negócios que entram e saem da área de Nova York). De acordo com James, o aeroporto não tinha barbearias para os passageiros que, eventualmente, precisassem cortar o cabelo e fazer a barba. James e Reggie, responsáveis pela banca de jornal do aeroporto, queriam alugar um espaço para oferecer cortes de cabelo ao público masculino. Eles haviam realizado uma pesquisa de mercado com os viajantes do sexo masculino que passaram pelo aeroporto em um determinado mês, incluindo o número de escalas, e confirmaram que não se conseguia encontrar nenhuma barbearia em um raio de dezesseis quilômetros do aeroporto. Reggie havia conversado com algumas dúzias de homens que frequentavam a banca de jornal para perguntar sobre seu interesse em cortar o cabelo, caso houvesse uma barbearia por perto. Cerca de 65% responderam afirmativamente.

Fiquei impressionada que uma pessoa encarcerada fosse capaz, até mesmo, de realizar pesquisas de mercado. Claramente, Reggie, primo e parceiro de negócios de James, havia feito isso — e, ao fazê-lo, demonstrou senso de propósito, coordenação e boa capacidade de comunicação. Todas as virtudes necessárias para os inovadores.

"Bom trabalho de quantificação das necessidades do mercado", escrevi na margem. "Esse é o primeiro passo em um plano de negócios — observar um problema que precisa ser resolvido." Os primos também haviam feito a lição de casa sobre outros aspectos do plano de negócios. Eles sabiam que precisavam arrecadar US$ 10 mil para alugar o espaço e montar a barbearia. James exibiu os custos em uma tabela que desenhou à mão. As colunas e as linhas estavam dispostas uniformemente, com títulos: mão de obra, aluguel, suprimentos de barbearia, serviços públicos mensais, taxas, impostos. A tabela seguinte trazia suas próprias projeções de receita, com base nos preços médios dos serviços que ele ofereceria e no número de homens que ele achava que atenderia em um mês. Os dois tinham mil doláres juntos; por isso, levantar US$ 9 mil era uma preocupação, pois não havia nenhuma clareza quanto ao retorno sobre o investimento (ROI, na sigla em inglês) — um negócio de prestação de serviços personalizados não cria uma receita recorrente previsível.

James tinha algumas ideias sobre fontes de financiamento: Nova Jersey tinha um programa estadual de subsídios para presos que iniciavam novos negócios e conseguiam se manter fora da prisão por doze meses. Ele tinha um tio que, para ajudá-los a começar, havia concordado em oferecer-lhes US$ 5 mil, com 5% de juros. Ele já tinha até um nome para sua proposta de negócio — JR's of Newark (uma mistura das primeiras iniciais de James e Reggie, como adivinhei corretamente). E um slogan: "Cortes legais para homens em trânsito".

Nada mal. Fiz mais alguns comentários.

Tinha terminado a minha análise e os comentários sobre os dez planos de negócios quando Ted retornou. Ele bateu palmas com entusiasmo. "Você está pronta para se encontrar com os alunos agora? Eles têm um intervalo de três horas para ouvir a sua análise. Depois, podemos nos encontrar e chegar a um acordo sobre os três primeiros colocados."

Ted explicou que cada um dos alunos faria uma apresentação de dez minutos e eu teria cinco minutos para comentar. Era 12h30 quando vários homens vestidos com macacões laranja, alguns com dreadlocks, outros carecas, todos sorrindo e brincando, se organizaram em fila.

Usando o meu traje acadêmico padrão, um terno de negócios, sentei-me à mesa e abri um sorriso. Cada um deles fez um sinal com a cabeça em minha direção e acenou em reconhecimento.

Não tenho certeza do que eu estava esperando, mas não era isto: eles eram um grupo amistoso. E pareciam felizes por estar ali — pelo menos, estavam passando algum tempo fora de suas celas, pensei. Eles se sentaram nas dez cadeiras dobráveis que Ted havia alinhado em um dos lados do ambiente. Ted, os outros dois alunos e eu nos sentamos em uma mesa à frente dos demais.

Ted acenou para o primeiro homem e coloquei o plano de Gary no topo da minha pilha. "Eu sou Gary", anunciou o homem afro-americano com dreadlocks marrons até os ombros. Ele tinha cerca de um metro e noventa e suas mãos estavam cruzadas na cintura, em uma pose de oração. "Minha ideia é o que se conhece como 'paisagem rígida'. As pessoas do bairro da minha mãe têm quintais pequenos, e não faz sentido tentar plantar grama, pois o chão é pedregoso. É tudo irregular, com ervas daninhas e coisas assim."

Na mesma hora, eu já tinha aprendido algo. Não estava familiarizada com o termo "paisagem rígida", mas, mais tarde, depois de pesquisar no Google, assegurei-me de que é um serviço legítimo e popular. E fazia sentido. "Tenho habilidade com as mãos", disse Gary, "e, na primavera passada, fiz um jardim de pedras para a minha mãe e a minha tia. É de baixa manutenção e é artístico." Ele fez uma pausa e sorriu com orgulho. "Minha mãe decora o dela com pequenos vasos de plantas, e não se fala em outra coisa na 'quebrada'."

Algumas risadas emanaram de seus companheiros de prisão.

O plano de Gary era começar com cinco casas, cobrar pelas pedras decorativas e suprimentos e doar sua mão de obra para estimular o interesse dos clientes. "Planejo tirar fotos dos jardins de pedra e promovê-los no Instagram e no Facebook." Gary explicou que cobraria dezoito dólares por hora por seu trabalho, mais uma pequena margem de lucro sobre as pedras e os suprimentos. Se ele conseguisse cinco encomendas por semana, o que afirmou ser uma previsão conservadora, poderia ganhar de US$ 2.500 a US$ 3.000 por mês, para começar.

Olhei para o plano de Gary enquanto ele falava. Cada uma das seções do plano de negócios estava bem delineada, com uma descrição de um parágrafo. A página final indicava o custo das mercadorias vendidas e as receitas para o primeiro ano. Ele estimou que poderia arrecadar US$ 25 mil nos primeiros doze meses. E planejava contratar um empregado em regime de tempo parcial ao fim do primeiro ano.

"Gary, eu gosto dessa ideia e o esquema do jardim de pedras que você desenhou parece muito atraente", comentei. Ele sorriu, claramente satisfeito com o fato de sua arte estar sendo reconhecida. "Este é um negócio sazonal, de modo que você precisará gerar receita suficiente durante oito meses do ano para cobrir os meses de inverno. E o que você fará depois de instalar os jardins de pedra? Será um serviço prestado uma única vez?"

"Estive pensando nessa questão", respondeu Gary, "e preciso adicionar isso ao plano. Acho que posso cobrar uma pequena taxa mensal de manutenção para aparar as ervas daninhas, substituir as pedras, essas coisas.".

"Acho que é uma boa ideia", concordei. "Em uma empresa de serviços, você precisa acrescentar outras ofertas para obter receitas adicionais. Por exemplo, muitas empresas de manutenção de gramados passam a limpar a neve no inverno."

Gary e o resto dos homens sentados atrás dele assentiram, pensativamente. Eles estavam ouvindo com atenção.

O último homem se adiantou para apresentar seu plano. Ele era alto e magro, totalmente careca, bem barbeado. Seu nome era Tat e, como você adivinhou, seus braços e o pouco que eu conseguia ver de seu peito estavam cobertos de tatuagens. Sua ideia de negócio era — novamente, sem nenhuma surpresa — um estúdio de tatuagem. Aparentemente, Tat era bastante conhecido por sua arte corporal. Ele era apaixonado por tatuagens e, ao que consta, visitara uma exposição sobre a história das tatuagens em um museu em Dunedin, na Flórida, quando menino — e foi então que se encantou pela arte.

"Tat", eu disse, "posso constatar que ser um artista da tatuagem é uma coisa pela qual você é apaixonado.". "Sou a minha melhor propaganda", respondeu ele, erguendo os antebraços com desenhos ornamentados de dragões e bestas voadoras.

"Bem, isso é importante porque lançar um negócio é um trabalho árduo, e você precisa amar o que faz", continuei. "Minha preocupação é a concorrência existente nesta área de Nova Jersey. Parece-me que há estúdios de tatuagem em cada esquina. Então, como você vai diferenciar o seu negócio?"

"Sou o melhor e sei do que os meus clientes gostam", disse Tat. "Faço trabalhos personalizados, coisas que são especiais e pessoais. Fiz uma tatuagem do rosto da filha do meu amigo a partir de uma foto. Mas eu sei o que você quer dizer, então vou usar propaganda boca a boca e oferecer descontos para quem me recomendar."

"Ótimo", eu disse. "Entender o seu cliente e ter o plano certo de marketing e incentivo para impulsionar os negócios são coisas importantes. Mas os seus concorrentes podem tentar fazer a mesma coisa, então quero que você pense mais sobre isso."

Tat acenou com a cabeça, "Vou pensar, dona", disse ele.

Concluídas as apresentações, era chegada a hora de oferecer àqueles homens algumas lições gerais sobre os planos de negócios — uma parte fundamental da mentalidade da inovação.

"De modo geral, as equipes fizeram um bom trabalho", comecei. "Todos tinham uma declaração de problema bem definida, pesquisas para apoiar suas soluções e um prognóstico financeiro baseado em suposições realistas."

Eles haviam evitado vários dos erros mais comuns no planejamento de negócios, expliquei. Muitas vezes, os empreendedores incluem em seus planos de negócios prognósticos financeiros agressivos, com base em suposições frágeis, e carecem de pesquisas apropriadas de clientes e de mercado para confirmar a necessidade e o ajuste.

"E incluem, também, duas das suposições que mais me incomodam", prossegui. Os homens me olharam atentamente; acho que eles estavam curiosos para saber o que poderia irritar a professora Marchand, e esperavam que seus planos não tivessem feito aquilo. "'Não temos concorrentes'", eu disse, imitando o tom de voz do excesso de confiança. "'Ninguém está fazendo o que estamos oferecendo, ou somos melhores por causa de x, y e z'."

Fiz uma pausa. "Vocês precisam ter cuidado com isso", afirmei. "É como se apaixonar pelo próprio bebê, beber o seu próprio Ki-Suco"*.

Todos riram.

"Sim, esse é o Tat", disse um, em tom brincalhão. "Mas é verdade, sabe, ele é o melhor tatuador que eu já vi."

Eu sorri. "E a segunda é não identificar os riscos do negócio. Digamos que vocês não consigam arrecadar dinheiro com rapidez suficiente — como vocês darão o pontapé inicial?"

Vi algumas sobrancelhas se erguendo depois disso — talvez pelo fato de eu ter usado uma expressão coloquial.

"Digamos que, no caso de James, o departamento jurídico do Aeroporto de Newark decida que é uma responsabilidade muito grande permitir que serviços como barbearias e spas funcionem dentro do aeroporto. Ele deveria ter um plano B para a localidade escolhida."

Em seguida, questionei o grupo sobre os planos de negócios. "Vocês criaram um plano para os propósitos desta competição", eu disse. "E estou impressionada com o trabalho que vocês fizeram. Mas vamos recuar um pouco. O que é um plano de negócios e o que ele precisa atender? E mais: por que vocês precisam de um plano de negócios?"

Randy levantou a mão. "Precisamos de um plano para saber quanto dinheiro será necessário para começar e quando iremos atingir o equilíbrio financeiro", respondeu ele, de maneira ponderada, enquanto olhava para os próprios sapatos.

---

* (N. do T.) No original em inglês, a expressão *drink your Kool-Aid* carrega uma conotação negativa. É usada para se referir a pessoas que estão sendo enganadas por outras, ou, como é o caso aqui, que acreditam em uma ideia possivelmente perigosa ou fadada ao fracasso por causa de grandes recompensas potenciais percebidas. A propósito, "Kool-Aid" é um pó acrescentado à água para dar sabor. É bem barato, mas completamente artificial e nunca poderia substituir um suco de frutas verdadeiro.

"Isso mesmo", eu o elogiei. "Excelente resposta. E, na maior parte das vezes, todos vocês conseguiram fazer isso com seus planos."

Notei que alguns dos homens trocaram olhares satisfeitos e acenos de aprovação. Ted também pareceu contente. Suas aulas haviam sido boas.

"Um plano de negócios também os força a analisar a oportunidade, avaliar os riscos, entender o mercado e determinar o que será preciso fazer para ter sucesso. Se vocês formam uma equipe, como James e seu primo Reggie, ganham uma experiência importante trabalhando em conjunto. Vocês aprendem muito sobre o seu negócio durante o processo de desenvolvimento do plano, porque isso os força a delinear suposições e testá-las, debater, discutir e refinar até acertar."

Os homens concordaram com a cabeça. "Isso faz sentido", disse um, cujo plano de negócios era um aplicativo capaz de encontrar os melhores preços de gasolina na cidade. Ele havia feito um curso de codificação enquanto estava preso e estava ansioso para colocar sua nova habilidade em prática. "Enquanto avançávamos no curso, toda semana tínhamos de completar uma parte do nosso plano e depois descrever por que aquilo fazia sentido", disse ele. "E toda semana, depois da aula, tínhamos de voltar e fazer alterações com base nos comentários de Ted e de nossos instrutores. No começo, isso foi meio frustrante, mas depois de algumas vezes percebi que era uma etapa necessária do processo. E isso nos forçava a aprimorar nossas ideias e nossos planos."

Ted sorriu e fez um sinal de positivo com o polegar.

"Exatamente", concordei, "e um plano de negócios é diferente de um modelo de negócios. Alguém sabe a diferença?".

Os homens se entreolharam encolhendo os ombros: "Não sei.". Então, James levantou a mão. "No curso, aprendemos sobre o modelo de negócios — há uma coisa chamada panorama, ou algo assim?"

"A tela do modelo de negócios?", sugeri. "Sim, ótimo. É uma ferramenta criada por dois empreendedores chamados Alexander

Osterwalder e Yves Pigneur, que nos ajuda a descobrir como vamos ganhar dinheiro."

James concordou: "É, nos ajuda a descobrir quem é o nosso cliente e quais canais podem ser usados para levar o nosso serviço ao mercado. Para mim, o aeroporto de Newark é um canal para levar os meus serviços de barbearia ao mercado. Eu poderia usar outros canais também, como oferecer serviços no salão de beleza da minha tia, mas não vou fazer isso porque os caras não querem ir ao salão de cabeleireiro de uma velhinha onde os frequentadores só sabem fofocar sobre os vizinhos.".

Houve uma onda de risos e sinais de concordância. "Minha barbearia terá uma TV de tela plana, e vamos deixá-la ligada na ESPN", declarou James.

Ele estava certo. Em um modelo de negócios, você descreve os seus clientes, parceiros de canal e modelo operacional para ajudá-lo a descobrir como a sua empresa ganhará dinheiro. Por outro lado, o plano de negócios é um documento vivo que você usa para mostrar como todas as partes do seu negócio funcionam — desde alcançar clientes, derrotar a concorrência, quem você vai contratar até os seus planos para gerenciar receitas e lucros.

"Na sua forma mais simples, um plano de negócios é uma descrição por escrito do futuro de um negócio", escreveu o jornalista de negócios John Palmer, no *Houston Chronicle*. "É um documento que não apenas coloca um conceito de negócio no papel, mas também descreve as pessoas e as etapas que estarão envolvidas para que o negócio alcance o sucesso."

O plano de negócios é onde você faz as coisas que os detentos-empreendedores haviam acabado de fazer: discutir a indústria e a necessidade de um determinado produto ou serviço, a estrutura do negócio, e como você chegará ao sucesso. "Um modelo de negócios, por outro lado," escreve Palmer, "é a lógica e o plano de uma empresa para obter lucro. Se o plano de negócios é um roteiro que descreve quanto lucro a empresa pretende obter em um determinado período de tempo, o modelo de negócios é o esqueleto que explica como esse dinheiro será gerado.". Isso deveria incluir tudo, desde como uma empresa é avaliada dentro de um setor até o modo como ela irá interagir com os fornecedores, os clientes e os parceiros para gerar lucros.

Você precisa de ambos para fazer um negócio funcionar — um plano que defina o negócio e como ele funciona de ponta a ponta, e um modelo de como esse negócio vai ganhar dinheiro.

"Eu sei que pode soar um pouco assustador", eu disse. "E vocês podem optar por atalhos —, mas tanto o modelo quanto o plano ajudam a descobrir o que vocês não sabem. Desenvolver os dois ajuda a colocar suas suposições em xeque, pois elas podem estar erradas. Vocês sabem o que as pessoas falam sobre isso, não sabem?"

Artie, um homem baixo, magro e mais velho do que os outros, que não havia falado nada além de compartilhar seu plano para uma oficina de carros antigos, se manifestou: "É o que você acha que acertou, mas não acertou que vai atrapalhá-lo.".

Levantei minhas sobrancelhas e sorri apreciativamente. "Quase isso!" eu disse. "Não é o que você não sabe que vai colocá-lo em apuros, é o que você tem certeza que não vai."

Assim como muitos aforismos de negócios, este (popularizado no filme *A grande aposta*, de 2016) é amplamente atribuído a alguém famoso — neste caso, Mark Twain —, porém incorretamente. Não temos evidências de que o grande escritor do século XIX tenha dito isso. Mas posso garantir que, ao longo de minha carreira, vi muitas evidências que atestam a veracidade desta frase. Essencialmente, é um lembrete para não presumir que o que você acha que sabe está correto. E era uma lição que os detentos, obviamente, haviam aprendido.

Ted e suas colegas da pós-graduação, Rachel e Susan, ficaram radiantes com a situação. Claramente, eles tinham conseguido causar um impacto muito maior sobre aquele grupo do que haviam imaginado inicialmente.

Nos reunimos às 15h15 para eleger os três planos mais satisfatórios. Nossos critérios se basearam na adoção dos dez componentes-chave do plano de negócios, incluindo a confirmação de um problema, uma solução que pudesse ser facilmente implementada, pesquisa de clientes e mercado, prognóstico financeiro, marketing, entrega de produtos/serviços, fontes de capital, riscos e concorrência. São os mesmos itens sobre os quais você precisa pensar quando for lançar o seu novo negócio ou produto, de acordo com as leis de inovação.

Também levamos em consideração a preparação, o rigor e a qualidade do trabalho. Cada um dos três ganhadores se levantou e fez uma reverência. Eu disse algumas palavras sobre os motivos pelos quais seus planos haviam se destacado. Todos aplaudiram. Até o diretor e os seguranças se aproximaram e se juntaram à comemoração, sorrindo e dando pequenos socos nos três vencedores. Não havia bolo nem champanhe, tampouco certificados para comprovar suas conquistas, mas havia uma sensação de satisfação no ar — eu podia sentir isso.

James, um dos vencedores, veio em minha direção. "Obrigado", disse ele. "Isto significa muito para mim. Eu realmente quero lançar essa barbearia com o meu primo. Vou sair da cadeia daqui a seis meses, e isso me deu muita esperança. Eu e a minha namorada queremos nos casar. Ela aguentou muitas coisas, e eu quero que ela tenha orgulho de mim."

Fiquei tocada por James compartilhar aquilo comigo. Independentemente do que haviam feito no passado, ele e muitos de seus companheiros presidiários naquele grupo estavam, claramente, olhando para a frente — e adotando uma mentalidade da inovação para traçar um rumo visando um futuro melhor.

Eles são um lembrete para todos nós de que não é preciso estar alocado em uma empresa de alta tecnologia, nem atuando no mundo corporativo dos EUA, nem sequer trabalhando, para ter uma boa ideia de como construir uma ratoeira melhor.

A mentalidade da inovação pode ser adotada e seguida por qualquer pessoa.

Enquanto os homens voltavam para suas celas e eu ia embora com Ted, fui tomada de empatia por aquele grupo de homens. Eles eram sérios e estavam ansiosos para começar de novo com suas ideias de negócios. Eu sabia o quanto seria difícil — fazer a transição de volta à sociedade, ficar longe dos elementos negativos que os haviam levado até ali e, além disso, levantar dinheiro e colocar aqueles planos em ação. Eles tinham o fardo extra de tentar fazer tudo isso carregando consigo uma ficha criminal. Eu me senti envergonhada por, naquela manhã, ter me perguntado se eu queria mesmo estar ali. Fui eu quem mais se beneficiou da experiência.

"Eu ficaria feliz em conversar com qualquer um deles, caso eles queiram seguir adiante com seus planos", ofereci a Ted.

"Isso é legal da sua parte", disse ele, "mas de acordo com as regras do programa, não podemos compartilhar suas informações de contato, e você não tem nenhuma permissão para se aproximar desses homens, nem agora nem quando eles forem soltos. É apenas para a sua própria segurança.". Concordei, embora nas cinco horas em que estive na prisão, certamente não senti que minha segurança estivesse, de forma alguma, comprometida. Meses depois, fiz um acompanhamento com Ted. Ele me disse que soube, por intermédio do diretor, que James havia sido solto e tinha aberto uma barbearia com seu primo. Estava funcionando no porão de seu tio — aquele que se dispusera a lhe ceder alguns fundos iniciais. Ele esperava ter sua própria loja em um ano ou dois. Me regozijei com essa boa notícia.

O PLANO

Conforme os homens que participaram do programa no centro correcional aprenderam, o plano de negócios é o auge de um processo longo, árduo e criativo de articulação entre o problema e a solução, a adequação ao mercado, os requisitos de investimento, os riscos e os resultados, visando aprimorar a sua capacidade de oferecer os seus produtos e serviços e ganhar dinheiro. Isso vale para as entidades com e sem fins lucrativos. A principal diferença é como os lucros são distribuídos. Ambas são sustentadas por receitas e lucros.

O plano também é o início do seu relacionamento com investidores, futuros membros do conselho, parceiros estratégicos e outros interessados no sucesso do seu negócio. De certa forma, é o seu cartão de visitas, permitindo que eles o avaliem, assim como a solidez da sua inovação. O plano é o que pode deixar um investidor suficientemente entusiasmado a ponto de decidir que quer apoiá-lo.

Porém, ele não é imutável. Assim como a sua ideia e o seu negócio, o plano também evoluirá. É um documento vivo — por isso, você deve reanalisar suas suposições e descobertas com o mercado em tempo real e atualizar os seus prognósticos algumas vezes por ano. Os números exatos não importam tanto, uma vez que você dispõe de informações imprecisas ao elaborar o plano, mas os fatores econômicos e a adequação ao mercado são fundamentais.

Mais uma vez, é importante destacar a nuance de que o plano de negócios, conforme descrito anteriormente, é diferente do modelo de negócios, que estabelece como aquele negócio vai funcionar e fazer dinheiro. Vejamos um exemplo famoso: a cafeteira Nespresso, uma máquina de café portátil desenvolvida e lançada inicialmente na Europa, em 1986, pela Nestlé[17]. A ideia era permitir que qualquer pessoa criasse uma xícara de café expresso perfeita — como se fosse um barista habilidoso. Isso acabou redefinindo a forma como milhões de pessoas apreciam seu café expresso e moldando a cultura global do café.

Eis aqui como tudo aconteceu. A Nespresso se lançou com a primeira máquina de café (a chamada C-100) e quatro tipos exclusivos de café. A cafeteira custava cerca de US$ 350, mas, obviamente, tratava-se de uma venda única. Para acumular receita recorrente, a empresa também venderia as cápsulas Nespresso especialmente projetadas, que só poderiam ser compradas da Nespresso ou de suas distribuidoras, por cerca de US$ 20 cada caixa de dez unidades.

Se um consumidor usasse uma caixa por semana, isso representaria US$ 1.000 adicionais por ano em receitas de café. Eles ganharam mais com a venda das cápsulas do que com a venda da dispendiosa cafeteira. Isso é conhecido como o modelo de negócios de "barbeadores e lâminas", em referência ao lançamento do primeiro barbeador portátil com lâminas descartáveis da Gillette. Os lucros não vinham da venda do barbeador, que poderia ser usado por anos — mas das lâminas. O mesmo caso da Nespresso.

Agora, compare o modelo de negócios com o plano de negócios da Nestlé, que, obviamente, incluía uma descrição de como eles iriam ganhar dinheiro, mas também detalhava os segmentos de seus clientes-alvo — neste caso, profissionais de classe média a alta, solteiros ou casais, que adoravam a conveniência e o luxo do café expresso preparado em suas próprias casas. O plano de negócios também analisava a concorrência: a Keurig vinha logo atrás, oferecendo uma unidade com um preço mais baixo, de modo que a Nespresso precisava conquistar clientes e saturar o mercado rapidamente. O plano incluía o tamanho do mercado, o custo das mercadorias vendidas, os relacionamentos com varejistas, as operações sobre como a fabricação e a distribuição seriam manejadas, a estrutura da equipe, as marcas registradas e a propriedade intelectual, as estruturas contábeis à medida que eles se expandiam para 82 países e o investimento em seus planos de crescimento e a expansão geográfica.

Plano de negócios, modelo de negócios — você precisa de ambos.

Como salientei aos participantes do programa, para cada sucesso empresarial há, pelo menos, dez fracassos, muitas vezes por causa de erros críticos no planejamento de negócios ou de um modelo mal arquitetado de como o negócio ganharia dinheiro. Para ajudá-lo a evitar essas armadilhas, vejamos quais são as mais comuns.

PRINCIPAIS ERROS NO PLANO DE NEGÓCIOS

ERRO 1.
ESQUECER QUE O DINHEIRO É REI

Muitas pessoas pensam nos lucros (receita depois de todos os custos) em vez do dinheiro como seu foco principal. Enquanto você precisa dos lucros para investir de volta no negócio e financiar o crescimento futuro, você precisa do dinheiro para pagar as contas e manter o negócio funcionando. Portanto, a principal métrica que você precisa mensurar e gerenciar é uma demonstração do fluxo de caixa — seja o seu dinheiro proveniente de investidores, de um banco, na forma de dívida, ou da sua própria conta poupança. É por isso que os investidores perguntam sobre a queima de caixa mensal ao avaliar uma empresa na qual podem vir a investir. Quase nove em cada dez empresas que fecham suas portas no primeiro ano o fazem porque ficam sem dinheiro[18].

ERRO 2.
IGNORAR A VALIDAÇÃO DO PROBLEMA/SOLUÇÃO

Estima-se que 90% das inovações não chegam ao mercado por não conseguirem resolver um problema pelo qual o cliente está disposto a pagar[19]. Basta perguntar a Larry Berger, chefe de inovação em P&D da Ecolab, uma empresa com quase cem anos de atuação no ramo de água, higiene e prevenção de infecções, que produziu um modelo de sucesso para a validação do problema/solução que deveria ser imitado por mais empresas. Berger coordena as iniciativas de P&D de uma equipe de 1.200 colaboradores, que dão suporte a 24 mil representantes locais, gerenciando as necessidades de limpeza, desinfecção, higiene e segurança alimentar de três milhões de locais. A resposta da empresa à pandemia de Covid-19, orientada ao cliente, é um exemplo disso. Ela identificou uma lacuna de desempenho na desinfecção rápida e eficaz de superfícies sob as condições de uso determinadas pela

Agência de Proteção Ambiental (EPA, na sigla em inglês), abrangendo uma ampla gama de aplicações em restaurantes, hotéis e ambientes de cuidados de saúde. A Ecolab estava ciente de que os prazos típicos de desinfecção viral, de até quinze minutos para fornecer a eficácia alegada, eram muito longos para aqueles clientes. A empresa vinha desenvolvendo uma combinação exclusiva de limpador e desinfetante que poderia ser entregue como um concentrado e diluído no local. As equipes de P&D da Ecolab reconheceram, rapidamente, que o desempenho de desinfecção desse produto poderia ser estendido para suprir as necessidades dos clientes criadas pela pandemia de Covid-19. A empresa consultou a EPA, sendo bem-sucedida em sua busca por uma autorização de uso emergencial, tomando por base a possibilidade de extensão das alegações do desempenho antiviral do produto e fornecendo uma solução combinada de limpeza e desinfecção capaz de matar o vírus em quinze segundos. Apenas algumas semanas após a autorização de uso emergencial, o produto foi lançado nos mercados hospitalar e hoteleiro, ajudando os clientes a gerenciar as interações e a rotatividade de pacientes/hóspedes com mais rapidez e segurança.

ERRO 3.
FAZER PLANOS INCOMPLETOS

Toda empresa tem clientes, produtos e serviços, operações, marketing e vendas, uma equipe de gerenciamento e concorrentes. O mínimo indispensável é que o seu plano cubra todas essas áreas. Um plano completo também deveria incluir uma discussão sobre o setor e as tendências que o afetam, por exemplo, se o mercado está se ampliando ou se restringindo. Finalmente, seu plano deveria incluir prognósticos financeiros detalhados — fluxo de caixa mensal e demonstrativos de receitas, bem como balanços anuais — com abrangência mínima de três anos. Quando vejo planos que ignoram quaisquer um desses fundamentos importantes, convido o empreendedor a voltar à prancheta para coletar mais dados de pesquisas e promover um intenso debate com sua equipe.

ERRO 4.
REALIZAR PESQUISAS INADEQUADAS

Assim como os planos incompletos, aqueles que refletem uma visão estática do mercado e das oportunidades de negócios e uma falta de conscientização do mercado também não são suficientes. Da mesma forma que é importante vincular suas suposições aos fatos, é igualmente importante garantir que a voz do cliente e a pesquisa de mercado sejam consistentes. Você precisa de um mínimo de cem entrevistas com clientes, como discutimos no Capítulo 4, e de um entendimento completo do mercado, da sua concorrência e da formação de preços. Aprenda tudo o que puder sobre o seu negócio e a sua indústria. O objetivo não é ser subjugado pelos fatos, mas você deveria dispor de números, gráficos e estatísticas para respaldar suas suposições e projeções. Investidores bem preparados verificarão os seus números em relação a dados do setor ou a estudos de terceiros — se os seus números não coincidirem com os deles, você e sua credibilidade serão questionados.

ERRO 5.
FAZER SUPOSIÇÕES IRREAIS

Por sua natureza, os planos de negócios estão repletos de suposições, mas elas devem estar baseadas em fatos e contar com evidências para apoiá-las. Os melhores planos de negócios destacam as suposições mais importantes e fornecem justificativas para elas. Os piores planos de negócios camuflam as suposições no interior do plano, para que ninguém possa dizer onde terminam as suposições e onde começam os fatos, ou então não conduzem as pesquisas adequadas para respaldar suas suposições. Tamanho do mercado, formação de preços aceitável, comportamento de compra do cliente, tempo até a comercialização — tudo isso envolve suposições. Sempre que possível, certifique-se de verificar suas premissas em relação aos parâmetros de referência no mesmo setor, em um setor semelhante, ou em relação a algum outro padrão admissível. Amarre as suas suposições a fatos relevantes. Um exemplo simples disso é a seção imobiliária do seu plano. Em algum momento, muitas empresas precisam alugar imóveis, sejam escritórios, espaços industriais ou comerciais. Você deve pesquisar as localizações e os custos em várias áreas e fazer estimativas cuidadosas sobre a quantidade de espaço necessário, quando a locação se fará necessária e quais os custos disso tudo, antes de apresentar seu plano a investidores e credores.

Um exemplo de um negócio que estava escondendo esse importante componente de seu plano foi uma empresa de serviços de pesquisas clínicas, que me contratou para ajudar a redigir seu plano de negócios. O CEO queria alugar um espaço em um parque de escritórios de biotecnologia bastante exclusivo em Manhattan, a fim de melhorar o reconhecimento da marca. A proposta para os investidores incluía apenas essa opção imobiliária, e os custos mencionados pelo diretor financeiro (CFO, na sigla em inglês) haviam sido orçados no ano anterior, de modo que não refletiam o aumento substancial do aluguel que acabara de entrar em vigor.

Eu havia sinalizado essa questão como um dos riscos do plano, mas, à época, eles não levaram meu comentário em consideração. Isso acabou se tornando um fator inviabilizador perante um dos potenciais investidores que conheciam o mercado imobiliário. Ele desafiou publicamente o CEO, acusando-o de citar custos desatualizados, e o criticou por não examinar os escritórios do outro lado do rio, em Nova Jersey — que custavam metade do preço e eram uma opção muito melhor para os colaboradores da empresa, 80% dos quais moravam em Jersey City e Hoboken. Felizmente, eles puderam resolver esse problema rapidamente, garantir um espaço em Jersey City e voltar a procurar os investidores.

ERRO 6.
NEGLIGENCIAR A ABORDAGEM DO RISCO

Imune aos riscos? De jeito nenhum! Qualquer investidor sensato entende que não existe negócio sem riscos. Você deve estudá-los antes de apresentar o seu plano a investidores ou credores. Considerando-se que um plano de negócios é uma ferramenta de marketing para investidores, recomendamos encarar os riscos de frente, incluindo um plano de como mitigá-los e planos de contingência descrevendo o que você fará se o pior acontecer. Por exemplo, as empresas de *software* precisam ter planos de recuperação de desastres caso as suas equipes de infraestrutura e desenvolvimento se vejam diante de um evento econômico ou, até mesmo, de um desastre natural que leve ao fechamento dos escritórios. Vimos isso várias vezes, seja um tsunami na Tailândia, um terremoto no Japão, furacões em Porto Rico ou, é claro, a pandemia da Covid-19, que comprometeu globalmente as cadeias de suprimentos. É provável que o seu negócio não seja afetado por um tsunami na Tailândia, mas talvez haja uma queda de energia no quarteirão, um novo decreto municipal, uma oscilação nas ações ou qualquer outro evento, grande ou pequeno, que são difíceis de prever. Independentemente disso, você ainda precisará estar preparado para perguntas sobre os riscos.

Esses são exemplos dramáticos. Os seus podem ser mais práticos, como a possibilidade de contratar um tipo especializado de talento; portanto, esteja preparado para perguntas sobre os riscos e munido dos planos de contingência e mitigação.

ERRO 7.
NEGLIGENCIAR A SUA CONCORRÊNCIA

Qualquer investidor estaria autorizado a desistir de uma apresentação de negócios levando em conta apenas este ponto. E, sim, é incrível o número de empreendedores a incluir uma declaração em seus planos de negócios de que eles são os primeiros, os únicos ou os melhores no que fazem. Todos os negócios têm concorrentes, indiretos e diretos. A concorrência pode vir na forma da resistência do seu cliente à mudança, da manutenção da situação atual ou de não se fazer nada para mudá-la. Pode vir de produtos substitutos e falsificados. Você pode acreditar que a sua solução é excepcionalmente valiosa, mas o cliente pode discordar. Meu conselho é: planeje-se para a concorrência — uma árdua concorrência — desde o início; no fim, você terá mais sucesso. Se você não consegue encontrar nenhum concorrente direto hoje, tente imaginar qual seria o aspecto do mercado quando você já estiver estabelecido. Identifique maneiras de competir e acentue as suas vantagens competitivas — o que chamamos de valor agregado — no plano de negócios.

Exemplo: um inovador da área da Baía de São Francisco desenvolveu um novo procedimento cirúrgico de seio paranasal que usava um pequeno balão inserido na cavidade nasal em vez de proceder à abertura da cavidade sinusal, que era a abordagem padrão na época. Mas a comunidade otorrinolaringológica rejeitou o novo método, mesmo sendo menos caro e mais seguro para os pacientes. Os cirurgiões haviam sido treinados para realizar cirurgias nasais da maneira antiga, e o sistema de seguro os reembolsava generosamente. Eles estavam satisfeitos com a situação atual. Por que deveriam mudar? O inventor da cirurgia de balão sinusal gastou três anos e bastante dinheiro para obter a aprovação da FDA e a adoção mercadológica entre a resistente comunidade cirúrgica. A realização prévia de mais pesquisas de mercado poderia tê-lo ajudado a antecipar essa resistência e abordá-la de forma proativa.

ERRO 8.
NÃO FORNECER UM ROTEIRO PARA O FUTURO

Um bom plano de negócios apresenta uma visão geral do negócio, a curto e a longo prazo. Ele não descreve apenas como será o negócio em cada estágio, mas também como você passará de um estágio para o seguinte. O plano oferece um roteiro específico para o negócio e deve conter marcos concretos — as principais metas, que tenham um significado real para o seu negócio. Por exemplo, uma meta razoável pode ser conquistar o centésimo cliente, produzir dez mil unidades de um produto, adicionar uma nova linha no plano de fabricação ou levantar capital de um investidor. Descreva as etapas que você precisa concluir para alcançar cada meta, e como uma leva à seguinte.

ERRO 9.
SER SUBJUGADO POR DETALHES TÉCNICOS

Esse é um problema comum em startups de base tecnológica. Reduza os detalhes técnicos ao mínimo possível no plano principal e coloque as especificações no apêndice. Os investidores não querem ver projetos de engenharia sobre como a tecnologia funciona. Eles enviarão seus especialistas técnicos para tais discussões, e confiarão que você tem domínio sobre o assunto, caso contrário não teria chegado tão longe no processo de planejamento. Eles estão mais interessados em como você vai comercializar a tecnologia e ganhar dinheiro, de modo que obtenham um retorno sobre o investimento. Portanto, não comprometa o foco no "negócio" com muitos detalhes técnicos.

DESENVOLVENDO O SEU PLANO DE NEGÓCIOS

Você pode evitar os erros já citados e garantir que seu plano de negócios se destaque, especialmente para potenciais investidores. Aqui estão várias dicas para desenvolver um plano bem-sucedido.

DICA 1.
SIGA UM MODELO

Eis aqui um modelo testado e comprovado de um bom plano de negócios: um resumo executivo de duas a três páginas, seguido por uma descrição de dez a vinte páginas do mercado, clientes e prognósticos financeiros, um apêndice com suposições detalhadas, resultados de pesquisas de mercado, tabelas financeiras e especificações técnicas. Deve ser escrito em uma linguagem informal e fácil de entender, que não exija formação técnica.

DICA 2.
LUSTRE O SEU PLANO PARA QUE ELE POSSA BRILHAR

Como você pode perceber, existem muitas armadilhas potenciais no desenvolvimento de um plano de negócios. Mas elas podem ser evitadas! O valor de um plano de negócios é que ele o força a pensar sobre o negócio, testar as suas suposições e aprender tudo o que puder sobre o mercado.

Você pode ter ótimas ideias, mas será que mapeou cuidadosamente todas as etapas necessárias para transformar o negócio em realidade? Você já pensou em como montar a sua equipe de gerenciamento, contratar vendedores, configurar operações, obter os seus primeiros clientes, proteger-se de ações judiciais, driblar a concorrência, gerenciar o fluxo de caixa e minimizar despesas? Seu plano de negócios deveria trazer uma reflexão consistente sobre todas essas áreas.

Certa vez, revisei um plano de negócios que consistia em três páginas de prognósticos financeiros. Quando perguntei onde estava o conceito por trás dos números, isso forçou a equipe a compartilhar suas suposições, muitas das quais se revelaram infundadas. Desenvolvemos um plano real, mas isso demorou três meses. "Achei que um prognóstico de alto nível era tudo de que precisávamos para atrair financiamento no intenso mercado de *softwares*", confessou o cofundador, depois que a equipe concluiu a sua sexta apresentação para investidores, com resultados positivos. "Mas a diligência que aplicamos ao plano a partir da sua orientação nos mostrou que não sabíamos de muitas coisas. Teríamos passado vergonha na frente dos investidores se tivéssemos marcado reuniões com base apenas em nossos prognósticos."

DICA 3.
FAÇA O SEU DEVER DE CASA

Investigue todos os aspectos da sua proposta de plano de negócios antes de começar a escrever, e muito antes de dar início ao negócio. Se o seu plano estiver baseado em projeções demográficas, verifique novamente e certifique-se de ter interpretado os dados corretamente. Se depender de os consumidores serem mais ou menos propensos a fazer isso ou aquilo, certifique-se de citar a fonte e transmitir aos potenciais investidores confiança nas previsões comportamentais. Se estiver vinculado a algumas tendências de preços, verifique se os dados ainda estão pendendo para a mesma direção (lembre-se do exemplo que mencionei anteriormente sobre o CFO que foi repreendido por ter usado informações desatualizadas e incompletas em seu plano).

Você também precisará continuar pesquisando enquanto estiver redigindo o plano porque, inevitavelmente, o cenário mudará à medida que você for descobrindo informações importantes. As perguntas da pesquisa podem incluir:

- Seu produto ou serviço é algo que as pessoas querem ou é apenas uma ideia interessante?
- Seu mercado está se ampliando ou se restringindo?
- Você precisa de uma maior segmentação de clientes?
- Novos operadores, tecnologia disruptiva ou mudanças regulatórias podem alterar o mercado na sua essência?
- Por que você acha que as pessoas comprarão o seu produto ou serviço?

Ao elaborar as respostas para todas essas perguntas, não confie em apenas um informante — corrobore sempre com outras fontes. Lembre-se: se você ainda não tem clientes, precisará convencer os investidores de que tem algo que as pessoas realmente querem ou precisam — e, mais importante ainda, que elas comprarão pelo preço que você espera. Certifique-se de que o valor agregado e a necessidade do mercado permaneçam inabaláveis — eles são fundamentais para a sua capacidade de atrair apoio e investimento.

DICA 4.
PEÇA OPINIÕES

Peça o máximo de opiniões possíveis de conselheiros, amigos, colegas, investidores em potencial e credores em quem você confie. Rapidamente, você descobrirá que quase todo mundo pensa que é especialista e que poderia fazer um trabalho melhor do que o seu. Isso pode ser irritante, mas faz parte do processo de obtenção de retorno. Você saberá a hora de parar quando tiver ouvido as mesmas perguntas e críticas repetidas vezes e tiver uma boa resposta para quase tudo que as pessoas puderem lançar sobre você.

Quando estabeleci minha startup de diagnóstico oftalmológico, conversei com especialistas em vários setores e funções, de oftalmologistas a especialistas em propriedade intelectual, regulamentação e ensaios clínicos, além de clientes e potenciais investidores e parceiros, ao longo de um ano, até me sentir satisfeita por ter recebido uma amostra representativa de comentários, incluindo a de cem clientes, para ser exata!

DICA 5.
CONSIDERE CONTRATAR UM PROFISSIONAL

Recomendo firmemente selecionar um profissional em quem você confie para orientá-lo ao longo do processo e suprir suas faltas de conhecimento em marketing, finanças ou outras áreas em que você não se sinta seguro. Existem muitos fornecedores verificados e consultores independentes que fazem esse tipo de trabalho. Consultores sérios podem preparar e organizar o seu plano em um formato atraente e fácil de ler, além de oferecer dicas valiosas.

Enfatizo o consultor sério porque você precisa de alguém que conheça o seu setor e o seu tipo de negócio, e alguém com quem você possa se ver trabalhando por vários meses. Quando redigi o plano de negócios para a minha primeira startup, contratei uma antiga especialista em marketing farmacêutico que se tornara consultora independente, e que não apenas sabia todas as perguntas certas a fazer, como também me ajudou a pesquisar o mercado e os clientes, testar suposições e destrinchar os números.

Pamela trabalhava comigo como se fosse minha sócia. Ela se importava com o negócio tanto quanto eu, e isso transparecia. Seu nível de engajamento e seu papel como consultora foram inestimáveis. Vinte anos depois, continuamos colegas e amigas, e ela está entre as primeiras pessoas a quem recorro quando tenho uma nova ideia de negócio.

DICA 6.
USE UMA TELA DE MODELO DE NEGÓCIOS PARA PINTAR A SUA OBRA-PRIMA

Uma tela de modelo de negócios pode ser uma ótima ferramenta para anotar e sintetizar os seus pensamentos. Escrito pelos dois teóricos de negócios, os autores e consultores Alexander Osterwalder e Yves Pigneur, a tela do modelo de negócios é um guia prático para projetar um modelo de negócios. Você pode encontrar o esboço da tela e as diretrizes sobre como aplicá-lo no Apêndice 2.

A tela do modelo de negócios pode ser útil inclusive se a sua inovação for o seu próprio modelo de negócios! Em 1950, quando os fundadores do Diners Club lançaram o primeiro cartão de crédito, eles criaram um novo modelo de negócios — ganhar dinheiro com as taxas cobradas dos clientes por pagar pelas compras desses mesmos clientes.

A Xerox agiu da mesma forma em 1969, quando lançou as fotocopiadoras alugadas e o sistema de pagamento por cópia. Na verdade, a inovação do modelo de negócios remonta a Johannes Gutenberg, quando ele buscou aplicações práticas para o dispositivo de impressão mecânica que havia criado. A Igreja Católica Romana se tornou sua primeira cliente, e foi assim que ele deu início a seu negócio de impressão de Bíblias, o que ajudou a difundir o cristianismo por toda a Europa. Os principais componentes da tela podem ajudar qualquer inovador a submeter não apenas o produto a um teste de pressão, mas também os clientes, os parceiros, o modelo operacional, o prognóstico financeiro e o tempo até a entrada no mercado.

DICA 7.
CONTINUE AJUSTANDO E ATUALIZANDO O SEU PLANO

A dura verdade sobre os planos de negócios é que redigi-los é um trabalho árduo. Muitas pessoas passam um ano ou mais redigindo seus planos. Passo seis meses escrevendo e ajustando os planos para todos os meus negócios. E, pelo fato de o plano ser dinâmico e vivo, eu o atualizo a intervalos regulares, de poucos em poucos meses.

Os participantes do programa de negócios na penitenciária dispunham de muito tempo livre, mas, para o seu mérito, eles o usaram para refletir sobre suas ideias e para pesquisar e desenvolver planos de negócios sólidos, sob circunstâncias adversas. Se eles podem fazer isso, você também pode. Certamente, você pode dedicar algum tempo para dar à sua brilhante ideia as melhores chances de sucesso — e isso é o que o plano e o modelo de negócios, ao garantir financiamento, podem oferecer.

A parte mais difícil é desenvolver uma imagem coerente do negócio, uma imagem que faça sentido e que atraia os outros e forneça um roteiro sensato para o futuro. Seus produtos, serviços, modelo de negócios, clientes, plano de marketing e vendas, operações internas, equipe de gerenciamento e projeções financeiras devem estar todos perfeitamente interligados. Mas, depois de implementá-los, você ficará satisfeito e terá confiança em compartilhar seus planos com investidores, credores e outros parceiros e operadores importantes.

INOVADOR EM FOCO
LAURENT LEVY, CEO DA NANOBIOTIX

Credenciais do inovador: Físico, inventor, empresário de biotecnologia, visionário — Laurent Levy é tudo isso e muito mais.

A Nanobiotix, empresa que ele fundou em 2003, é líder no desenvolvimento de nanotecnologia médica. As nanopartículas, tecnologia específica promovida pela empresa, são materiais minúsculos, construídos átomo por átomo, que podem ser usados para diversas aplicações, desde a administração mais precisa de medicamentos até a destruição de células tumorais.

Em 2019, a Nanobiotix recebeu aprovação para usar seu principal produto experimental, o NBTXR3 — um "potencializador de radiação" de primeira classe que é injetado em tumores sólidos e combinado com radioterapia. As nanopartículas são projetadas para reforçar a dose de radioterapia administrada nas células tumorais sem provocar danos aos tecidos saudáveis circundantes, melhorando, assim, o tratamento para pacientes sob esse regime — evitando o aumento dos efeitos colaterais prejudiciais. Neste momento, sob a marca Hensify®, a comercialização do NBTXR3 está autorizada na Europa para tratar muitos tipos de sarcomas de tecidos moles, e o medicamento está sendo aprimorado globalmente para vários outros tipos de câncer.

Laurent também é autor de mais de 35 artigos em publicações científicas internacionais. Ele detém várias patentes e se pronuncia frequentemente sobre o uso de nanopartículas para combater o câncer e outras doenças.

No entanto, sua missão vai além do desenvolvimento de tecnologias para tratar e, eventualmente, até curar doenças como o câncer. Laurent e sua equipe estão empenhados em uma missão para desbloquear o potencial ilimitado da humanidade no uso das nanotecnologias revolucionárias, valendo-se da colaboração com outros visionários.

O verdadeiro objetivo de Laurent como inovador, ele afirma, é: "ajudar a inspirar a humanidade a ir além dos limites e descobrir um modo de vida melhor.".

LIÇÕES APRENDIDAS

Desde cedo, Laurent sabia que suas ideias ambiciosas nem sempre se traduziriam facilmente em um PowerPoint ou em um prospecto para investidores. "Visão é aquilo que o motiva, mas é difícil vender uma visão", afirma ele. "Se você disser a um investidor: 'Vou curar o câncer', ele responderá: 'Está bem'." É aí que entra o plano de negócios. "Quando contei a um dos meus ex-diretores a nossa visão, ele disse: 'Certo, mas talvez devêssemos dar um passo de cada vez'. Achei que não tinha conseguido me comunicar. 'Nem o meu próprio diretor entende!', disse a mim mesmo. Mas agora percebo que ele foi sábio. Precisávamos avançar aos poucos, até que as pessoas conseguissem realmente digerir aquela ideia gigantesca."

Tendo aprendido a importância dos planos, Laurent também afirma que eles não devem ser moldados em concreto. "Criar inovação requer agilidade e flexibilidade", diz ele. "Sim, você precisa de um plano, mas também precisa reconhecer que talvez o plano tenha de ser rapidamente alterado."

Atingir esse equilíbrio — entre o que ele chama de "força do mercado e impulso de inovação" — é o segredo para uma nova ideia, produto ou tecnologia bem-sucedidos. "É um constante vaivém entre as demandas do mercado e os sonhos do inovador", diz.

E quando eles se alinham? "É uma coisa linda", afirma ele.

NÃO SE PODE INVENTAR ISSO

Laurent tem doutorado em físico-química pela Universidade Pierre e Marie Curie de Paris, assim como diplomas de pós-graduação de outros prestigiosos institutos franceses. Mas o trabalho que resultou no Nanobiotix foi realizado, dentre todos os lugares possíveis, em

Buffalo, Nova York — uma cidade mais conhecida pelos norte-americanos por sua amada, mas malsucedida franquia da NFL, para não mencionar as impressionantes quantidades de neve no inverno. Foi na Universidade Estadual de Nova York, em Buffalo — especificamente, no Instituto de Lasers, Fotônica e Biofotônica, a elite da universidade —, que Laurent desenvolveu o trabalho de pós-doutorado que lançaria as bases de sua visionária empresa.

DICAS PARA INOVADORES

Seja ambicioso ou desista: "Foi assim que aconteceu comigo, e eu encorajo todos aqueles com uma nova ideia disruptiva a fazer o mesmo. Só temos uma vida. Se essa ideia for a sua paixão, então vá em frente!"

Escolha o caminho ainda não trilhado: "Na Nanobiotix, tentamos não fazer coisas que os outros já fizeram. No meu setor, há muitos seguidores, muitas empresas atrás do mesmo alvo. Eu digo que, em vez de seguir os outros, tente ser o primeiro em algo totalmente novo."

Mas não hesite em mudar de direção: "Sempre há um caminho. Depois de encontrá-lo, siga-o, mas fique atento às melhores rotas que podem se apresentar durante a viagem. Essa é a verdadeira natureza do processo inovador. Você deve ser um explorador."

Capítulo 7

COMO EMPREENDEDORES AUMENTAM SUAS CHANCES DE SUCESSO

O sol do meio-dia entrava pela janela que ocupava quase toda a extensão de uma parede, em um salão de conferências em Summit, Nova Jersey. Do púlpito, semicerrei os olhos enquanto examinava as mulheres de nível sênior e um punhado de homens sentados na plateia.

O grupo de 73 pessoas estava participando de uma oficina de liderança patrocinada pela Rede Feminina de Informações, um grupo de afinidade formado por mulheres da minha empresa. Olhei para além dos participantes, para observar as flores amarelas, rosas e violetas dançando do lado de fora, na brisa de abril, enquanto lá dentro, as blusas, cachecóis e jaquetas em tons pastel das mulheres eram uma prova similar de que, finalmente — depois de um longo e cinzento inverno —, a primavera havia chegado.

Cada uma das mesas redondas às quais as mulheres haviam sido designadas incluía um homem. Esse arranjo foi deliberado. Ao longo dos anos, muitos grupos femininos de liderança foram aprendendo que a melhor maneira de promover as causas das mulheres nas corporações era contar com o apoio de colegas do sexo masculino. Cada vez mais, elas estimulavam a presença de defensores escolhidos nas fileiras dos homens mais bem posicionados dentro da organização. Imagino que os homens se sentissem honrados ou lisonjeados, mas, seja qual for o caso, eles pareciam sinceros em sua motivação — ajudar a carregar a tocha e legitimar a necessidade da igualdade feminina no local de trabalho. Um local de trabalho, devo acrescentar, que é desafiado, e às vezes até ameaçado, pela ideia de mulheres que têm novas ideias, novas maneiras de fazer as coisas — em outras palavras, que são inovadoras.

Havia um burburinho de conversas e risadas no grupo, e eu podia sentir a energia. Tínhamos acabado de ouvir uma palestra motivacional inspiradora da atleta Robyn Benincasa, campeã mundial de corrida de aventura que se tornara palestrante sobre liderança. Benincasa disputou várias temporadas do *Eco-Challenge*, a corrida de expedição de ultrarresistência, com duração de vários dias, considerada uma inovação quando foi ao ar pela primeira vez, no *Discovery Channel*. A corrida fora criada por um, até então, pouco conhecido produtor de TV, chamado Mark Burnett, e o sucesso do *Eco-Challenge* provocou a criação de uma versão mais teatralizada do evento. Ela seria denominada *Survivor* e, com isso, Burnett ajudaria a inventar o gênero *reality show* e a mudar a história da televisão.

A equipe de Benincasa venceu a edição do *Eco-Challenge* de 2000, em Bornéu, uma ilha rústica no arquipélago Malaio, no sudeste da Ásia, conhecida por suas praias, floresta tropical com biodiversidade e abundância de vida selvagem, incluindo orangotangos e leopardos-nebulosos. Ela contou à plateia como sua equipe venceu a competição de doze dias, navegando em mares abertos, pedalando pelas montanhas traiçoeiras e atravessando a chuva torrencial da selva enquanto era atacada por vorazes sanguessugas. Eles nadaram e andaram de canoa por um rio caudaloso, e atravessaram cavernas cheias de guano de morcego. Naquele evento em particular, vários competidores adoeceram devido a uma infecção bacteriana provocada pelas águas contaminadas do rio, tendo de ser hospitalizados. Superar aqueles intensos desafios físicos foi um teste de liderança, trabalho em equipe, vontade pessoal, coragem e resiliência. "Tudo o que poderia dar errado deu errado durante a competição, mas reconheci a mais incrível liderança na figura do capitão da nossa equipe. Ele manteve todos nós motivados", afirmou Benincasa.

Ficamos encantados com sua apresentação. Nossa segunda palestrante foi uma conhecida psicóloga de Nova York que compartilhou técnicas para lidar com o estresse. Ela nos ensinou a maneira correta de praticar a respiração da ioga, fazendo vários exercícios conosco, para garantir que aperfeiçoássemos aquilo que havíamos acabado de aprender. Depois das histórias angustiantes e inspiradoras de Benincasa sobre resistência e guano de morcego, precisávamos daquilo.

Fui a terceira e última palestrante, e havia sido convidada a compartilhar as minhas experiências pessoais em gerenciamento de riscos como líder de inovação e empreendedorismo. *Não é tarefa fácil vir depois dessas duas mulheres*, pensei, enquanto tomava um gole de água da pequena garrafa colocada no púlpito para mim. Elas eram palestrantes profissionais que, claramente, haviam refinado as suas falas sobre liderança à perfeição — discursos motivacionais concisos, bem elaborados, projetados para garantir que os participantes fossem absorvidos pela experiência imersiva e transmitissem os conhecimentos recém-adquiridos aos colegas de escritório no dia seguinte. Embora eu não fosse contar uma história épica de aventura, nem oferecer técnicas voltadas para o tratamento de milhares de executivos estressados na Big Apple, eu tinha um estudo de caso da vida real, e estava ansiosa para compartilhá-lo.

Ajustei o microfone, sorri e disse: "Olá, eu sou Lorraine Marchand e, antes de compartilhar a minha história sobre risco e liderança nos negócios, tenho um favor a pedir.". Todos os olhos no salão se voltaram para mim. "Respondam a esta pergunta: em uma escala de um a dez, sendo dez o dez perfeito, quão eficazes vocês são no gerenciamento de riscos? Anotem sua avaliação de si mesmos no bloco de notas próximo aos seus assentos. Voltaremos a isso daqui a pouco."

De repente, o salão era um mar de cabeças abaixadas, algumas com canetas suspensas no ar enquanto refletiam sobre a pergunta; em seguida, ouvi os sons abafados de 73 pessoas rabiscando uma resposta — incluindo os homens.

"Imaginem", e fiz uma pausa para causar mais efeito, "que vocês sejam executivos corporativos bem-sucedidos no setor de ciências da vida, e tenham decidido que querem administrar sua própria empresa, talvez até uma startup, desde que o risco seja gerenciável. Aparece uma oportunidade que é quase boa demais para ser verdade, e vocês mergulham de cabeça. Vocês cofundam, como CEOs, uma startup de diagnóstico molecular. Seu parceiro de negócios é um médico renomado que planeja continuar trabalhando no consultório, mas dedicará algum tempo para atuar como consultor científico da empresa. Ele investe uma quantidade razoável de capital inicial para financiar a entidade. Dessa forma, vocês têm um capital social significativo, mas ele detém a maior parte da empresa. Seu plano é, dentro de doze meses, chegar a um patamar crítico necessário para garantir o financiamento de capital de risco (VC, na sigla em inglês). Essa oportunidade exige uma realocação física, e vocês iniciam o processo de transferência de suas famílias, da Filadélfia para Baltimore.".

Fiz uma pausa e deixei que eles absorvessem os detalhes. Provavelmente, muitos dos que estavam ali já haviam imaginado aquele cenário antes, ou algo similar. "Certo", continuei, "agora digamos que cinco meses se passaram e vocês progrediram em várias frentes. Patentes foram depositadas; os estudos clínicos necessários para aprovação regulatória estão em andamento; o laboratório foi estabelecido e a equipe principal está contratada; vocês montaram um excelente conselho consultivo e garantiram renomados especialistas em regulamentação e P&D para projetar e avaliar os estudos; várias empresas de capital de risco manifestaram interesse em sua tecnologia, assim como algumas empresas de biotecnologia.

Todos estão aguardando o retorno do escritório de patentes em relação aos dados humanos preliminares. Vocês e o cofundador estão em sintonia, e as etapas estão progredindo de acordo com suas expectativas. Vocês colocam suas casas à venda. Os fins de semana em família passam a ser usados para pesquisar as casas do subúrbios de Baltimore e verificar escolas para as crianças.".

Mais uma vez, uma pausa, pois suspeitei que muitas das pessoas na plateia — a maioria delas mulheres no meio de suas carreiras, criando suas famílias — haviam, provavelmente, experimentado mudanças familiares semelhantes em função de suas vidas profissionais.

"Então, em uma manhã úmida de verão, vocês entram no escritório e são recebidos com notícias devastadoras. Seu cofundador estava indo de moto para o trabalho durante a hora do rush e se envolveu em uma colisão com vários veículos no rodoanel de Baltimore. Ele está sob cuidados intensivos na unidade de traumatologia de um grande hospital. Talvez ele não resista até o fim do dia. Vocês tentam manter a motivação e a esperança do resto da equipe, mas o dia de trabalho transcorre mecanicamente; há poucas conversas no refeitório. Felizmente, ele sobrevive às 48 horas seguintes, considerado o período mais crítico segundo os médicos, mas eles sabem que o dano na medula espinhal é significativo. As semanas e os meses seguintes são uma montanha-russa. Ele ainda está inconsciente. A primeira ordem do dia, a cada dia, é uma atualização de seu prognóstico. Vocês tentam manter o negócio funcionando normalmente, mas alguns riscos começam a emergir."

Em seguida, alterei alguns fatos do que realmente aconteceu naquela situação, que — conforme o público já estava suspeitando — foi algo que aconteceu comigo, no início da minha carreira.

"Os advogados informam que pode haver uma contestação de patente, e eles precisam de um orçamento considerável para cuidar disso", eu disse, contando os problemas em meus dedos. "Os investidores de vocês ficaram sabendo do acidente do seu sócio e estão questionando a viabilidade da empresa e dos seus planos. Os consultores científicos estão pressionando por dados, e vários ameaçaram desistir de suas posições no conselho com base nas notícias que começaram a circular publicamente sobre o prognóstico dele." Fiz outra pausa e, em seguida, revelei a surpresa: "Mais importante ainda, os dados preliminares foram rejeitados, por serem contraditórios e ambíguos. Seus estatísticos estão dizendo que os estudos precisam ser redesenhados, e que será necessária uma nova coleta de dados, porque muito do que foi levantado é inutilizável.".

Vi pessoas balançando a cabeça à medida que meu cenário de crise ia se tornando mais complicado — um prognóstico sombrio, de fato. Mas havia mais um problema.

"Finalmente, o filho de 26 anos do seu cofundador foi nomeado executor testamentário do pai. Vocês se encontram e ele diz que vocês deverão se reportar a ele em um futuro próximo. O compromisso que o pai assumira para financiar a empresa precisa ser revisto. Ele lhes dá sessenta dias para assegurar o financiamento dos investidores e aumentar as vendas. 'A receita é primordial', enfatiza ele."

Deixei a ficha cair. Cada uma das palavras — exatamente como realmente aconteceu comigo.

"O que vocês fazem?", perguntei. "Reservem um momento agora e avaliem sua prontidão para lidar com essa situação. Como estão as suas pontuações de gerenciamento de riscos agora?"

Algumas mãos se ergueram. "Minha pontuação de risco caiu", disse Sandy, da área de compras. "Não sei se estou preparada para lidar com algo tão inesperado e catastrófico. Até mesmo a sua outra história sobre o negócio do seu pai me abalou; eu era criança durante aquela recessão e me lembro das filas para comprar gasolina."

Uma colega entusiasmada, chamada Susan, da área de marketing, levantou-se e pegou o microfone que estava circulando pela plateia.

"Ouvindo a história sobre a startup de diagnóstico molecular, consegui pensar em respostas para a maioria dos riscos. Sinto-me bastante confiante em relação ao meu perfil de risco."

Expliquei, então, que vários estudos haviam sido conduzidos tendo como objeto os atributos de empreendedores e inovadores — incluindo aí o perfil comportamental de um líder de inovação que se sente confortável com o gerenciamento de riscos. Esses atributos abrangem resiliência; tolerância ao risco, ambiguidade e incerteza; comprometimento e dedicação na resolução de problemas; obsessão por novas oportunidades; e vigilância, criatividade, autoconfiança, adaptabilidade e motivação para se destacar.

Apresentei ao grupo um exercício de dez minutos, uma avaliação pessoal de risco empresarial autoaplicável.

A avaliação ajudou as mulheres a determinar se elas possuíam comportamentos de liderança em gerenciamento de riscos. "O gerenciamento de riscos é como um músculo", eu disse. "Ele precisa ser exercitado para ficar mais forte. Vocês precisam desenvolver tolerância aos riscos, boas habilidades de gerenciamento, aprender a pensar proativamente sobre contingência e planejamento de cenários, seja para uma startup ou para um novo projeto no trabalho."

Uma mulher levantou a mão: "Preciso melhorar no gerenciamento de riscos. Estou no meio de uma situação complicada, e não sei se estou lidando bem com isso tudo.". Ela explicou que a sua empresa fracassou em um produto e que os clientes estavam debandando. Ela admitiu reconhecer a existência de sinais de problemas técnicos, mas nunca havia se planejado para isso. "Agora estamos administrando uma crise", disse ela. "Vou ficar mais atenta da próxima vez."

Comentei como ela poderia lidar com a situação — fazendo uma avaliação objetiva do problema e do que os seus clientes estavam enfrentando; sendo transparente com sua equipe e seus clientes sobre as medidas que ela estava tomando para resolver a situação; e documentando o seu aprendizado, para que pudesse compartilhar a sua experiência com outras pessoas e, assim, ajudá-las a evitar cometer o mesmo erro que ela havia cometido. Ofereci minhas seis dicas para o gerenciamento de riscos quando se está sob pressão:

Dica 1. Concentre-se em seus pontos fortes e em seus talentos;

Dica 2. Com a ajuda de quem você confia, mantenha uma perspectiva equilibrada;

Dica 3. Desapegue-se emocionalmente da situação e examine-a como se fosse um observador;

Dica 4. Avalie opções e recursos e defina prioridades;

Dica 5. Desenvolva e execute um novo plano com o apoio dos principais operadores;

Dica 6. Siga em frente sem olhar para trás, mas registre as lições aprendidas.

Encerrei minha palestra compartilhando o desfecho da história sobre a startup de diagnóstico molecular, a lesão catastrófica sofrida pelo meu sócio original e o envolvimento inesperado de seu filho.

"Essa história é verdadeira e a executiva era eu. Era importante que eu fizesse a coisa certa, pelo meu cofundador, pela família dele e pela empresa."

Na época, eu sabia que, considerando seu estado de saúde, o meu sócio nunca mais poderia voltar e auxiliar a empresa da maneira que ela precisava. Além disso, o panorama havia mudado durante o tempo em que ele esteve sob recuperação. Primeiro, tive uma conversa honesta com ele e sua família sobre a situação da empresa. Seu apetite por administrar uma empresa comercial havia mudado, mas ficou claro que ele não queria perder o foco em suas pesquisas. Concorri a subvenções e consegui vários milhões de dólares em financiamento do NIH, da Fundação Nacional da Ciência, de uma fundação de pesquisa privada e de fundos de biotecnologia estaduais e municipais. Conseguimos financiamento suficiente para montar uma série de estudos de pesquisa que o meu sócio poderia supervisionar, e eu integrei à equipe alguns parceiros de P&D que estavam interessados no laboratório.

"Ele conseguiu administrar uma pequena empresa que realizava pesquisas de diagnóstico molecular", eu disse. "E isso era realmente o que ele queria."

Quanto a mim, decidi seguir em frente. A empresa ainda não havia constituído um valor suficiente para justificar uma aquisição; por isso, me ofereci para permanecer como consultora enquanto explorava novas oportunidades. Com base em minha experiência em startups e minha rede expandida de biotecnologia, fui adiante e fundei três startups, iniciei a minha prática de consultoria, criei um programa de ensino sobre inovação e empreendedorismo que ministrei em Princeton e Columbia e entrei para os conselhos de um grupo de investimento-anjo e de um fundo de capital privado. Em algum momento, ingressei na Cognizant Technology Solutions (a empresa na qual eu estava me apresentando naquele dia) para liderar um novo empreendimento inovador que criava fluxos de receita para a empresa e nos ajudava a aumentar a participação de mercado no segmento farmacêutico.

Uma mentalidade da inovação engloba a assunção de riscos. Não me refiro a fazer jogadas insanas e não calculadas. Refiro-me a pesar cuidadosamente os riscos, avaliar seus impactos, construir planos de contingência, identificar maneiras de reduzir os riscos dos seus planos e demonstrar resiliência para mudar de direção quando necessário. Mesmo que essa mudança de direção possa afastá-lo de sua ideia inovadora original, outra ideia pode estar à sua espera.

A DIFERENÇA ENTRE RISCO E INCERTEZA

Agora que exploramos o DNA de gerenciamento de riscos exigido dos líderes de inovação, vamos nos deter na definição e nos tipos de risco de negócios. Por sua própria natureza, empreendimentos e inovações de risco envolvem a busca de oportunidades — fazer algo novo — em um ambiente de recursos escassos e muitas incógnitas. Isso poderia significar desenvolver uma nova tecnologia ou canal de distribuição, ou combinar produtos ou serviços existentes em uma única solução. A novidade traz consigo a incerteza. A incerteza é diferente do risco. A incerteza nos negócios ocorre quando uma mudança introduz o potencial para problemas, embora o resultado ou o impacto não estejam claros no momento. Tomamos decisões todos os dias com um grau de incerteza. De fato, qualquer inovação ou startup traz consigo um elemento de incerteza. Mas essas incertezas, mudanças e desafios, bem como seu impacto potencial nos seus negócios, podem ser avaliados. Por exemplo, há um risco de que a sua inovação não alcance os resultados comerciais devido à falta de interesse do cliente e à inadequação ao mercado — são coisas que você pode antecipar e planejar. O acidente do meu sócio criou muita incerteza para a nossa empresa, mas identifiquei os principais riscos — por exemplo, a reação da comunidade de investidores às notícias — e trabalhei cada um deles para reduzir seu impacto negativo no negócio.

TIPOS DE RISCO DE NEGÓCIOS

RISCO 1.
INCONTROLÁVEL

Riscos incontroláveis são apenas isso — eventos inesperados que você realmente não consegue planejar, como a crise do petróleo de 1973, que impactou os negócios de fabricação e distribuição de produtos químicos do meu pai; o acidente do meu cofundador; e a pandemia da Covid-19, que incitou choques gigantescos no ecossistema global para além da saúde, incluindo todas as facetas da sociedade, dos negócios à educação, das finanças à cadeia de suprimentos. Esses choques são a maior forma de risco — fatores externos que causam riscos. Algumas empresas são varridas do mapa; outras se erguem e se tornam mais fortes. Nem todos os riscos causam esse impacto sísmico, mas a habilidade de lidar com o risco é a mesma — requer planejamento proativo que ajuda a minimizar, a diminuir ou a eliminar (conter) o impacto negativo da situação ou evento. O desafio adicional é que, em uma situação como essa, você está diagnosticando o problema, corrigindo o que é possível e tentando antecipar o que acontecerá a seguir. É muita coisa para gerenciar de uma só vez!

RISCO 2.
ESTRATÉGICO

Os riscos estratégicos são desejáveis, pois têm o potencial de ajudar o negócio a crescer mais rapidamente, levando-o a uma nova direção ou oferecendo novas soluções ao mercado. Entretanto, de modo geral, alta recompensa significa alto risco. Os riscos estratégicos incluem ações como, o lançamento de um novo produto para um novo segmento de mercado ou o estabelecimento de uma parceria que proporcione sinergias de mercado. Se essas estratégias estiverem adequadas e forem bem executadas, podem ajudar a empresa a superar a concorrência, caso contrário, podem desacelerar o negócio. Normalmente, a inovação envolve fazer algo novo com poucos recursos, poucas pessoas e pouco dinheiro. O momento oportuno e os tipos certos de parcerias podem suprir tais deficiências de forma rápida e eficaz. Se a união for favorável, os termos passam a fazer sentido e ambas as entidades se comprometem a fazer o casamento funcionar.

Um bom exemplo de risco estratégico foi a parceria estabelecida entre a Apple e a IBM, lançada em 2014[20].Era a segunda vez que a dupla tentava o casamento. A primeira foi na década de 1990, e fracassou em função de divergências sobre o desenvolvimento de *software* e os termos de licenciamento, criando muitos danos colaterais que precisaram ser corrigidos. Em 2014, quando a dupla tentou novamente, o foco estava em trazer novos aplicativos de negócios para o mercado, potencializando as capacidades analíticas e de grande volume de dados da IBM para o iPhone e o iPad. Isso exigiu um compromisso substancial, pois as soluções analíticas móveis em nuvem e de dados eram, e ainda são, áreas competitivas em rápida evolução. Desta vez, a parceria deu certo. Ambas aprenderam com os erros do passado e, em 2021, a dupla aproveitou seu sucesso e lançou o aplicativo de registro clínico da vacinação contra a Covid-19 para dispositivos iOS, desenvolvido pela IBM. As duas empresas haviam percorrido um longo caminho desde o famoso comercial "1984", exibido no intervalo do *Super Bowl*, que promovera o lançamento do Macintosh — em sua representação orwelliana de uma destemida corredora golpeando uma figura parecida com o Grande Irmão, em uma tela gigante —, e que foi amplamente interpretado como um ataque simbólico e não tão sutil ao domínio da IBM na indústria de computadores daquela época.

RISCO 3.
GERENCIÁVEL

Os riscos gerenciáveis são os mais comuns, e a boa notícia é que são evitáveis, sendo, também, os que podem causar os maiores impactos no sucesso dos negócios. Vejamos alguns tipos de riscos gerenciáveis.

Risco Gerenciável 1. Técnico: Os riscos técnicos envolvem antecipar quais seriam as opções caso a nova tecnologia não funcione conforme o esperado. Por exemplo, inicialmente, quando a AstraZeneca (AZ) lançou a sua vacina contra a Covid-19, a Agência Europeia de Medicamentos (EMA, na sigla em inglês) rapidamente identificou casos de coágulos sanguíneos e sintomas neurológicos duas semanas após a vacinação, principalmente em mulheres com menos de sessenta anos. Os resultados apresentaram riscos técnicos para a fabricante, e os países suspenderam o uso da vacina até que a EMA realizasse uma investigação. A investigação concluiu que o risco de coágulos sanguíneos e queda de plaquetas era pequeno e não suficientemente significativo para interromper a distribuição da vacina. A AZ estudou o que poderia ser feito para mitigar aquele efeito colateral. Outro exemplo de risco técnico é aquele que o Google enfrenta constantemente — a necessidade de escalonar e adaptar a sua arquitetura existente para acomodar o aumento do tráfego de consumidores, avanços tecnológicos e, até mesmo, mudanças nos requisitos comerciais. A empresa deve planejar e gerenciar proativamente os riscos técnicos.

Risco Gerenciável 2. Operacional: Os riscos operacionais são o resultado de processos deficitários ou insuficientes nas operações do dia a dia, que impedem a capacidade de chegar ao mercado e gerar receitas. Em outras palavras, são o tipo de confusão que se infiltra na rotina diária dos negócios.

Eu estava trabalhando com uma empresa de *software* recém-lançada, que não havia documentado os seus processos de desenvolvimento de novos produtos. Isso acarretava em dois problemas. Primeiro, quando o produto não funcionava conforme o planejado, a empresa não tinha a documentação adequada do processo para avaliar o que havia falhado e por quê. E em segundo lugar, assim que resolveram o problema e começaram a se reunir com os clientes, estes últimos solicitaram o registro de seus processos de desenvolvimento de produtos.

Essa segunda situação lhes chamou a atenção, e eles me contrataram para ajudá-los com o desenvolvimento e a documentação do processo. Durante aquele trabalho, o CEO, Todd, percebeu outros problemas e reconheceu a necessidade de uma avaliação completa para a contenção de riscos. Em seguida, desenvolvemos uma matriz de riscos e um conjunto de estratégias para antecipar e gerenciar os riscos financeiros, operacionais e de mercado. No dia em que compartilhou o plano com o conselho, Todd me ligou para dizer: "Obrigado. Aprontei esse plano de riscos no momento exato. O conselho estava preocupado que eu desconhecesse os riscos enfrentados pelo negócio. Eles estavam se preparando para chamar um consultor. Estou muito feliz por ter conquistado a confiança deles e por contar com maneiras tangíveis de reduzir os riscos da empresa daqui para frente.".

Os contratos podem representar outra forma de risco operacional: a empresa pode ser obrigada a cumprir as letrinhas miúdas de um contrato, ou não conseguir atribuir as devidas responsabilidades a um determinado fornecedor ou cliente.

Contratos verbais, embora tecnicamente legais, são difíceis de cumprir; portanto, sempre insista em um contrato por escrito, pois ele terá mais probabilidade de ser validado pelos tribunais. É importante que um advogado leia os acordos de confidencialidade e as letrinhas miúdas do contrato — talvez alguém insista que você assine um contrato, e uma violação dos termos ali contidos poderia levá-lo à falência.

A falta de recursos — as pessoas certas para entregar o seu produto — é outro tipo de risco operacional que pode fazer com que o negócio não atinja seus objetivos.

Exemplos do impacto dos riscos operacionais: sua empresa de hospedagem de sites fica off-line por várias horas, interrompendo o comércio eletrônico e resultando em perda de vendas; você identifica uma falha no produto e não dispõe dos recursos corretos para corrigir o problema; como parte de uma nova diligência junto aos fornecedores, um cliente em potencial solicita uma auditoria na sua empresa, e o fato de os seus documentos de procedimento operacional padrão (SOP, na sigla em inglês) estarem desatualizados faz com que a transação não seja concluída quando eles colocam um sinal de alerta sobre as suas credenciais e sua atenção aos detalhes.

Risco Gerenciável 3. De Mercado: A Booz & Company relata que 66% dos novos produtos apresentam falhas dentro de dois anos após o lançamento, e o Doblin Group afirma que 96% de todas as inovações não recuperam seu custo de capital[21]. Esse é um lembrete de que você precisa examinar a dinâmica das forças do mercado e as grandes tendências na indústria, e realizar pesquisas de voz do cliente sobre comportamentos, preferências e outros pontos que ajudariam a melhorar o trabalho e a vida.

Nem sempre isso é tão óbvio quanto parece. Se você estiver projetando um produto e perguntar aos clientes o que eles precisam, provavelmente eles irão papaguear recursos tomando por base os produtos existentes da concorrência. Você se lembra do exemplo que discutimos no Capítulo 4 sobre Steve Jobs, e como, primeiro, ele projetou o iPhone e só depois o testou com os clientes, sabendo que não seria uma boa ideia perguntar-lhes se eles gostariam de tirar fotos com o telefone? Outro problema comum no gerenciamento dos riscos de mercado é que as empresas segmentam os clientes de acordo com os seus perfis demográficos e psicográficos, perdendo, muitas vezes, percepções sobre o que um cliente espera que um produto faça. Preciso do meu telefone para tirar ótimas fotos, fazer pesquisas muito rápidas na Internet ou armazenar todos os meus vídeos favoritos? Qual das funções é a mais importante para mim? O inovador precisa saber disso.

Esse tipo de pesquisa, por si só, pode contribuir muito para reduzir os riscos do seu produto no processo de adequação ao mercado. Vejamos um exemplo simples, o canudo. O propósito do canudo é facilitar o consumo de líquidos pelas pessoas; canudos existem há séculos. O design não mudou muito ao longo dos anos, pois houve pouca necessidade de alterá-lo. Um inovador decidiu que uma maneira de fazer as crianças passarem a beber suco e leite seria criar um canudo divertido, dobrado em formas incomuns e embalado junto com as caixas de leite e de sucos.

Os canudos divertidos provaram ser um enorme sucesso, e milhões são vendidos todos os anos. O inovador se adaptou às demandas dinâmicas dos clientes (os pais querendo que seus filhos passassem a consumir bebidas mais saudáveis) e deu um novo vigor a um antigo produto. Ele conteve os riscos de seu produto confirmando, por meio de pesquisas de mercado, que os pais tinham dificuldades para fazer com que seus filhos ingerissem bebidas saudáveis, e testando o protótipo do canudo dobrado em creches de vários estados. Depois de coletar uma massa crítica de dados, ele levantou capital e colocou seu canudo divertido no mercado.

Risco Gerenciável 4. Financeiro: Obviamente, um fluxo constante de financiamento é fundamental para o sucesso de uma nova tecnologia e de uma nova empresa. Você precisa contar com o suporte financeiro para atingir os principais marcos, colocar o seu produto no mercado e, então, manter o negócio. Pesquisas mostram que até 90% de todas as startups fracassam apenas um ano após o lançamento devido à insuficiência de fundos[22]. Quando você desenvolve um plano de negócios, o componente mais importante é o prognóstico, porque isso o ajuda a determinar quanto capital você precisa para quais atividades, em qual período de tempo. Nada afundará uma empresa ou uma nova tecnologia mais rapidamente do que a falta de capital.

O dr. Laurence Blumberg, ex-aluno da Escola de Negócios de Columbia e empreendedor em série de biotecnologia, ministra um curso de pós-graduação na Weill Cornell Medicine, intitulado "Empreendedorismo em ciências da vida", e palestra frequentemente no curso que ofereço na Universidade Yeshiva. Ele compartilha sua experiência em arrecadação de fundos para empresas em estágio inicial de uma maneira que toca profundamente os alunos.

"Quando montei o plano de investimentos para uma startup, tive medo de arrecadar mais fundos do que o necessário, pois não queria diluir nem o meu patrimônio nem o do cofundador. No início, tínhamos algumas ideias sobre as indicações terapêuticas da tecnologia que queríamos desenvolver, mas nosso plano de negócios refletia uma visão inusitada e continha planos de contratação ambiciosos — faltava foco. Então, veio a tempestade perfeita — o mercado despencou e, mais tarde, quando realmente precisei do capital, não consegui levantar fundos, apesar de contar com dados de boa qualidade. Aprendi uma dura lição sobre os riscos de estar descapitalizado e desfocado."

Quando Blumberg lançou sua empresa subsequente, ele conteve os riscos de sua situação financeira, mostrando-se, desde o início, mais agressivo sobre a quantidade de capital que pretendia levantar. Igualmente importante, ele elaborou um minucioso plano de desenvolvimento clínico para o medicamento que desejava desenvolver, antes mesmo de tentar levantar fundos da Série A. "Conter os riscos das finanças da empresa e ter um plano de negócios sólido acabaram sendo as duas melhores coisas que eu poderia ter feito para otimizar a criação de valor", comenta Blumberg. "Desta vez, eu tinha um caminho muito mais longo a percorrer para chegar a um ponto de inflexão em relação ao valor, de modo a garantir um colchão financeiro, e fui mais eficiente em termos do capital, dependendo mais de colaboradores externos do que de custos internos fixos significativos. Tivemos sorte, pois os mercados de capitais continuaram robustos, mas tínhamos nos planejado para o pior."

Outra maneira de reduzir o risco de suas finanças é aproveitar as formas gratuitas ou menos dispendiosas de capital pelo maior tempo possível. Por exemplo, colocar parte do seu próprio dinheiro na empresa e pedir a amigos e familiares que invistam ou lhe emprestem o restante é uma fonte de capital mais atraente do que obter o dinheiro com um capitalista de risco ou contraindo uma dívida em um banco. Formas de capital não dilutivo, como subvenções do governo e de fundações, também estão disponíveis. Esse dinheiro não precisa ser devolvido, e pode ajudá-lo a prolongar o prazo antes de precisar dos recursos do VC.

COMO AS EMPRESAS DE CAPITAL DE RISCO GERENCIAM O RISCO FINANCEIRO

Examinaremos o papel das empresas de VC e as metodologias de avaliação nos capítulos subsequentes, mas cabe aqui uma breve observação relacionada ao papel que elas desempenham nos riscos. As empresas de VC gerenciam riscos realizando diligências em uma empresa, usando uma metodologia para atribuir valor ao negócio e, em seguida, colocando um membro de sua própria equipe no conselho da startup, para que possam acompanhar de perto as operações daquela empresa que estão financiando. Durante a diligência, seus especialistas examinam a tecnologia, a adequação ao mercado, as finanças e o modelo operacional, e pontuam cada elemento do negócio ou da nova tecnologia, aplicando um algoritmo de ponderação e apresentando uma avaliação de risco usada para aprovar ou não a tecnologia, a partir de uma perspectiva de investimentos. Ao avaliar a sua empresa, uma empresa de VC analisará os riscos financeiros por meio de métricas chamadas de índices: fluxo de caixa, Lajida (lucro antes de juros, impostos, depreciação e amortização), ROI e outras medidas.

RISCO 4. REPUTAÇÃO

Antes de sairmos do tópico dos tipos de risco, quero mencionar um que pode ocorrer em qualquer momento da história de uma empresa. Ele salienta a necessidade de se ter uma compreensão firme do que você deseja que a sua marca e a sua cultura representem. Se fizer isso, você estará muito mais bem preparado para lidar com os riscos potenciais à sua reputação, caso algo inesperado aconteça.

O risco à reputação envolve antecipar como a empresa planeja lidar com um incidente que pode manchar a sua reputação. Ela pode ser afetada por incompetência, desonestidade, desrespeito e uma série de outras causas. Um exemplo foi a forma como a Johnson & Johnson (J&J) lidou com o infame recolhimento do Tylenol, em 1982. Sete pessoas em Chicago morreram por tomar cápsulas de Tylenol extraforte envenenadas com cianeto. O Tylenol era responsável por 17% da receita da J&J, e detinha 37% de participação no mercado de analgésicos. Os profissionais de marketing previram que a empresa nunca mais se recuperaria da sabotagem, mas, dois meses depois, o Tylenol estava de volta ao mercado com embalagens invioláveis e fortalecido por uma extensa campanha na mídia. Um ano depois, sua participação de mercado havia subido de 7% para 30%. A empresa preservara a sua reputação agindo da forma certa no tocante aos consumidores: retirou 31 milhões de frascos das prateleiras das lojas e ofereceu, gratuitamente, um produto de reposição mais seguro, em forma de comprimido. A empresa também foi cristalina e honesta em suas comunicações com o público. Os principais executivos da J&J se colocaram à disposição da mídia, recusando-se a se esconder atrás de uma tela com os dizeres "sem comentários".

Muitas vezes, as empresas desperdiçam tempo ou se refugiam em uma concha em momentos de crise. Neste caso, a liderança assumiu o controle da situação, transformando a empresa em uma lenda no quesito confiança do consumidor e em um estudo de caso quanto ao gerenciamento de reputação.

COMO GERENCIAR OS RISCOS

Certamente, o velho ditado "prepare-se para o pior e espere pelo melhor" se aplica ao mundo da inovação. Como afirmamos anteriormente, por sua própria natureza, é arriscado introduzir um novo produto, negócio ou ideia no mercado. E é aqui que entra uma matriz de avaliação de riscos. Ela ajuda a definir o nível da sua inovação, considerando a probabilidade ou a possibilidade de ocorrência de um evento em relação à gravidade de suas consequências, caso o mesmo viesse a ocorrer.

Essa matriz de riscos traz muitas vantagens, ajudando o negócio a:

- Priorizar os riscos de acordo com o seu nível de gravidade;
- Neutralizar as possíveis consequências, ajudando a focar na mitigação (reduzindo a gravidade do impacto) e no planejamento de contingência (tenha sempre um plano B!);

- Analisar riscos potenciais com esforços mínimos;
- Expressar visualmente os riscos;
- Identificar as áreas mais críticas para focar na contenção de riscos.

Esta é apenas uma ferramenta, não uma solução completa. Desenvolver uma avaliação de riscos envolve considerável subjetividade e atribuição arbitrária de valor aos riscos, com base em informações ambíguas. Ainda assim, ela lhe oferece um ponto de partida quando se trata da avaliação de riscos e da estratégia de mitigação.

EXEMPLO DE MATRIZ DE RISCOS

Com relação à matriz de riscos (Tabela 7.1 e Figura 7.1), vejamos um exemplo. Na história sobre a minha empresa de diagnósticos, enfrentamos três riscos antes mesmo do acidente do meu parceiro ou que eu pudesse concluir essa avaliação de riscos.

Risco técnico: dados clínicos positivos eram exigidos para garantir a certificação do nosso laboratório e para dar início ao processo de aprovação na FDA. Portanto, havia o risco de dados negativos ou inconclusivos. Esses resultados eram uma possibilidade, e o impacto seria tolerável. Embora lamentável, esse tipo de risco ocorre o tempo todo em novas tecnologias, e deve ser contabilizado. O impacto recai sobre o cronograma e o orçamento. É fundamental ter estudos auxiliares já elaborados ou, até mesmo, sendo executados em paralelo, caso seus dados não produzam os resultados esperados.

Tabela 7.1
Identificação de riscos

Categoria	Exemplos de perguntas para fazer a si mesmo	Administrável (S/N)
Global	• Existem tendências globais/regionais que, provavelmente, terão um impacto nos seus negócios (por exemplo, pandemia de Covid-19, escassez mundial de chips semicondutores, mercados financeiros, guerras/instabilidade regional)? Embora a origem do problema seja incontrolável, o impacto nos seus negócios pode ser gerenciado identificando os riscos nas seções seguintes e mitigando-os.	N
Estratégico	• A necessidade principal do mercado ou a definição do problema que orienta a sua estratégia organizacional continua sendo relevante?	S
Técnico	• Qual é a probabilidade de ser bem-sucedido tecnicamente? • Existem outras barreiras tecnológicas que, provavelmente, afetariam sua escalabilidade/adaptabilidade (por exemplo, uso de iPhone *versus* Android, leis de privacidade para aplicativos)?	S

Operacional	• Você tem experiência suficiente na área para visualizar o produto ao longo das próximas etapas? • Você possui a documentação necessária de todos os processos e conhecimentos técnicos adequados? • Você tem contratos com todos os fornecedores/compradores para assegurar o mínimo de interferência no processo? • Você tem proteção adequada para a sua propriedade intelectual?	S
De mercado	• As necessidades dos seus clientes ainda estão alinhadas com os seus produtos/serviços? • Os seus fornecedores estão bem posicionados para atender às suas necessidades dinâmicas? • Existem novos concorrentes que poderiam atrapalhar os seus negócios?	S
Financeiro	• Por quanto tempo as suas reservas de caixa suportarão as despesas operacionais com a sua atual taxa de queima? • Você tem fundos suficientes para o Capex (incluindo novos investimentos em P&D)?	S
Reputação	• Qual é a sua atual reputação com clientes, fornecedores e especialistas gerais do setor? • Existe algum risco para a sua reputação junto aos investidores devido a mudanças operacionais, relacionadas ao desempenho ou de mercado?	S

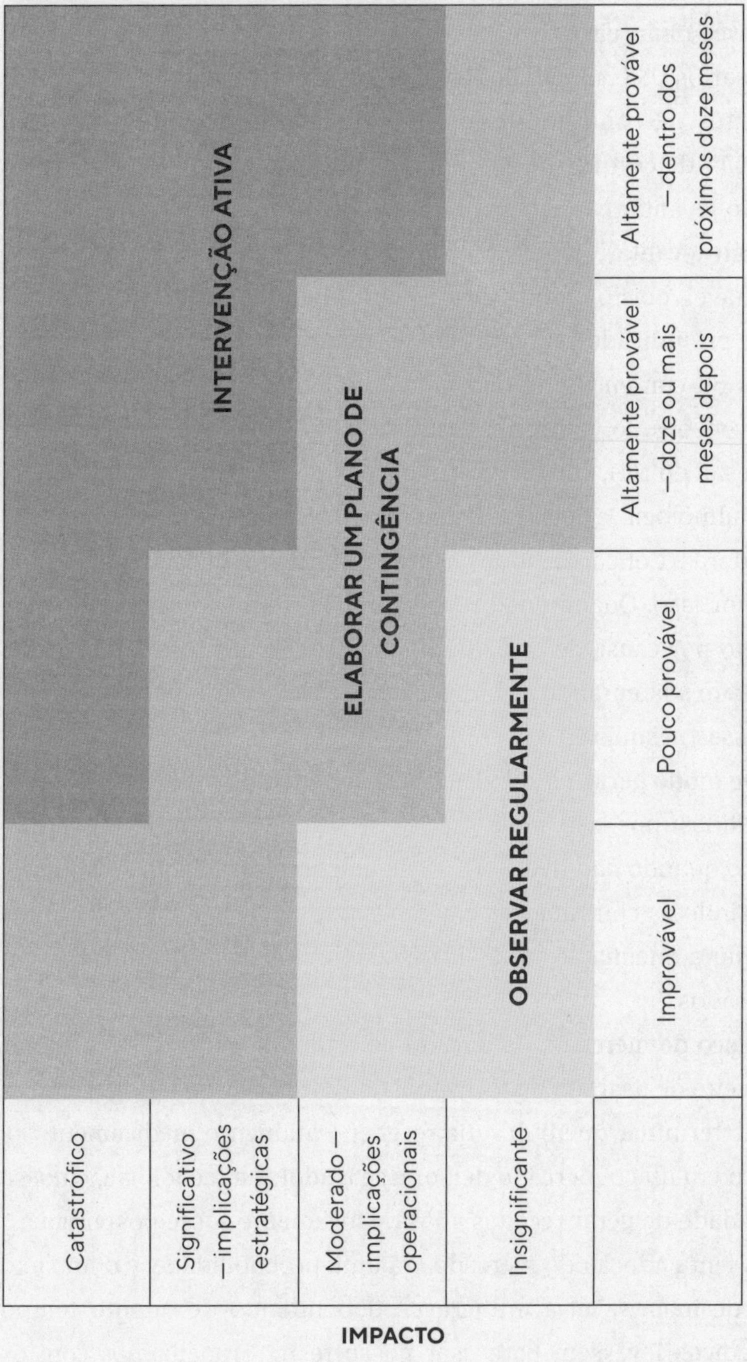

Figura 7.1 Matriz de priorização e mitigação de riscos

Risco financeiro: nove meses após a fundação da empresa, seriam necessários US$ 3,5 milhões em capitais de investimento para cobrir os custos de contratação de talentos, criação de um laboratório, obtenção de certificações e montagem de estudos clínicos. O risco era não levantar capital em um prazo de nove meses.

Não levantar capital era uma possibilidade, e o impacto seria inaceitável, pois o cronograma de entrada no mercado ficaria seriamente prejudicado sem o capital necessário. A estratégia de contingência ou contenção de riscos que implementei foi me candidatar a subvenções do programa Pesquisa para a Inovação em Pequenas Empresas do NIH, verbas nas fundações de pacientes e de pesquisa em oftalmologia, e bolsas estaduais de inovação para novas empresas inovadoras. Concorri a todos os três tipos de financiamento e fiquei feliz por isso. Quando não conseguimos levantar capitais de investimento por causa do acidente do meu sócio, tais fontes de fundos acabaram sustentando a empresa e nos permitiram custear algumas de nossas pesquisas.

De modo geral, as subvenções levam um ano inteiro para serem concedidas; por isso, você precisa se inscrever com antecedência, mesmo quando não tiver certeza de que precisará daquele dinheiro. Reduzindo as contratações e gerenciando as despesas, poderíamos diminuir a queima de caixa até que os fundos dos subsídios fossem repassados.

Risco de mercado: o mercado de oftalmologia precisava adotar o conceito de usar um teste diagnóstico com base em biomarcadores para determinar quem deveria receber tratamento medicamentoso. O risco era que o mercado demorasse a adotar a tecnologia, e nossa capacidade de gerar receitas após o lançamento fosse postergada.

A lenta adoção do mercado era uma probabilidade, e o impacto seria de inaceitável a intolerável, dependendo de quanto tempo os médicos levassem para usar nosso teste. Trabalhamos com os principais líderes de opinião em oftalmologia e nos apresentamos em conferências para compartilhar nossa hipótese de pesquisa, alguns dados positivos iniciais e a razão pela qual nosso teste diagnóstico com biomarcadores poderia ser utilizado para orientar as decisões de tratamento, mas, no fim das contas, a combinação de resultados inconclusivos do estudo, a falta de financiamento para fazer nossa pesquisa avançar e o acidente do meu sócio criaram a tempestade perfeita. Não conseguimos movimentar o mercado. Estabelecemos parcerias de pesquisa com empresas farmacêuticas e bolsas de pesquisa adicionais do NIH.

INOVADOR EM FOCO
SARAH APGAR, FUNDADORA DO FITFIGHTER

A inovadora conquista a fama: agora que Sarah Apgar foi premiada com US$ 250 mil no Shark Tank e ganhou exposição na mídia nacional ao longo desse processo, suas preocupações com os riscos de desenvolver o FitFighter, um sistema de força e condicionamento físico, podem parecer infundadas. O FitFighter é baseado no assim chamado Steelhose, cuja patente ainda está pendente — um peso livre semirrígido de sessenta a noventa centímetros, fabricado a partir de uma autêntica mangueira de incêndio e de granalha metálica duplamente reciclada. Ele também pode ser adaptado para se acoplar a outros formatos de equipamentos de ginástica, visando montar diferentes treinos.

Em janeiro de 2019, quando Apgar iniciou o negócio, a incerteza e os medos eram reais — assim como acontece com quase todos os inovadores. Ela foi driblando as armadilhas, imaginando claramente aonde queria chegar. "Acredito que você pode cobrir o seu risco antecipadamente, criando uma pista à sua frente com marcos e objetivos claros que você se propõe a alcançar", diz ela. "No meu caso, levantamos capital, sendo 20% do meu próprio dinheiro, para que nosso desenvolvimento de produto saísse da oficina e chegasse até o ponto em que estivéssemos prontos para apresentá-lo ao mercado."

Para conseguir esse apoio financeiro, Apgar recorreu a amigos e familiares, fazendo com que cada abordagem fosse cuidadosamente individualizada. "Meu amigo Steve serviu no corpo de bombeiros comigo", afirmou Sarah, ex-voluntária de um quartel em Halesite, em Long Island, Nova York. "Ele sabia o que estávamos fazendo, e ficou feliz em investir. Meu tio sempre disse que me apoiaria se eu quisesse começar um negócio, então eu sabia que ele também me respaldava." Outros precisaram de um pouco mais de convencimento antes de transferir o dinheiro. "No caso de um outro investidor, dependeu mais de 'vou expor isso de uma maneira mais organizada e fazer uma apresentação'."

Parte de sua apresentação, e de sua promessa, para as cerca de seis pessoas que investiram tempo ou dinheiro no desenvolvimento do Steelhose do FitFighter consistia em seu plano de dois anos, com seus parâmetros de vendas/lucratividade. "Para mim, era importante sentir que havia conseguido uma cobertura mínima dos riscos", disse ela. "Então, se não conseguíssemos passar por aquele período de dois anos, eu não teria arruinado a minha vida nem as finanças dos meus amigos ou familiares."

Como se viu, ela não precisava ter se preocupado. O que começou como uma ferramenta para ajudar os bombeiros a se manter em forma se transformou em algo ainda maior. "Instrutores e treinadores que não pertenciam ao mundo dos bombeiros começaram a dizer: 'Nossa, isso parece ser uma ferramenta bastante versátil. Poderíamos usá-la para ajudar a melhorar a força de muitas pessoas'", afirma ela. "E então comecei a perceber que tínhamos criado algo poderoso."

Poderoso, de fato. Em novembro de 2020, quando Apgar apareceu no Shark Tank, ela apresentou o FitFighter e o Steelhose, recebendo uma oferta de US$ 250 mil por uma participação de 25% na empresa do investidor Daniel Lubetzky, criador das barras Kind. "Nadando com tubarões", Sarah postou nas mídias sociais, "e estamos incrivelmente honrados por ter um novo parceiro do FitFighter."

LIÇÕES APRENDIDAS

Outra maneira de gerenciar riscos, afirma Sarah, é garantir que a sua cadeia de suprimentos tenha vários elos. Atualmente, a maior parte de seu produto é confeccionada por apenas uma fábrica. "Percebi que todos os meus ovos estão em uma única cesta", disse ela. "E se aquela fábrica pegar fogo? Ou, de repente, fechar as portas?" Embora ela não espere que nenhum desses cenários se concretize, e esteja feliz com sua parceira de produção, esses são os tipos de contingências que os desenvolvedores de novos produtos precisam ter em mente. No caso de Sarah, "estamos selecionando outros fabricantes, e podemos vislumbrar a implementação de uma operação de fabricação paralela em algum lugar.". Segundo ela, pensar em possíveis vulnerabilidades na cadeia de suprimentos pode ajudar muitos inovadores a dormir melhor à noite.

NÃO SE PODE INVENTAR ISSO

Formada na Universidade de Princeton, Sarah foi duas vezes jogadora de rúgbi universitário de equipes All-American* e membro do programa Corpo de Treinamento de Oficiais da Reserva do Exército (ROTC, na sigla em inglês) de Princeton. Em 2003, ela serviu em Mossul, no Iraque, como líder de pelotão de um batalhão de engenharia ligado à 101ª Divisão Aerotransportada. De volta à vida civil, obteve seu mestrado na Escola de Negócios Tuck, da Universidade de Dartmouth. Bombeira voluntária e técnica de emergência médica (EMT, na sigla em inglês),

---

* (N. do T.) Uma equipe All-American é uma equipe honorária de qualquer esporte universitário norte-americano composto de jogadores amadores excepcionais — aqueles considerados os melhores jogadores de uma temporada específica para cada posição da equipe.

além de profissional certificada em condicionamento físico, Sarah também é mãe: ela e o marido, Ben Smith, têm duas filhas, Emory e Arlyn. Eles moram em Port Washington, em Long Island, Nova York.

PERCEPÇÕES PARA INOVADORES

"Um bom inovador precisa ser teimosamente e obstinadamente curioso, dia após dia. Quando se trata do seu produto, você precisa ter a mente aberta e fazer perguntas e mais perguntas — até que não haja mais perguntas, e você precise pensar em mais alguma. Já fui chamada de 'exaustiva' e 'excessivamente tenaz'. Acho que essas também são qualidades que contribuem para torná-lo um inovador de sucesso."

"Você precisa ter uma rede de apoio, (...) um círculo de pessoas que você ama e em quem confia. Nem sempre é confortável estar na posição de inovador. E você vai encontrar gente dizendo que sua inovação é ruim. Apareceram algumas pessoas nas minhas redes sociais comentando sobre o meu produto: 'Isso é inútil!' ou 'O quê? Uma mangueira de bombeiro transformada em um peso livre? Que ideia idiota'. Embora eu tenha desenvolvido uma casca, ainda sou sensível às pessoas que falam que minha ideia é estúpida. É como levar um soco na cara. É por isso que você precisa ter essa rede de pessoas que estão, incondicionalmente, à distância de um telefonema, prontas a apoiá-lo."

Capítulo 8

CAPITAL DE PERSUASÃO

NÃO HÁ INOVAÇÃO SEM COMUNICAÇÃO

Olhei para o relógio ansiosamente. Rick estava falando há quinze minutos e estava apenas no terceiro slide da apresentação destinada ao levantamento de capital para sua empresa de tecnologia de cuidados de saúde. Ele estava fazendo a apresentação a partir de seu notebook, apoiado sobre a mesa da sala de conferências, pois não conseguira fazer o projetor funcionar. Felizmente, ele havia trazido cópias impressas para distribuir, sempre um bom plano de emergência em dias de apresentação. Infelizmente, seu passo de lesma ao percorrer a apresentação estava começando a incomodar aquela sala repleta de potenciais investidores.

"Ei, Rick, desculpe interromper, mas não quero desperdiçar o seu tempo nem o nosso", disse Christopher, presidente da empresa de capital de risco para quem Rick estava se apresentando. "Reconheço o quanto você é apaixonado pelo problema das pessoas com diabetes que não aderem às terapias e dietas para gerenciar sua saúde. Muitas pessoas na área da saúde vêm trabalhando nesse problema há anos. Eu sei do que se trata." Ele ergueu uma das cópias da apresentação, que já havia folheado integralmente enquanto Rick ainda estava na página três. "Pulei para o restante da apresentação", continuou Christopher, enquanto Rick começava a suar frio. "Vamos logo direto ao ponto. Ajude-me a entender como a sua solução é diferenciada em um mercado altamente concorrido, como você vai escalonar o seu modelo de negócios, e como vai ganhar bastante dinheiro, o suficiente para fazer valer o tempo de um investidor."

Vestido com uma camisa branca engomada e gravata azul, Christopher era um empreendedor bem-sucedido em série e professor de empreendedorismo tecnológico em sua *alma mater*, a Universidade de Princeton. Estávamos promovendo o encontro em seu escritório na Palmer Square, em Princeton. Normalmente descontraído e afável, naquele momento Christopher estava sorrindo educadamente, mas suas bochechas estavam rosadas e sua sobrancelha arqueada. Talvez fosse possível dizer que ele estava prestes a perder a paciência.

Olhei para Rick com expectativa, perguntando-me se eu deveria entrar na conversa e ajudá-lo. Eu havia agendado aquele encontro como um favor a um colega cujas decisões empresariais eu respeitava. Eu tinha conhecido Rick há pouco tempo, e sabia que ele estava ansioso para obter financiamento de investidores para a sua nova ideia de negócio, que ele descrevera como um produto de software de cuidados de saúde vendido diretamente ao consumidor. A empresa de risco de Christopher se especializara em tais tecnologias nos setores financeiro, de entretenimento e de saúde. Como a maioria das empresas de VC, eles avaliavam cerca de 250 novas ideias por ano e investiam em apenas duas ou três. Isso equivale a cerca de 1%. Para reverter esse tipo de probabilidade, é melhor ter uma boa ideia e uma boa argumentação na hora de apresentá-la.

Eu havia me encontrado com Rick e sua equipe durante o fim de semana anterior para ajudá-los a se preparar para a reunião. Agora, com um buraco no estômago, dava-me conta de que as minhas observações haviam se refletido muito pouco na apresentação daquela segunda-feira de manhã. Para piorar as coisas, os slides estavam em uma variação cromática entre o preto e o vermelho, parecendo mais uma promoção de lingerie da Victoria's Secret do que uma apresentação sobre tecnologia de cuidados de saúde. Percebi que eu havia superestimado as credenciais de Rick, a sua ideia de negócio e o seu nível de preparação para se encontrar com investidores.

Naquele momento, constatei que aquelas suposições talvez estivessem erradas.

Eu deveria socorrer Rick? Eu estava prestes a intervir e explicar por que, a meu ver, aquela poderia ser uma oportunidade valiosa — principalmente, porque notei que, novamente contrariando o meu conselho, alguns dos mais importantes argumentos de venda estavam escondidos no apêndice da apresentação que, agora, Christopher parecia muito perto de querer atirar na lixeira mais próxima.

Mas Rick afirmou com entusiasmo: "Lógico, Christopher, posso esclarecer esse ponto", disse ele, e continuou explicando que, recentemente, o Medicare havia lançado um novo programa que oferecia técnicas de educação do paciente para pessoas com diabetes de alto risco. Sua ideia ajudaria a fornecer o tipo de informação que melhoraria a adesão e os resultados do tratamento. "Planejamos começar com um telefone e um portal da web como um tubo de ensaio, mas gostaríamos de fechar parceria com uma empresa de plataforma de tecnologia e construir uma solução de software com uma interface de usuário amigável ao paciente..." Rick não conseguiu concluir sua afirmação, porque o parceiro de Christopher, que estava ouvindo em silêncio, levantou a mão. "Concordo com o Christopher; esta não é uma solução tecnológica. Você está oferecendo um serviço — um serviço indiferenciado, cuja manutenção será cara. Vamos dar uma olhada nas suas finanças."

Na extremidade da mesa estava o CFO da startup de Rick, um executivo aposentado de um banco multinacional de investimentos, com sede em Nova York. Seu cabelo branco prateado contrastava com a pele bronzeada de jogador de golfe. Ele vestia uma camisa rosa com gravata branca e paletó esportivo branco. Sua voz era grave como a de um locutor, e ele estava mais equilibrado do que Rick, que agora se mostrava visivelmente irrequieto.

A apresentação do CFO foi tão nítida quanto o nó de sua gravata, perfeitamente apertado. *Será que ele vai conseguir salvar a apresentação?*, pensei comigo mesma. Mas Christopher havia notado uma falha na metodologia — uma falha que eu também notei. "Trata-se de um prognóstico bastante agressivo, e você acabou de me dizer que o programa é para pacientes de alto risco, então a penetração de 100% realmente não faz sentido", comentou. Ele piscou para seu parceiro, e pude reconhecer aquele momento "peguei você". *A reunião acabou*, pensei.

Rick interveio: "Cinco sistemas de cuidados de saúde assinaram contratos se comprometendo a trazer dezesseis mil pacientes nos primeiros três meses", disse ele, se expressando com a cadência rápida dos desesperados. "E esse número aumentará para cinquenta mil no trimestre seguinte. Nosso modelo de negócios é baseado em assinatura, então teremos uma receita garantida por paciente a cada mês."

Christopher olhou para o relógio e se levantou. Nosso intervalo de 45 minutos havia acabado. "Acho que você está excessivamente confiante, acreditando que vai atingir 100% de penetração de pacientes nesses cinco sistemas de cuidados de saúde. Acho que você precisa aprimorar o seu modelo de negócios e os seus números. Por que não conversamos novamente depois de você refinar a sua solução e o seu modelo de negócios?"

Valentemente, Rick tentou terminar com uma observação positiva: "Christopher, achamos que temos algo realmente único aqui, e acreditamos que é uma ótima ideia de negócio e gostaríamos de trabalhar com você nisso. Podemos fazer alguns ajustes para que a ideia se adeque melhor ao seu perfil. Assim que fizermos isso, gostaríamos de voltar a entrar em contato com você.".

Christopher já estava na porta. "Obrigado por ter vindo hoje, e boa sorte com os seus planos." Ele fez um gesto, indicando a direção do seu escritório. Eu disse a Rick que o encontraria logo depois, na cafeteria, no andar térreo.

Christopher fechou a porta e me convidou para sentar. "Vamos conversar", disse ele. "Acho que nenhum de nós deveria perder mais tempo com esses caras. Essa foi a pior apresentação que eu já vi. Talvez haja uma ideia de negócio aqui, mas não consigo identificá-la, e, certamente, não com essa equipe." Eu ia dizer algo sobre eles tirarem um dia de folga, mas pensei melhor enquanto ele prosseguia. "O que eu vi foram três executivos corporativos aposentados, com um esquema para criar um negócio em torno de um subsídio do Medicare voltado para médicos. Alto risco, pois o programa é novo e o problema é antigo. E não há recurso tecnológico aqui, embora o que você tenha me dito sobre a parceria com a empresa de software pareça promissor". Ele fez uma pausa. "E Rick diz que eles não têm concorrência? Isso é ingenuidade."

Eu tive de concordar com Christopher. Aqueles empreendedores que eu havia ajudado como um favor a um amigo não tinham conseguido fazer uma apresentação clara e convincente de sua proposta de negócios. "Vamos colocar desta forma, Christopher", eu disse. "Se eles estivessem na minha turma, teriam levado um zero por essa apresentação. Sem dúvida. E, por isso, peço desculpas."

Ele sorriu enquanto se levantava e me acompanhava até a porta. "Você é muito legal para dar um zero a alguém", disse ele, com uma risada. "Provavelmente, eu também não daria. Mas se você decidir corrigir esses caras, me avise e ficarei feliz em conversar com eles novamente. Aprendi a falar sem rodeios — é melhor que eles recebam uma opinião sincera desde o início".

Quando me juntei aos rapazes na cafeteria, eles começaram a me lançar perguntas antes mesmo de eu me sentar.

"E aí, o que ele disse?", perguntou Rick. "Você acha que existe a possibilidade de eles quererem investir?"

Claramente, eles não tinham conseguido perceber o clima. "Pessoal, lembrem-se: essa foi sua primeira apresentação e, obviamente, um exercício prático. Christopher fez isso como um favor para mim. E, francamente, não era o que ele... ou eu... esperávamos. O que aconteceu com a apresentação que discutimos no último fim de semana? A plataforma de tecnologia e as parcerias estratégicas? As receitas que se baseavam em 5% de penetração de mercado no primeiro ano e depois iam subindo gradativamente? Achei que estávamos alinhados na estratégia e na oportunidade de negócio. O que vocês apresentaram hoje foi muito diferente do que trabalhamos no último fim de semana. O que aconteceu?"

Rick explicou que, no início da semana, havia se encontrado com um velho amigo de seus tempos de vendedor de produtos farmacêuticos, e ele tinha suas próprias opiniões sobre o que a apresentação deveria enfatizar. "Eu a reformulei ontem à noite, com base na opinião dele. Acho que fiquei com medo. Eu sinto muito. Eu deveria ter lhe mostrado."

Enquanto Rick cometia todos os erros possíveis naquele dia, eu também aprendi uma grande lição — da maneira mais difícil, como costuma acontecer no início de nossas carreiras. Confiei em uma equipe que eu realmente não conhecia, e em um plano de negócios que eu não havia examinado por inteiro. E eu tinha me precipitado demais colocando uma ingênua equipe de empreendedores diante de investidores, mesmo que aquilo tivesse sido projetado como uma apresentação experimental e uma troca amigável, ainda que sincera. Empreendedores precisam manter o foco, eu lhes disse. Embora precisem se manter receptivos aos comentários dos clientes, não podem se sentir compelidos a mudar de direção com base na última conversa que tiveram com um amigo ou colega, sem confirmá-la com, pelo menos, alguns outros operadores. Além disso, os empreendedores devem estar "afinados" e se comunicar de forma clara, sucinta, e com informações convincentes, baseadas em fatos. Os investidores estão avaliando vocês nessa primeira reunião. Eles estão avaliando se devem investir na sua ideia e na sua equipe.

O QUE PODEMOS APRENDER COM ESSES ERROS?

Vejamos o que deu errado com a tese de investimento e com a apresentação.

Primeiro, Rick e sua equipe não conheciam o seu público. Eles deveriam ter iniciado a apresentação falando sobre a solução de tecnologia de venda direta ao consumidor que planejavam desenvolver. O site da empresa de Christopher afirmava que eles estavam interessados apenas em soluções de software de venda direta ao consumidor. As empresas de VC usam seus sites para publicar suas teses de investimento e listar as empresas nas quais já investiram. Essa é uma pesquisa básica, e é o primeiro passo na sua diligência junto a potenciais investidores.

Em segundo lugar, eles não conseguiram descrever uma visão de um modelo de negócios que pudesse ser escalonado. A solução que eles apresentaram foi apenas um MVP projetado para implantação local — neste caso, para se tornar um cliente viável, cada estado precisava participar do programa de créditos de reembolso de educação em diabetes. O modelo também ficava restringido pelo número de pacientes diabéticos do Medicare. O programa tinha o risco de ser abandonado facilmente por algum estado e pelos prestadores de cuidados de saúde. A grande ideia que eles não conseguiram perceber foi que uma das principais empresas nacionais de seguros de saúde havia manifestado interesse em investir estrategicamente na plataforma, caso o projeto-piloto fosse bem-sucedido. Aquele investimento forneceria o escalonamento necessário e os tornaria menos dependentes do Medicare no futuro. Rick foi engolido pelo problema e pelo imediatismo dos passos seguintes, e não conseguiu apresentar a grande oportunidade capaz de atrair um investidor.

Terceiro, a equipe não tinha credibilidade. Rick e sua equipe não eram empreendedores em série nem inovadores com um histórico em corporações ou startups. Nada está inerentemente errado nisso — todo mundo precisa começar em algum lugar —, mas eles precisavam compartilhar algumas referências sobre os problemas que já tinham resolvido e os novos conceitos que haviam introduzido no mercado. Também precisavam demonstrar uma sólida compreensão da área de negócios a que estavam se dedicando. Eles haviam lançado novos produtos em suas carreiras, mas isso não resultava em uma credencial que lhes desse credibilidade para lançar aquela nova startup. Como Christopher observou, eles eram executivos farmacêuticos aposentados enfrentando um problema antigo com o que parecia ser uma solução igualmente antiga — e não uma combinação vitoriosa.

Quarto, faltou foco na apresentação e a equipe estava despreparada para as perguntas, parecendo desorganizada quando as questões eram formuladas de forma interrogativa. Até o CFO — o apresentador mais sofisticado do grupo — estava trabalhando com dados falhos, o que minou a seriedade que, momentaneamente, ele havia conseguido levar à mesa.

Quinto, Rick não seguiu a regra 10—20—30 (10 slides, 20 minutos, fonte tamanho 30). Ele gastou mais da metade do tempo de sua apresentação no problema, sem reservar nenhum minuto para uma discussão sobre a solução. Se ele tivesse distribuído melhor seu tempo, teria aberto oportunidades para falar sobre o interesse que a tecnologia e o sistema de cuidados de saúde têm em estabelecer uma parceria. Além disso, seus slides provocavam distração com uma variação cromática entre o vermelho e o preto, e a fonte que ele usou era pequena e difícil de ler.

Não é de surpreender que Christopher não tenha investido. Rick não levantou nenhum capital de risco e, após seis meses, a equipe se dispersou. Rick, finalmente, lançou seu programa de diabetes como uma organização sem fins lucrativos, financiada pelos cinco sistemas de saúde de Nova Jersey que adotaram o seu programa. Também aprendi uma lição importante. Desde então, sempre me certifico de agendar um ensaio com os clientes antes de sua apresentação — para garantir que a mensagem seja clara, as prioridades estejam corretas, e os slides não pareçam anúncios de uma loja de lingerie.

SEGREDOS PARA UMA APRESENTAÇÃO PODEROSA

Já analisamos o que acontece quando uma apresentação dá errado e por quê. Agora vamos examinar os elementos de uma bem-sucedida. Quais são os segredos para uma apresentação poderosa, uma história convincente, que comunique a sua ideia de negócio e deixe o público querendo mais? Aqui estão eles:

Segredo 1. Comece com uma visão clara e bem organizada. Os investidores deveriam ficar entusiasmados com a sua visão de futuro e confiantes na sua capacidade de execução. Mostre a sua vantagem ou a sua perspectiva única. Responda a grande pergunta: por quê? Por que esse novo produto vai transformar o mercado? Por que isso vai gerar receitas para a empresa e para o investidor? As melhores apresentações resumem tudo: "por que" esse produto, "por que agora" é o momento certo para investir nessa tecnologia, e "por que essa é a equipe vencedora";

Segredo 2. Mostre aos investidores que haverá um retorno sobre o investimento em um horizonte de tempo adequado. De modo geral, esse prazo é de três a cinco anos para as empresas de VC. Isso significa ter um caso de negócios convincente, que revele que o setor está crescendo e demonstre como o negócio evoluirá, e quando começará a gerar receita e ser lucrativo;

Segredo 3. Use de quinze a vinte minutos para contar a sua história. Mostre, com dados de pesquisas de mercado e de clientes, como a sua ideia é a melhor do que as soluções disponíveis. Forneça provas de que você conseguirá fazer com que o mercado adote a sua solução, e descreva uma estratégia de formação de preços e uma previsão de receita com base em suposições realistas que você consiga corroborar. Embora ser apaixonado pelo problema seja importante, estar preparado com um caso de negócios convincente e ter respostas a perguntas específicas na palma da mão são trunfos que superam a paixão.

A APRESENTAÇÃO PROFISSIONAL, SLIDE POR SLIDE

Agora, vamos aos detalhes da apresentação. A apresentação ideal não tem mais do que dez slides. Isso garante que você comunicará apenas as informações mais importantes em cada uma das seções principais do plano de negócios, e que gastará dois minutos em cada slide, para uma apresentação perfeita de vinte minutos.

Aqui estão os dez pontos que você precisa abordar em dez slides, em vinte minutos (a ordem e os detalhes que você precisa apresentar estão descritos em um modelo de apresentação, no Apêndice 5.)

Ponto 1. Um grande problema e um grande mercado. Mostre que a sua ideia abarca uma área de necessidade não atendida — e uma grande oportunidade de mercado. É aqui que você precisa pensar grande e de forma inclusiva. Esse não é o lugar para implantar algum solitário posto avançado de inovação. Lembre-se de que os investidores querem atuar onde o dinheiro já está sendo gasto;

Ponto 2. Uma solução. Descreva claramente como a sua tecnologia resolve esse problema, em que medida ela é melhor que a da concorrência, e que tenha sido testada por meio de uma ampla pesquisa de clientes;

Ponto 3. A tecnologia. Mostre como ela funciona e o que a respalda. Você registrou as patentes? Você tem estudos de pesquisa para verificar a sua eficácia?

Ponto 4. Pesquisa de clientes e de mercado. Use de maneira que qualifique e quantifique a necessidade e a disposição de pagar pelo produto;

Ponto 5. Concorrência. Uma avaliação honesta da sua posição em relação à eles. É útil criar um gráfico descrevendo os recursos e os benefícios que o cliente está procurando e, em seguida, avaliar a si mesmo e a concorrência em relação àqueles atributos;

Ponto 6. Um mapa estratégico. Ilustre como você vai chegar ao mercado e em que prazo, com os patamares críticos e os pontos de inflexão financeira detalhados em um plano de contingência;

Ponto 7. Plano de vendas. Faça uma descrição das parcerias, parceiros de canal e equipe de vendas, e como eles crescerão ao longo do tempo;

Ponto 8. Funções desempenhadas pela equipe e experiência relevante, incluindo as credenciais e experiência pertinentes que garantam o sucesso do seu negócio. Nesta seção, você deveria incluir conselheiros que complementem os pontos sensíveis da equipe. Aponte, também, quaisquer deficiências de talentos, já que talvez você esteja levantando capital justamente para contratar os talentos necessários. Por exemplo, se ninguém na equipe tiver experiência financeira, você poderia contratar um consultor até enxergar a necessidade de ter um CFO em regime de tempo parcial ou integral;

Ponto 9. Prognóstico financeiro. Faça para três anos, incluindo como você obterá as primeiras receitas;

Ponto 10. Um resumo. Feche a sua apresentação do negócio de forma sucinta e demonstre por que esta é a solução certa no momento e lugar certos. Certifique-se de reiterar como os investidores ganharão dinheiro e quando.

Em um treinamento ministrado aos alunos do meu curso de criação de empreendimentos da Universidade de Columbia, um investidor de capital de risco resumiu o que ele quer ver durante uma apresentação: "Procuro o problema e como você o resolverá; como você vai ganhar dinheiro; como conquistará clientes com baixo custo de aquisição; como gerenciará a sua queima de caixa e organizará o seu financiamento.". O conselho dele aos iniciantes: "Comecem modestamente e conduzam experimentos conscientes; transformem os custos fixos em custos variáveis; gerenciem a natureza e a sincronização dos compromissos; organizem o financiamento ao longo do tempo para preservar os seus patrimônios; e continuem flexíveis e prontos para mudar de direção.".

Gostaria de comparar a história sobre Rick e sua empresa de educação em diabetes com um exemplo de uma nova tecnologia que, em seu primeiro evento de arrecadação de fundos, levantou com sucesso US$ 12 milhões com uma empresa de VC — e surpreendentes US$ 100 milhões em seu segundo evento (no mundo do capital de risco, essas primeiras e segundas rodadas maiores com os investidores de VCs são chamadas de séries A e B).

UMA APRESENTAÇÃO NO VALOR DE US$ 112 MILHÕES: COMO A C2I GENOMICS FECHOU O ACORDO

Com sede na cidade de Nova York, a C2i Genomics é um empreendimento voltado para pesquisa, fornecendo um serviço de software de genômica baseado em IA para detectar potenciais alterações, em nível genético, no tumor de um paciente com câncer. Mais sensível do que outras ferramentas de diagnóstico, ele mede a doença residual mínima, ou MRD (na sigla em inglês). Pode ser útil para detectar a remissão do tumor antes e depois da quimioterapia e da cirurgia.

Por que a C2i conseguiu arrecadar dinheiro com tanto sucesso? Quais eram as vantagens que a empresa tinha?

Vantagem 1. A capacidade de satisfazer uma necessidade não atendida em um grande mercado. A genômica oncológica (a genética subjacente ao câncer) é uma área popular e inovativa, especialmente para modelos de software de IA que, além de serem fáceis de aplicar, possam fornecer informações decisivas. É uma área com perspectiva de crescimento. Em 2021, as estimativas indicavam que o mercado de genômica do câncer valeria US$ 39,4 bilhões até 2027[23]. A tecnologia da empresa satisfez uma necessidade não atendida, e, mais do que isso, forneceu as primeiras percepções sobre o tumor do paciente;

Vantagem 2. Equipe experiente com consultores conhecidos. A C2i possui uma equipe executiva altamente credenciada, com experiência em oncologia, genômica e desenvolvimento de software. O CEO é novo no mundo das startups, mas aprendeu rapidamente, e está cercado de outros executivos fortes e de um impressionante conselho, todos com experiência em startups de tecnologia de cuidados de saúde. Observei o desempenho da equipe em reuniões com clientes e investidores. Eles conseguiam responder, com precisão e confiança, a quaisquer perguntas sobre a área de atuação, tecnologia, aplicações e formação de preços. Seu profundo conhecimento e compreensão do próprio campo e do ambiente de negócios transmitiram confiança aos investidores. Você precisa demonstrar o mesmo domínio do seu material, do seu setor e da sua grande ideia;

Vantagem 3. Forte valor agregado. A C2i ofereceu uma tecnologia única em um mercado em crescimento e um modelo de negócios sólido que beneficiava médicos, pacientes e o sistema de saúde. É importante ressaltar que o modelo financeiro da empresa demonstrou como o negócio escalonaria globalmente nos três a cinco anos seguintes e como produziria um considerável ROI;

Vantagem 4. Prognóstico financeiro baseado em premissas sólidas. Os membros da equipe da C2i reconheceram que, nos primeiros dois anos, estariam construindo e validando sua tecnologia. Eles sabiam que só conseguiriam conquistar receitas após o fim do segundo ano, tão logo garantissem parcerias de pesquisa geradoras de renda. As vendas ocorreriam no terceiro ano, assim que obtivessem as aprovações regulatórias necessárias e convertessem os parceiros de pesquisa em clientes pagantes. Isso foi confirmado com outras empresas semelhantes que haviam experimentado um aumento parecido de receita. Os investidores apreciaram o rigor e a precisão de seus prognósticos;

Vantagem 5. A regra da apresentação 10—20—30 foi seguida. A apresentação da C2i seguiu essa fórmula ao pé da letra. Outra vantagem dessa abordagem é que ela deixa bastante tempo para perguntas e respostas. Foi um desafio simplificar as mensagens nos slides mais técnicos em função da complexa ciência subjacente à tecnologia, mas a empresa usou tabelas e gráficos para divulgar os resultados de seus estudos e os comparou aos dos concorrentes para enfatizar a relevância das descobertas. Os investidores responderam positivamente aos dados e à avaliação competitiva;

Vantagem 6. A equipe estava preparada. Os apresentadores da C2i sabiam que o próprio futuro das inovações da empresa poderia estar naquelas apresentações. Eles ensaiaram e praticaram, aprimorando e refinando sua apresentação a ponto de soar suave e coloquial, e não rígida e técnica. Os participantes da equipe pareciam estar prontos para se engajar em um diálogo produtivo, mostrando o seu desejo de instruir, orientar e estabelecer parceria. É tudo o que os investidores em potencial adoram ouvir.

FONTES DE CAPITAL

Logicamente, o objetivo final de toda essa preparação e ensaio é o financiamento. Vamos examinar as várias fontes de incentivo financeiro para promover o seu novo negócio ou ideia.

Para os fundadores — essa seria a sua posição, a de inovador que introduz uma nova ideia ou um novo conceito de negócio no mercado —, a regra fundamental ao levantar capital é a de preservar o seu patrimônio pelo maior tempo possível, a fim de aumentar o valor da empresa ao longo do tempo e, como resultado, sua parte do ROI. Os fundadores também deveriam estar cientes do quanto o levantamento de capital pode ser demorado, e se preparar adequadamente para isso. A C2i começou a planejar sua segunda rodada de financiamento assim que o cheque da primeira rodada foi depositado no banco. É bem possível que a arrecadação de fundos se estenda por seis meses ou mais, mas se você aguardar muito para começar poderá prejudicar a viabilidade da empresa, se desesperando e, possivelmente, tomando uma decisão ruim.

ARRISCANDO A PRÓPRIA PELE

É melhor lançar uma empresa investindo parte do seu próprio dinheiro — não o suficiente a ponto de exigir uma segunda hipoteca da sua casa, mas o suficiente para obter capital instantâneo e mostrar aos investidores que você está colocando a sua pele em risco. Não existe um número "certo". Já vi empreendedores investirem mil dólares de seu próprio dinheiro e outros investirem US$ 1 milhão. Depende do negócio, do estágio em que se está, e das suas finanças pessoais.

AMIGOS E FAMÍLIA

Em seguida, você pode perguntar a amigos e familiares se eles estão interessados em investir junto com você. Como vimos no capítulo anterior, Sarah Apgar foi bem-sucedida ao fazer isso no lançamento do que viria a se tornar o FitFighter. Ela começou com alguns amigos de confiança — incluindo um que havia trabalhado ao lado dela no quartel e compreendido inteiramente o conceito daquele novo produto de condicionamento físico — e um tio que sempre encorajara seus instintos empreendedores e dissera que estaria disposto a apoiá-la quando surgisse a ideia certa.

Aquela era a ideia certa — e Apgar encontrou as pessoas certas em seu círculo íntimo de amigos e familiares para ajudá-la a decolar.

De forma geral, amigos e familiares investem quantias modestas de capital inicial, auxiliando-o a realizar pesquisas de mercado, projetar e elaborar o seu MVP, e assegurar conselheiros e consultores decisivos para ajudar nas próximas etapas do planejamento de negócios. Você pode converter o investimento dessas pessoas em ações ou dívidas a serem reembolsadas assim que a empresa atingir um marco financeiro importante, como a geração de receitas ou a obtenção de outras formas de investimento.

Uma advertência: mesmo com esses limiares modestos, recomendo abordar apenas aquelas pessoas que sejam experientes em investimentos e possam se dar ao luxo de perder algum dinheiro se o seu empreendimento não for bem-sucedido. Já é bastante complicado (embora comum) falhar na primeira vez com um produto inovador ou um novo negócio — ninguém precisa perder, ao mesmo tempo, um relacionamento com um amigo próximo ou um ente querido.

FINANCIAMENTO COLABORATIVO

Na era da Internet, onde praticamente qualquer ideia imaginável já foi lançada sob a forma de um aplicativo, o capital mostra-se acessível a qualquer pessoa com uma conta bancária e um computador. Embora o chamado crowdfunding (angariação de dinheiro junto a investidores não qualificados em meio ao público geral) exista há séculos, sites baseados em plataformas, como o Kickstarter, o Indiegogo e o Wefunder, ganharam popularidade considerável desde sua chegada ao cenário de autofinanciamento, no fim dos anos 2000. Essas plataformas de financiamento colaborativo começaram pequenas, com os solicitantes de fundos usando os sites para arrecadar dinheiro para turnês de concertos, procedimentos médicos e projetos criativos, como exposições de arte (você ficará conhecendo um desses artistas na seção Inovador em foco, ao fim deste capítulo). Porém, tais plataformas cresceram e acabaram se tornando fontes legítimas para que grandes empresas conseguissem levantar capital. Em 2019, produtos como os fones de ouvido PaMu Slide arrecadaram US$ 51,49 milhões, e, em 2020, a MATE X, uma bicicleta elétrica dobrável, arrecadou US$ 17,8 milhões. De acordo com um relatório de agosto de 2021 publicado pela statista.com, estima-se que o tamanho do mercado global de financiamento colaborativo atinja US$ 25,8 bilhões até 2027, sendo a América do Norte e a Ásia os maiores mercados. De modo geral, os sites de financiamento colaborativo operam sob vários modelos diferentes, capazes de atender às necessidades do projeto em busca de financiamento. Os tipos mais significativos de financiamento se baseiam em recompensas (a pessoa pode ganhar pontos para gastar em produtos), títulos (ações) e digital (bitcoin). O financiamento pode ser bitcoin no blockchain, dívida com juros e doação (dinheiro grátis para uma causa nobre). O Kickstarter, o Wefunder e o Indiegogo são atraentes para os investidores porque podem reduzir os custos de procura e de transação implicados na busca de oportunidades de investimento, tarefas normalmente realizadas por empresas de consultoria. Embora não ofereçam as grandes somas de capital que as empresas de VC ou os anjos podem proporcionar, as plataformas colaborativas são uma fonte viável de financiamento para empresas novas e emergentes com ideias inovadoras, em que bastam alguns milhares de dólares para começar.

ANJOS

A melhor fonte de capital inicial ou de arranque é a chamada comunidade de anjos. O termo "anjo" pode ser rastreado até 1978, quando William Wetzel, professor da Universidade de New Hampshire e fundador do Centro de Pesquisa de Empreendimentos, concluiu um estudo sobre como os empreendedores levantavam capital inicial nos Estados Unidos[24]. Ele usou o termo "anjo" para descrever empresários e executivos ricos e bem-sucedidos que queriam investir em ideias ainda em estágio inicial. O termo também foi usado na Broadway para descrever indivíduos abastados que financiavam novos espetáculos de produtores e diretores que admiravam.

Ao contrário dos amigos e familiares e das fontes de capital de financiamento colaborativo, um anjo é considerado um investidor qualificado. Para ser um investidor-anjo, é preciso cumprir os critérios da Comissão de Valores Mobiliários (SEC, na sigla em inglês), dentre os quais possuir um patrimônio líquido de US$ 1 milhão ou mais. Esses investidores podem ser empreendedores milionários, que fizeram sucesso por conta própria e adquiriram experiência substancial em negócios e finanças. Provavelmente na faixa dos quarenta e cinquenta anos de idade, eles formam um grupo culto; quase todos eles obtiveram um diploma universitário após quatro anos de estudos. Embora os anjos ainda sejam predominantemente do sexo masculino, isso vem mudando, e hoje existe um número maior de empreendedoras e grupos de investimento-anjo formados por mulheres. Grupos de mulheres investidoras como o 37 Angels, o Golden Seeds, o Springboard Enterprises e outros foram criados para contribuir para o progresso de empreendedoras e investidoras (examinaremos o tema mulheres e inovação com mais detalhes no Capítulo 10).

E, sim, como Apgar do FitFighter também demonstrou, o programa Shark Tank é um autêntico grupo de investimento-anjo, ainda que seja um reality show de TV e uma forma de entretenimento. Embora o Shark Tank faça os anjos parecerem parciais e intimidadores em suas apresentações (os tubarões têm todos os trunfos nas mãos), uma das mensagens positivas que eles transmitem depois de tomar a decisão de investir é o forte relacionamento que estabelecem com o empresário. Os negócios existem para as pessoas, e os melhores negócios se baseiam em talentos robustos e em parcerias eficazes. Da mesma forma, mede-se um resultado bem-sucedido para o investidor pela parceria que alicerça o negócio. As parcerias levam tempo para serem cultivadas, pois devem ser construídas com base em valores e confiança mútua. Um investimento de um anjo é algo pessoal, porque, ao contrário das empresas de VC, dos fundos privados e dos banqueiros de investimento, aquela pessoa está investindo seu próprio dinheiro em uma situação de alto risco. Planeje passar cerca de seis meses cultivando relacionamentos com investidores. Qualquer tempo inferior a isso é motivo para se fazer uma pausa. Você, simplesmente, não conseguirá aprender tudo o que precisa saber sobre um relacionamento potencial com um investidor se vocês não passarem algum tempo realmente juntos, discutindo os negócios e se reunindo durante o almoço e o jantar para aprender mais um sobre o outro.

CRITÉRIOS PARA SER UM INVESTIDOR-ANJO

De acordo com o livro *New Venture Creation*, o anjo típico investirá de US$ 10 mil a US$ 250 mil em um novo empreendimento, o que constitui uma faixa bastante ampla[25]. Eles estão em busca de determinados critérios, a saber:

- Empreendimentos com requisitos de capital entre US$ 50 mil e US$ 500 mil;
- Empreendimentos com potencial de vendas entre US$ 2 milhões e US$ 20 milhões no prazo de cinco a dez anos;
- Empreendimentos com crescimento de vendas e de lucros entre 10% e 20% ao ano.

Se o seu negócio ou produto não se encaixar nesses parâmetros, isso não significa que a sua ideia inovadora já esteja sepultada. Cada investidor-anjo pode ter seus próprios critérios. Lembre-se de que, ao contrário de amigos e familiares e de fontes de financiamento colaborativo, de modo geral, esses investidores injetam mais do que apenas capital. Eles oferecem sua competência naquele domínio e uma vasta rede de contatos. A experiência de um investidor-anjo pode ser inestimável para uma empresa jovem.

ESCOLHENDO O INVESTIDOR CERTO PARA A SUA INOVAÇÃO

O levantamento de capital deveria ser pensado como um processo de várias etapas. Na primeira rodada, a intenção é escolher investidores com base em sua capacidade de abrir as portas para futuros investidores. Normalmente, os anjos participam de um clube ou um grupo de investimento-anjo, visando criar um agrupamento de investimentos mais amplo do que poderiam fornecer por conta própria. Eles também compartilham informações sobre quem está solicitando os recursos.

Ao entrar em contato com os anjos para agendar uma reunião, esteja pronto para fornecer uma breve síntese da sua ideia. Pense nisso como uma versão ainda mais resumida da apresentação agradável e concisa que discutimos anteriormente. Uma síntese (uma amostra pode ser encontrada no Apêndice 4) é uma narrativa de uma página ou alguns slides que descrevem, em termos simples, a oportunidade de mercado, o seu valor agregado, como o negócio vai fazer dinheiro, as credenciais da equipe e como o investidor poderá ganhar dinheiro (os anjos têm a oportunidade de sair do negócio e obter seus devidos retornos financeiros quando o próximo conjunto de investidores, geralmente VCs, adquirir uma parte significativa da empresa). Discutiremos as saídas no próximo capítulo, mas basta dizer que saber aonde você quer chegar é fundamental, tanto para você quanto para o investidor. Por exemplo, você quer estabelecer uma parceria e promover a fusão com um grande comprador estratégico? Quer fazer um IPO e abrir o capital da empresa? Planeja sair do negócio no prazo de três a cinco anos, ou em um intervalo maior do que esse?

É possível levantar capital em seis meses com anjos e VCs. Vejamos o próximo nível de capital — o risco.

CAPITAL DE RISCO

Como o próprio termo sugere, esse tipo de capital pressupõe um grau de risco. A indústria de capital de risco fornece capital e outros recursos para empreendedores de negócios com alto potencial de crescimento, esperando alcançar uma elevada taxa de retorno sobre os fundos investidos. Esse processo tem muitas camadas — mas, primeiro, vamos a algumas informações prévias sobre o setor. Embora as raízes do investimento de VC remontem às famílias ricas das décadas de 1920 e 1930, a maioria dos observadores da indústria credita a Ralph E. Flanders, então presidente do Banco da Reserva Federal de Boston (e, mais tarde, senador de Vermont), a primeira forma de investimento de VC. Em 1946, ele fundou a American Research and Development Corporation, que fornecia capital de risco para empresas novas e em rápida expansão na área de Boston. De fato, alguns creditam a essa empresa o fornecimento do capital inicial para algumas das companhias que acabariam por compor o famoso cinturão de tecnologia Rota 128 de Boston, um dos primeiros focos de inovação digital[26].

A indústria experimentou um surto de crescimento há muito esperado na década de 1980, quando instituições acadêmicas como Harvard, Columbia, Yale e Stanford decidiram investir uma parte de suas dotações em mecanismos de alto risco e alta recompensa. A indústria de capital de risco decidiu que o capital de risco era uma boa maneira de gerar tecnologias fora dos muros acadêmicos e de aprimorá-las ainda mais. Um exemplo notório são as patentes Axel. Batizadas em homenagem a Richard Axel, ganhador do Prêmio Nobel e professor da Columbia, elas foram lançadas originalmente em 1983, para proteger a tecnologia de "cotransformação" desenvolvida na década de 1970 por Axel, pelo microbiologista Saul Silverstein e pelo geneticista Michael Wigler. O processo patenteado envolve o uso de células geneticamente modificadas, com o objetivo de produzir proteínas a serem usadas em diversos medicamentos farmacêuticos. Durante os dezessete anos em que o processo se manteve protegido, ele se provou imensamente lucrativo para a Columbia, gerando US$ 600 milhões em receitas de direitos sobre vendas de medicamentos, que angariaram mais de US$ 60 bilhões para a indústria[27]. O sucesso da Columbia chamou a atenção de outras conceituadas universidades, que acabaram montando escritórios de transferência de tecnologia para ajudar a acelerar novas tecnologias, diretamente dos laboratórios dos professores para o mercado.

Tabela 8.1
Investidores de capital de risco: o básico

O que você deveria saber	O que eles estão procurando
• Os investidores de VC são organizados como sócios comanditários ou sociedades de responsabilidade limitada, e representam um veículo coletivo de investimentos para terceiros, como universidades, corporações e fundos de pensão.	• Equipes renomadas, com experiência em startups (empreendedores em série).
• São uma boa escolha quando um investimento é muito arriscado para o mercado de capitais ou empréstimos bancários.	• Amplos mercados com altas taxas de crescimento, onde fica óbvio o elevado grau de desconforto do cliente.
• Os VCs ganham dinheiro com taxas de administração (1% a 2% do fundo) e de desempenho (20% a 30% do que sobra depois de pagarem seus investidores).	• Ótimos produtos, com aprimoramentos em ordens de grandeza e altas barreiras à entrada.
• Operam carteiras de empresas projetadas para maximizar o retorno aos seus investidores; • Concentram-se na saída por aquisição ou IPO.	• Áreas "atraentes", onde outros operadores já estejam investindo; • Avaliação do risco: potenciais de ganho e de perda, e vantagens e desvantages do mercado, tecnologia, senso de oportunidade.
• Investem onde já têm experiência, redes de contatos, e onde outros operadores já estejam investindo.	• Taxa de crescimento esperada (buscam um múltiplo de três a sete vezes o valor do investimento realizado).

• Gostam de tecnologia inovadora e tecnicamente sólida; mercado forte, propício a lucros e uma grande equipe.	• Idade e estágio de desenvolvimento (série A para estágio inicial, série C para estágio posterior).
• Os VCs são eficientes na redução dos riscos (os riscos deles, não os seus!). Um negócio típico dará a um VC 51% de controle acionário. O financiamento de VC é considerado o tipo mais caro de dinheiro.	• Quantidade de capital necessária (geralmente, eles levantam fundos para um determinado tipo de investimento – por exemplo, saúde digital ou energia verde –, e procuram empresas daquele setor que estejam precisando de certa quantidade de capital); • Metas do fundador para crescimento, controle, liquidez e colheita. Com quanto dinheiro o fundador quer estar no momento da saída, e quando e como essa saída será executada? • Adequação ao objetivo e à estratégia dos investidores; • Mercados de capitais naquele momento. O mercado está em alta ou em baixa? • Taxa de desempenho – normalmente, uma taxa de administração de 3%.

Fonte: Material de apoio da professora Marchand sobre levantamento de capitais.

Tabela 8.2
Critérios para seleção dos investidores de capital de risco

Critério	Boa correspondência	Má correspondência
Capital	• Pode fornecer capital para atingir adequadamente todos os parâmetros vinculados à rodada de investimento.	• Pode fornecer capital parcial, exigindo que você conquiste outro VC/outros investidores para atingir os seus objetivos de levantamento de fundos.

Interesses condizentes e conhecimento especializado	• Compreende o seu setor, o estágio do negócio e os respectivos desafios e oportunidades; • Experiência relevante (ou acesso à experiência) para aumentar a probabilidade de sucesso, adoção do produto ou capacidade de adentrar novos mercados; • Parceiro genuíno — interessado em apoiar o seu negócio como um todo (em vez de um interesse restrito em apenas um componente do negócio — por exemplo, somente a propriedade intelectual).	• Novo no setor, não compreende adequadamente os desafios/ oportunidades e vincula o sucesso a métricas puramente financeiras.
Reputação	• Serviu como um parceiro leal e ético para outras empresas da carteira (faça a sua devida diligência em sites de financiamento colaborativo)	• Reputação por tratar as empresas da carteira de forma desleal.
Histórico	• Forte histórico de transações bem-sucedidas.	• Histórico de práticas predatórias.
	• Empresas da carteira foram beneficiadas por parceria com VCs.	
Controle	• Procura investir fazendo uma avaliação justa/ aceitável.	• Busca ter muito controle sobre a empresa.

Fonte: Material de apoio da professora Marchand sobre levantamento de capitais.

Por volta dos anos 2000, os VCs já haviam decolado. Segundo o *New Venture Creation*, naquele ano, somente nos Estados Unidos, existiam setecentas empresas de capital de risco com US$ 3,94 bilhões investidos em 1.729 negócios. Com o tempo, os fundos individuais de capital de risco cresceram para mais de US$ 500 milhões, com volumes médios de negociação de US$ 20 milhões, US$ 40 milhões e até US$ 80 milhões, especialmente durante o frenesi das pontocom[28]. Hoje, muitas empresas de capital de risco são especializadas em tecnologia e digital, especialmente em cuidados de saúde, energia e agricultura. Atualmente, o investimento de VC é uma iniciativa global, com fundos na Alemanha, França e em toda a China, Vietnã, Índia e América Latina.

FAÇA A SUA LIÇÃO DE CASA E USE ESTA LISTA DE VERIFICAÇÃO

Há um motivo para o levantamento de capital demorar seis meses. É preciso usar esse tempo para pesquisar os VCs. A lista de verificação a seguir o ajudará a começar.

Etapa 1. Pesquise e crie uma pequena lista de VCs que você gostaria de conhecer pessoalmente. O pitchbook.com é uma das melhores fontes de informação sobre VCs. Depois de selecionar alguns nomes, visite seus blogs e confira-os no Instagram e no Twitter;

Etapa 2. Tente se apresentar pessoalmente por meio das redes. Depois de escolher a empresa, consulte os currículos dos sócios-gerentes. Visite seus perfis no LinkedIn e identifique pessoas da sua rede que possam apresentá-los uns aos outros de uma maneira mais acolhedora;

Etapa 3. Chegue ao "não" rapidamente. Você não pretende perder o seu tempo e tampouco o VC; portanto, procure uma correspondência entre os critérios de investimento do VC e os seus requisitos.

Se ambos não estiverem alinhados, siga em frente, mas certifique-se de preservar as boas relações.

PERGUNTAS QUE O EMPREENDEDOR DEVERIA FAZER

Os VCs têm uma enorme responsabilidade fiduciária para com os seus sócios comanditários, e um interesse próprio em ganhar dinheiro não apenas para a empresa, mas também para si mesmos. Lembre-se: eles analisam, aproximadamente, 250 novas ideias por ano e conseguem investir em apenas duas ou três. Isso corresponde a apenas 1% — e essas são as chances com as quais, normalmente, os fundadores se deparam.

Esteja preparado para que os VCs se mostrem meticulosos em suas diligências, e use a experiência para extrair o máximo possível sobre as opiniões e sobre como eles veem o seu setor, a sua tecnologia e a sua equipe. Você pode perguntar o seguinte:

- O que vocês acham da nossa estratégia e da concorrência? Alguma coisa nos passou despercebida?
- Não atentamos para algum concorrente? Há alguma sugestão sobre o nosso nível de competitividade?
- Alguma opinião sobre nosso plano de negócios para aproveitar as oportunidades?
- Experiência da equipe — vocês confiam que nossa equipe conseguirá executar o plano, com base no que acompanharam hoje e perceberam a nosso respeito até agora?

OUTROS TIPOS DE INVESTIMENTO A CONSIDERAR

- Transferência de tecnologia do centro médico acadêmico. Se você for afiliado a alguma instituição de pesquisa acadêmica, como a Universidade de Columbia, poderá trabalhar com o escritório de transferência de tecnologia para determinar se a sua tecnologia é comercialmente viável e capaz de atrair investidores. Os escritórios de transferência de tecnologia contam com advogados de patentes e especialistas técnicos que trabalham com uma rede de investidores. Eles podem ser uma maneira ideal de explorar o mercado comercial, principalmente se você for iniciante;

- Fundações: Embora sejam programas altamente competitivos, as fundações oferecem subvenções que não precisam ser reembolsadas. Elas podem ser uma boa fonte de capital para startups que precisam realizar um projeto de pesquisa para respaldar suas alegações. Em troca da subvenção, talvez você precise preparar um relatório discutindo as conclusões do projeto financiado com a subvenção da fundação, ou publicar um artigo revisado por pares em um periódico de escolha da fundação. Alguns exemplos incluem a Fundação Bill e Melinda Gates, a Fundação Michael J. Fox, a Fundação de Diabetes Juvenil e a Fundação de Fibrose Cística;
- Patrocínio federal e estadual: Programas federais e estaduais podem oferecer fundos de inovação e programas de incentivo fiscal para complementar o desenvolvimento de uma nova tecnologia ou de uma startup de um novo empreendimento. Pelo fato de serem doações e não precisarem ser reembolsados, tais fundos são considerados não dilutivos, sendo interpretados, muitas vezes, como formas de capital "livres". Eles podem ser úteis quando você está começando a financiar projetos importantes — por exemplo, pesquisas para validar a sua tecnologia. A desvantagem é que esses subsídios podem levar até dois anos para serem outorgados, devido ao tempo de ciclo de cada programa e, portanto, não são uma boa opção se você precisar de financiamento rápido.

UMA PALAVRA FINAL: NUNCA SE SABE DE ONDE VIRÁ O FINANCIAMENTO

Em uma das extremidades do espectro, temos a Fundação Gates, o NIH ou uma bem-sucedida empresa de capital de risco. Na outra, temos os meios de financiamento mais informais e populares que surgiram nos últimos anos. Será que inovações de sucesso podem ser lançadas por intermédio de sites de financiamento colaborativo? Certamente — embora sejam, de modo geral, iniciativas menores, exigindo menos dinheiro e estejam, muitas vezes, focadas em causas sociais. Mas esses sites, juntamente com as mídias sociais, podem ser uma rede de fundos eficaz, mesmo que altamente informal, para um novo modelo de negócios — como comprovou o nosso Inovador em foco deste capítulo.

INOVADOR EM FOCO "NÔMADE" DAN NAVARRO, MÚSICO

Credenciais do inovador: Compositor. Artista com álbuns gravados. Cantor. Defensor das artes da voz.

À lista de definições que podem ser atribuídas ao músico Dan Navarro — cujas músicas foram tocadas nas rádios nacionais e gravadas por expoentes do rock e do pop, como Pat Benatar, The Temptations, The Bangles, Dionne Warwick e Dave Edmunds, e o "marginal" da música country de Austin, Rusty Wier —, acrescentamos empreendedor e inovador.

Navarro demonstrou sua criatividade comercial durante a pandemia de Covid-19, quando artistas de todos os naipes não tiveram condições de sobreviver, já que teatros, casas de shows e até estabelecimentos de beira de estrada foram fechados para apresentações de música ao vivo — e, aliás, para qualquer outro tipo de coisa.

Quando as paralisações entraram em vigor, Navarro — que, antes de 2020, costumava viajar três semanas por mês fazendo turnês — foi subitamente impedido de seguir em frente. “Fiquei pensando: ‘O que vou fazer agora?’”, comenta o músico de 68 anos. Ele decidiu transmitir pela Internet uma nova música — *I Guess I'll See You Tomorrow*, escrita para o período de confinamento —, que foi tocada ao vivo para seus 21 mil seguidores nas redes sociais.

“Eu disse: ‘Olá, pessoal, parece que vamos ficar presos em casa por um tempo, então vou tocar para vocês’.”

A apresentação única ao vivo no Facebook acabou sendo ampliada para seis dias por semana. Ela foi rebatizada de “Canções da zona do corona”, uma espécie de programa de mídia social com um único apresentador, típico da era da pandemia, no qual Dan tocava e falava sobre sua vida na indústria da música. A resposta do público o convenceu de que ele precisava retornar à estrada. No início de 2021, após ser vacinado, ele comprou uma Ram ProMaster 2020 com 9.600 quilômetros rodados e, sob seu novo apelido — NomadDan —, começou a percorrer o país, anunciando seus shows nas redes sociais com uma antecedência de horas, às vezes até de minutos (ele também batizou sua motocasa de Vanessa).

“Tive a ideia de transmitir conteúdos por streaming durante todo o trajeto”, afirmou ele. “Seria como ‘Estou aqui em Ogallala, no Nebraska, vou tocar algumas músicas para vocês. Vamos conversar. Tenho uma agenda de shows, mas não sabemos qual deles será cancelado’.”

A abordagem híbrida e a natureza fluida e improvisada da turnê — tão diferente das turnês de rock estruturadas e cuidadosamente organizadas dos velhos tempos — atraíram Dan e, aparentemente, seu público.

Eles começaram a lhe enviar dinheiro.

Foi uma surpresa, pois a turnê do NomadDan não havia sido concebida para ser lucrativa. “O streaming me rende um valor muito bom em direitos autorais", revelou Dan. E, sem nenhum outro membro na banda, sem roadies e sem hotéis, ele sabia que suas despesas seriam baixas. "Então, propositadamente, eu não monetizei a turnê", observou.

Mas seus fãs tinham outros planos. À medida que a turnê NomadDan evoluía — ele acabaria fazendo cerca de cinquenta apresentações públicas em 21 estados, ao longo de seis meses —, um ditado que ele ouvira de amigos pertencentes ao mundo sem fins lucrativos se confirmou. "Eles costumavam me dizer: 'Se você pedir dinheiro, receberá uma oferta de ajuda. Se você pedir ajuda, receberá uma oferta de dinheiro'".

E foi exatamente isso o que seus fãs fizeram. Eles enviaram dinheiro — mesmo que Dan não tivesse solicitado. "Um cara de Chicago me manda US$ 200 por mês, sem falhar", disse ele. Não é que aqueles fãs vissem NomadDan como uma instituição beneficente — ou que, simplesmente, tivessem dinheiro para queimar. Eles estavam pagando por um serviço que achavam que Dan havia lhes prestado durante um período muito difícil. Lendo alguns dos comentários que recebeu (juntamente com cheques ou depósitos via aplicativos), ele destacou: "'Você está me salvando'; 'Esperamos o dia todo por isso' e 'Tornou-se um ritual para nós'".

"Eu queria apenas empatar os custos", disse Dan. "Estou fazendo isso e ainda estou conseguindo pagar algumas contas. E é tudo de que eu preciso neste momento da minha vida".

LIÇÕES APRENDIDAS

Depois de décadas como artista de sucesso, Dan sente que entendeu uma verdade trivial sobre os negócios, relevante para todos os empreendedores, e não apenas para aqueles que dedilham violões como forma de ganhar a vida. "Quando você tenta pensar para onde as coisas estão indo de modo a prever um público, provavelmente incorrerá em erro", diz ele. "É como tentar pescar com as mãos — você estará sempre em desvantagem. Mas quando você sente e usa o seu instinto do que lhe parece ótimo e do que você quer, e aplica inteligência, sensibilidade e destemor à sua execução e ao seu marketing, acaba quebrando um paradigma".

NÃO SE PODE INVENTAR ISSO

A música que Dan escreveu para Pat Benatar, *We Belong*, foi indicada ao Grammy. O superastro holandês Marco Borsato chegou à lista dos dez primeiros lugares com uma melodia composta por Navarro, e o grupo feminino japonês Wink alcançou o primeiro lugar com sua *One Night in Heaven*.

Suas músicas também apareceram nos filmes Deadpool 2, A escolha perfeita 2 e Ricky Bobby: a toda velocidade. Em séries de TV como: This Is Us, Stumptown, American Idol, The Voice, American Dad e The Office; e em comerciais para a Pepsi, Sheraton, Chase Bank e United Way.

PERCEPÇÕES PARA INOVADORES

"A única resposta para um empreendedor é 'sim'."

"Meu tio era publicitário, e aprendi muito sobre negócios e marketing com ele. Certa vez, ele me disse: 'Se você não se queimar de vez em quando, não estará assumindo riscos suficientes nos negócios'. Isso nunca saiu da minha cabeça."

"Existem três elementos do sucesso: talento, persistência e sorte. O mais dispensável — do qual você menos precisa — é o talento. O mais importante é a persistência, e é assim que você cria a sorte."

Capítulo 9

EXECUÇÃO E SAÍDA

GERENCIANDO SUA INOVAÇÃO E, SE NECESSÁRIO, SEGUINDO EM FRENTE

Quando o meu pai fundou sua empresa de fabricação e distribuição de produtos químicos na década de 1960, ele queria que a empresa gerasse riqueza e fosse um meio de subsistência para a sua família, além de oferecer um produto diferenciado ao mercado. "Quero traduzir as minhas ideias em um negócio desenvolvido por mim, e que eu possa deixar como legado", dizia ele à esposa e aos filhos. "Será a herança que deixarei para a minha família", afirmou à minha mãe, quando comprou a propriedade intelectual de uma fórmula química que se tornaria a espinha dorsal de seu negócio. Construir um negócio a ser legado para a sua família foi a motivação de papai para lançar uma empresa regional que resistiria ao teste do tempo — um negócio com fortes relacionamentos com fornecedores e clientes. Ele buscava sinergias e desenvolvia novos produtos tomando por base o retorno de seus clientes e as demandas do mercado. Ele tomava todas as decisões inspirando-se em suas ideias criativas sobre crescimento e em seus objetivos financeiros e estratégicos. Ele queria uma empresa com uma forte reputação de marca e um modelo de negócios sustentável que pudesse passar para os seus filhos. Quando ele estava prestes a se aposentar do negócio e se dedicar a novos interesses, perguntou ao meu marido, experiente executivo de vendas de suprimentos elétricos industriais, se ele estaria interessado em adquirir o negócio em troca de uma quantia em dinheiro que seria amortizada ao longo dos anos.

Nos sentamos na varanda em um dia quente de verão, e o meu pai presenteou Don com o acordo de investimento e suas expectativas. Em um impecável relatório de vinte páginas, preso em um fichário, papai detalhara cuidadosamente as finanças da empresa, fornecedores, planos de vendas e de marketing, relatórios operacionais, bens imóveis, e listas de equipamentos e de clientes. "E aqui estão os termos da aquisição, Don", concluiu ele, abrindo a última página, enquanto explicava a proposta ao meu marido. "Vou me manter envolvido no primeiro ano, enquanto você faz a transição. Você pode pagar pelo negócio em parcelas trimestrais, durante um período a ser combinado entre nós".

Nas várias horas seguintes, eles repassaram os detalhes do negócio, linha por linha. A decisão não era fácil, pois meu marido, Don, não era químico nem engenheiro; na época, sua carreira na área de vendas era muito bem-sucedida. Mas aquilo lhe oferecia a oportunidade de tentar algo novo — administrar seu próprio negócio. Ele sabia que o meu pai estaria por perto para ajudar na transição, e isso nos dava alguma flexibilidade enquanto criávamos uma família com três filhos pequenos. Além disso, ele sabia que era importante para o meu pai que o negócio — que havia sido construído com base em suas ideias inovadoras sobre fabricação e distribuição de produtos químicos — permanecesse na família.

Naquele dia, meu marido e eu concordamos em adquirir a empresa. Embora o negócio tenha mudado ao longo dos anos, meu marido continua a gerenciá-lo até hoje. Aqueles relacionamentos sólidos e a estratégia que o meu pai implementara anos atrás haviam permitido que a empresa sobrevivesse aos 55 anos anteriores.

Nem todos os inovadores de sucesso têm o mesmo objetivo que o meu pai. Muitos não estão interessados em legado, nem em administrar o negócio perpetuamente. Eles querem vender ou licenciar. Ou desejam desenvolver o negócio até certo ponto, e depois fazer um resgate. São dois cenários comuns para muitos inovadores.

Imagine, monte, venda e, depois, parta para a próxima ideia.

O inovador pode projetar o produto, e até mesmo a própria empresa, para atender às necessidades de um eventual parceiro estratégico que irá investir no empreendimento ou adquiri-lo.

Todas essas são metas louváveis. Qual é a sua? Qual é o seu objetivo final com a sua grande ideia? Você já chegou a pensar nesse horizonte tão à frente? Sei que você tem muito trabalho a fazer — as várias etapas e estágios do processo de inovação que apresentamos até aqui. Neste capítulo, oferecemos mais algumas sugestões sobre como garantir o sucesso logo no início e aumentar a probabilidade de que a sua inovação cresça a ponto de você precisar determinar o que acontecerá a seguir — um negócio bem-sucedido a ser legado, a ser vendido, ou alguma outra coisa.

Uma decisão como essa seria boa de ser tomada. Espero que, um dia, você se encontre nessa situação.

Agora vamos rever mais algumas etapas que podem ajudá-lo a chegar a esse ponto. Vejamos o que é preciso para administrar com sucesso uma empresa em estágio inicial, independentemente de qual seja o seu fim.

O SUCESSO DA IMPLEMENTAÇÃO COMEÇA COM A EQUIPE CORRETA

Depois de ter examinado a sua inovação com os operadores e clientes e ter desenvolvido os seus planos de lançamento, você estará pronto para apresentar o seu produto ao mercado. É hora de executar o plano! Você precisa de pessoas que possam ajudá-lo a fazer exatamente isso. Já testemunhei muitos inovadores com dificuldades em levar suas novas soluções ao mercado, pois não contavam com uma equipe especializada. Uma coisa é projetar planos conceituais; outra é implementá-los.

A contratação do talento certo começa com a avaliação das necessidades da sua organização, com base no seu modelo de negócios e planos de crescimento. Em uma startup típica, e até mesmo no lançamento de um novo produto em uma grande organização já estabelecida, exige-se que determinadas funções essenciais sejam exercidas, embora não estejamos nos referindo a uma hierarquia organizacional complexa. No caso de uma startup, talvez seja mais eficiente equipar a sua organização com dois ou três líderes seniores com ampla experiência gerencial e operacional, que possam supervisionar várias funções e executar vários tipos de tarefas. Por exemplo, o CEO também pode atuar como presidente do conselho, comandar a estratégia, representar a empresa diante de investidores, clientes e outros operadores externos decisivos, e lidar com as operações do dia a dia. O diretor financeiro (CFO) é um elo importante com os investidores, mas também precisará preparar prognósticos financeiros, desempenhar um papel na definição da estratégia, gerenciar o caixa e supervisionar as operações, incluindo funções administrativas, contratos, planejamento salarial, e, inclusive, recursos humanos. Por esse motivo, pode fazer sentido contratar um CFO que também desempenhe o papel de diretor de operações (COO, na sigla em inglês). Muitas vezes, essas funções são chamadas de CFO/COO. Você também precisará de um diretor de negócios ou diretor de desenvolvimento de negócios para se concentrar nas parcerias e nos estágios iniciais do desenvolvimento de negócios, marketing e vendas. À medida que a empresa for crescendo, vendas e marketing poderão se reportar diretamente ao CEO para garantir o alinhamento com a estratégia e simbolizar a importância do cliente na estratégia da empresa. Se você estiver lançando um negócio que depende de P&D e de inovação contínua de produtos, então precisará de um chefe de P&D para gerenciar o desenvolvimento de produtos e de um gerente de produto para lidar com todos os aspectos da mercadoria, do planejamento do roteiro a ser seguido até as avaliações de mercado; do engajamento de clientes até a formação de preços, vendas e marketing. Essa pessoa é o mini-CEO do produto. Se você decidir dar àqueles líderes seniores responsabilidades fiduciárias na empresa — tornando-os responsáveis pelo desempenho financeiro, e tendo um voto nas questões ligadas a investimentos e um assento no conselho —, você passará a nomeá-los diretores (por exemplo, diretor de negócios) da empresa. Essa função traz consigo a expectativa de equidade (o diretor tem participação acionária na empresa, proporcional às suas responsabilidades). Mesmo que, provavelmente, você queira começar com três funções principais — um CEO, um CFO/COO e um diretor de tecnologia, que também supervisione o P&D —, é possível preencher as lacunas com colaboradores externos e funcionários em regime de tempo parcial, à medida que a empresa for crescendo.

E, no caso de empreendedores autônomos, ou aqueles com ideias inovadoras para pequenos nichos de negócios, tais funções podem ser preenchidas, em parte, por um grupo criteriosamente selecionado de terceirizados, entidades sem fins lucrativos, ou voluntários empenhados.

O empreendedor em série de biotecnologia e ex-aluno da Escola de Negócios de Columbia, Laurence Blumberg — que conhecemos no capítulo sobre levantamento de capital —, montou a equipe de uma de suas startups usando um modelo virtual. Ocupando o cargo de CEO, ele foi o único funcionário da empresa nos primeiros dois anos e meio de atividade, tendo terceirizado posteriormente todos os outros cargos.

"Contratei os melhores colaboradores em seus respectivos campos para garantir a competência fundamental em desenvolvimento clínico, regulatório e jurídico", explica ele. "Foi uma maneira muito eficiente e econômica de operarmos nos primeiros anos."

Muitas vezes, os fundadores de startups têm dúvidas sobre como encontrar bons talentos, sejam eles colaboradores externos ou funcionários em regime de tempo integral. Essa é uma questão importante, e na qual o CEO gasta muito tempo e energia identificando e recrutando os talentos certos. Embora possa parecer óbvio, recomendo começar com a sua própria rede de contatos e ir ampliando o leque a partir daí. Todas as startups que cofundei ou às quais me integrei resultaram das minhas próprias conexões dentro da indústria. Quando o cofundador da nossa empresa de diagnóstico molecular estava procurando um CEO, uma colega que já havia trabalhado comigo e conhecia a minha formação me indicou um nome. Quando assumi a liderança em outra startup, tratava-se de uma empresa para quem eu havia feito mentoria em uma aceleradora de startups. É preciso tempo para construir confiança, coisa que, de forma geral, é o elemento mais ausente em uma startup. Conexões pessoais de alta qualidade podem ajudá-lo a estabelecer pontes e garantir bons e conceituados talentos, recomendados por pessoas que você conhece e em quem confia.

Você também pode usar fontes de redes como o LinkedIn para entrar em contato com pessoas ou pedir referências. O LinkedIn inclui um recurso para recrutadores e, embora custe um pouco mais, pode fornecer acesso a pessoas que se encaixem nas suas especificações. Outras fontes para busca de candidatos podem estar nas incubadoras de empresas e em associações profissionais. Por exemplo, a Escola de Negócios de Columbia, a Universidade de Nova York e o Centro Universitário de Ciências na Filadélfia, o LaunchPad na Universidade de Stanford, o Techstars Austin Accelerators (para citar alguns) desenvolvem programas de aceleração para startups. Como retribuição por sua participação, os CEOs das startups têm acesso a mentores e instrutores selecionados. Esses indivíduos se correspondem com empresas tendo por base a preparação técnica e o conhecimento do setor. Eles podem ser uma ótima maneira de garantir talentos para o seu conselho consultivo, consultores para projetos e, até mesmo, profissionais seniores para trabalhar em regime de tempo parcial em operações, levantamento de fundos, estratégia e marketing.

Finalmente, podem atrair bons talentos usando os serviços de agências de recrutamento especializadas na seleção de executivos ou profissionais de nível gerencial. Essas empresas trabalham sob contingência ou por meio de um adiantamento. Um adiantamento, firmando um contrato exclusivo, é mais adequado para contratar talentos de nível sênior difíceis de recrutar. Outras empresas operam sob contingência, o que significa que aceitam o risco de localizar talentos e serem remuneradas apenas se você acabar contratando a pessoa que elas recomendaram. Algumas dessas empresas são especializadas em startups e têm orçamentos consistentes com as finanças enxutas de uma startup. Outras trabalharão em troca de ações ou do endividamento da empresa, e ajustarão suas taxas e prazos de pagamento. Para encontrar esses tipos de empresas, você pode consultar as associações de investidores de capital de risco e de investidores-anjo, que, geralmente, listam prestadores de serviços como agências de recrutamento de talentos, escritórios de advocacia e empresas de contabilidade especializadas em fornecer serviços a inovadores em estágio inicial. Suas necessidades podem diferir, dependendo se você estiver no estágio embrionário ou em sua série C; tais empresas podem crescer junto com você.

A GRANDE PERGUNTA: QUANTO DEVO PAGAR PARA A MINHA NOVA EQUIPE?

A próxima pergunta a ser feita é: como eu recompenso a minha equipe? Como posso oferecer um pacote financeiro competitivo a um líder sênior de alta qualidade que trabalhou no mundo corporativo, e cujas expectativas financeiras podem ser as mesmas de um executivo corporativo? Em primeiro lugar, os indivíduos interessados em uma startup deveriam estar cientes de que o trabalho e a remuneração serão diferentes. Quando aceitei o meu primeiro emprego como CEO em uma startup, sofri um corte de salário, mas, em troca, recebi uma bela participação acionária. Eu sabia que os títulos seriam pagos a longo prazo, e somente se fôssemos bem-sucedidos, mas aquele era o meu incentivo para trabalhar e produzir. Portanto, os incentivos e as métricas em uma startup, quando comparados com os de uma corporação, ou, até mesmo, com os de uma empresa em crescimento, são bastante distintos. Certifique-se de que você e a pessoa que está sendo recrutada saibam onde estão pisando. Alguns executivos corporativos consideram atraente o mundo das startups, mas quando se dão conta da falta de estrutura na organização e da necessidade de atuar em várias frentes, além de lidar com o modelo diferente de incentivo, muitos percebem que são incapazes de fazer a transição. Alguns sites de financiamento colaborativo mostram os pisos mínimos de remuneração para diferentes setores, tipos e estágios de empresas e localizações geográficas, para que você possa ter uma noção dos pacotes salariais.

Recomendo que startups e empresas em estágio inicial procurem aconselhamento sobre remuneração em uma consultoria profissional de recursos humanos (RH). Essas empresas são especializadas em pesquisas de mercado com foco na remuneração, auxiliam no planejamento de talentos, incluindo modelos salariais, e ainda colaboram nos modelos de governança e remuneração do conselho. Investir em algumas horas do tempo dessas empresas para que elas avaliem a sua situação e as suas necessidades é um dinheiro bem empregado. Tais especialistas podem ajudá-lo a evitar alguns erros comuns quando você estiver contratando e fazendo o planejamento salarial para os seus primeiros novos contratados. O maior erro que percebo é a oferta de um salário muito baixo e de uma participação acionária muito alta. O problema, aqui, é que você não deveria colocar um novo contratado em situação desvantajosa do ponto de vista financeiro. A participação societária é um incentivo de longo prazo. As pessoas têm contas que precisam ser pagas agora. Além disso, você corre o risco de distribuir grande parte do capital da sua empresa, sacrificando outras pessoas a quem você também gostaria de pagar, incluindo você mesmo. Os profissionais de RH podem ajudá-lo a criar um plano de médio prazo, baseado no seu crescimento e nas suas metas financeiras. Eles podem contribuir para garantir que você atraia bons talentos, mas, ao mesmo tempo, não coloque a empresa em perigo com os modelos salariais que está pensando em implementar. Eles também podem ajudar na elaboração das descrições dos cargos, metas e objetivos, nos indicadores-chave de desempenho, e no planejamento do seu programa de treinamento e sistema de gestão.

Além da abrangência no planejamento e no gerenciamento de talentos, você também precisará de um sistema de gestão com ferramentas úteis para administrar a empresa, dependendo do seu tamanho e das suas metas de crescimento (claramente, uma empresa muito pequena será capaz de lidar com os itens abaixo internamente, ou talvez nem precise de todos esses componentes de gerenciamento. Mas, à medida que uma empresa vai crescendo, é importante garantir que os processos e a tecnologia possam dar suporte ao negócio em expansão). Um sistema de gestão inclui a definição de padrões de gerenciamento de projetos, explicando como o trabalho será realizado, como você gerenciará recursos e orçamentos, e como executará projetos dentro do prazo. Você também precisará de um sistema para gerenciar clientes e o alcance dos operadores.

Ferramentas como o Salesforce são muito populares para gerenciar e fazer o acompanhamento de contatos, atividades e passos a serem tomados, especialmente se várias pessoas da empresa estiverem interagindo com clientes, investidores e parceiros de canal.

O Salesforce pode ser um investimento alto para uma startup, mas existem sistemas destinados ao gerenciamento de relacionamentos menos caros e menos robustos. No mínimo, comece com uma planilha do Excel e um analista de desenvolvimento de negócios que possa gerenciar e fazer o acompanhamento semanalmente para você.

O seu sistema de gestão também incluirá a criação de processos determinando como você deseja que as tarefas sejam executadas, o gerenciamento e o armazenamento de documentações cruciais, e, inclusive, o desenvolvimento de procedimentos operacionais padrão e o treinamento dos seus funcionários. O treinamento pode incluir segurança da informação, caso você esteja lidando com informações de clientes em um banco de dados ou interagindo com dados confidenciais. E além disso, logicamente, existe treinamento sobre como realizar o trabalho na sua empresa.

Será interessante identificar a tecnologia que você usará na empresa — tudo, desde sistemas de e-mail e mensagens até ferramentas de RH para gerenciar o planejamento salarial, a folha de pagamento, o seguro, e um site para interações e engajamento do cliente. Você precisará de alguém para supervisionar a TI. Esta é uma área onde você pode usar um consultor ou uma agência para suporte.

Um sistema de gestão do conhecimento é um meio importante de criar uma cultura de aprendizagem e incentivar a melhoria dos processos. Aprender com as suas experiências é fundamental, assim como absorver esses aprendizados, para que possa compartilhá-los e implicá-los nos negócios. É uma boa maneira de começar com o pé direito e garantir que crie o sistema de gestão e a cultura que deseja.

COMECE COM STEPHEN COVEY EM MENTE

Como as empresas de sucesso traçam um caminho até o crescimento e a criação contínua de valor para proprietários e acionistas? Você deseja manter a sua empresa em funcionamento, formar uma parceria estratégica ou promover algum outro tipo de fusão e aquisição (M&A, na sigla em inglês)? Em 1989, *Os sete hábitos das pessoas altamente eficazes*, do autor de autoajuda Stephen R. Covey, chegou às livrarias causando alvoroço. O número de oficinas inspiradas em seu livro foi vertiginoso. Até os NIHs, onde eu trabalhava na época, ofereceram um seminário de dois dias para assegurar que os funcionários do governo fossem treinados no método Covey de gerenciamento de desempenho. O capítulo principal, "Comece com o objetivo em mente", abria com um exercício que encorajava o leitor a imaginar o seu próprio funeral, e o que os amigos, familiares e colegas de trabalho estariam dizendo a seu respeito. Isso chamou muita atenção, e foi uma maneira eficaz de fazer as pessoas refletirem sobre os seus objetivos futuros.

Essa metáfora, comece com o objetivo em mente, é apropriada no momento em que você estiver planejando a sua startup. É importante se perguntar, primeiro: qual é o meu objetivo? Como visualizo a minha saída ou a minha colheita? Você não vai trabalhar para sempre, e a sua empresa talvez não viva mais do que você. Você precisa saber o que deseja fazer com a sua empresa, a sua inovação, quando não estiver mais gerenciando-a. No início do livro, conhecemos Leslie Aisner Novak, da HowdaDesignz, a inventora de uma cadeira especialmente projetada para adultos com problemas nas costas e crianças com autismo. Desde o início, Leslie alimentou uma visão de longo prazo em seu hoje bem-sucedido negócio. "Percebi que a pergunta mais importante que precisava fazer a mim mesma ao fundar a Howda era qual seria a minha estratégia de saída", disse ela. "Eu queria administrar o negócio como uma empresa de estilo de vida, vendê-la, ou fazer uma fusão em algum momento? Quando respondi essa pergunta, todo o resto fez sentido".

Leslie toca em um ponto importante: saiba aonde você pretende chegar. Ter uma percepção clara sobre o tipo de empresa que você está desenvolvendo, e em que horizonte de tempo, é fundamental para a sua estratégia, e afeta todas as suas tomadas de decisão.

No caso do ZipStitch, uma tecnologia que poderia substituir as suturas tradicionais em certos tipos de cirurgia, os fundadores imaginaram que a sua tecnologia poderia ser adquirida por uma grande empresa fabricante de dispositivos médicos que atendesse ao vasto mercado de suturas cirúrgicas. Eles estudaram o perfil dos compradores, projetaram os estudos clínicos exigidos para a aprovação regulatória e desenvolveram os relacionamentos necessários com os clientes, de maneira a se adequar ao modelo de negócios das potenciais empresas compradoras. Em seguida, eles se reuniram com vários membros da equipe de aquisição no início do processo de desenvolvimento, para estimular seu interesse e suas contribuições na tecnologia.

Quando chegou a hora certa, eles já estavam posicionados para uma bem-sucedida fusão.

QUAL É A SUA ESTRATÉGIA DE SAÍDA?

As estratégias de saída são imprescindíveis para se tornar um inovador de sucesso, pois oferecem grandes recompensas por anos de trabalho árduo. Meu pai alimentou durante anos a sua estratégia de saída — e o fato de que o seu negócio continua sendo lucrativo e administrado por um membro de sua família mostra que a sua estratégia para atingir o objetivo final era sólida.

Ao mesmo tempo em que a recompensa por ser um grande inovador pode ser fruto da concretização das suas ideias, o sucesso financeiro pode ser um incentivo para criar e aperfeiçoar tanto as ideias novas quanto as já existentes. A segurança oferecida por grandes fluxos de renda também pode ajudar os inovadores a assumir maiores riscos com as suas ideias e os seus investimentos. Esse tipo de comportamento ajuda a romper o molde do pensamento vigente e estimula o aparecimento de produtos e serviços inovadores. Elon Musk não teria sido capaz de se expandir para novas áreas de negócios, como viagens espaciais e carros elétricos, se não tivesse resgatado de seu primeiro empreendimento comercialmente bem-sucedido, o PayPal, o valor de US$ 180 milhões, conforme relatado pelo bilionário.

METAS DE COLHEITA

Enquanto uma saída é um evento de transferência do negócio no histórico da empresa, uma colheita é a oportunidade de o fundador extrair valor da empresa. Há alguns fatores a serem levados em consideração ao avaliar uma estratégia de saída bem-sucedida e ao navegar eficazmente pelas opções de colheita que separam os empreendedores em série dos fracassos singulares. Empreendedores de sucesso geram empregos e riqueza, não apenas um meio de vida.

Uma meta de colheita pode ser usada por alguém interessado em entrar em um novo empreendimento, como forma de avaliar que tipo de resultados finais poderão ser obtidos quando o empreendimento estiver finalizado. A meta de colheita poderia ser vender a empresa para um parceiro estratégico em torno do terceiro ano do empreendimento, ou abrir o capital nessa mesma janela de tempo. De qualquer forma, uma meta de colheita propicia para o empreendimento. Em meados da década de 1980, uma época em que a indústria de software de computadores estava apresentando um desempenho ruim, o autor de empreendedorismo Steve Holmberg pesquisou cem empresas e descobriu que 80% delas estavam focadas em estratégias de curto prazo. Isso não é surpreendente. Quando uma empresa luta para sobreviver e finalmente começa a sua ascensão, a coisa mais distante da mente do fundador pode ser planejar uma saída — mas é exatamente isso o que ele deveria estar fazendo. Muitas vezes não é o que acontece, até que apareça uma crise financeira e os fundadores pensam em vender. A essa altura, eles se apressam para desenvolver um plano de saída e correm o risco de subvalorizar consideravelmente a sua empresa. As metas de colheita são apenas uma etapa na criação de uma estratégia de sucesso, e elas são necessárias para garantir que uma empresa se mostre sustentável.

SENSO DE OPORTUNIDADE

O senso de oportunidade pode ser a diferença entre ganhar US$ 200 mil ou US$ 200 milhões em uma transação. Em 2006, quando Mark Zuckerberg recebeu uma oferta de US$ 1 bilhão pelo Facebook, ele rechaçou os investidores do Yahoo. Muitos analistas financeiros consideraram a negativa um otimismo equivocado e mal calculado, do qual Zuckerberg passaria o resto de sua vida se arrependendo. Hoje, o Facebook vale mais de US$ 300 bilhões. No início dos anos 2000, a Blockbuster Video teve a oportunidade de adquirir um serviço de entrega de DVDs chamado Netflix. A Blockbuster declinou e, em 2010, acabou entrando com um pedido de falência. Em retrospecto é mais fácil afirmar isso, mas esses são dois bons exemplos de como um refinado senso de oportunidade pode determinar o valor de seu empreendimento.

Muitos fundadores optam por sair, temendo uma crise econômica ou disputas internas. Agir pelo medo não é um bom indicativo de estratégia prática quando se planeja um cenário de saída. Inversamente, estabelecer metas de colheita com bastante antecedência poderá ajudá-lo a avaliar o momento oportuno para se retirar de um empreendimento. Isso é mais fácil de falar do que fazer. É preciso paciência, consultas externas e expectativas realistas para encontrar uma janela de tempo viável e condizente com as suas metas de colheita.

Aqui estão três diretrizes para as metas de colheita:

1. Seja paciente. De modo geral, as metas de colheita são estabelecidas para um prazo de três a cinco anos, ou de sete a dez anos;

2. Faça uma avaliação realista do valor da sua empresa. Gerencie as expectativas e não seja ganancioso;

3. Obtenha conselhos de profissionais bem credenciados. Confirme os seus planos com pelo menos três conselheiros diferentes.

OS TIPOS DE SAÍDAS MAIS COMUNS

Um bom orador ou um ator da Broadway sabem quando devem sair de cena. Os inovadores devem ser igualmente sensíveis quanto ao momento de sua retirada. Vários tipos de saídas estão disponíveis, como uma aquisição pelos gestores, uma fusão ou aquisição, ou um IPO. Todos têm diferentes níveis de atração para um proprietário, dependendo do tipo de empreendimento e da tolerância ao risco. Por exemplo, uma aquisição com antecipação do dinheiro tem um risco menor do que uma troca de ações, já que o preço das ações da empresa compradora não é algo que alguém consiga controlar.

VACA DE CAPITAL

Por alguma razão, os investidores adoram analogias bovinas. Então, vamos falar sobre as "vacas" e como elas se encaixam em nosso tópico de estratégia de saída*.

---

* (N. do T.) A autora se refere, aqui, às expressões "cash cow" e "capital cow" (em tradução livre), que dá título a esta seção. O conceito de vaca leiteira, em contraste com a vaca de capital, é a essência do objetivo da colheita. Muitas vezes, um negócio lucrativo é referido como uma "vaca leiteira" quando continua a gerar fluxos de caixa sem muito esforço, e sem a obrigatoriedade da venda da vaca (negócio). A estratégia da "vaca de capital", por sua vez, refere-se ao empreendedor que também não se desfaz do negócio, mas usa o dinheiro por ele gerado para estabelecer um empreendimento alternativo.

Uma vaca de capital não constitui uma saída, mas é uma opção para um proprietário que não necessariamente se planejou para fazer uma saída, mas precisa de grandes quantias de dinheiro e capital para investir em novas atividades. O inovador Elon Musk, mencionado anteriormente, utilizou dinheiro de sua diversificada gama de projetos para financiar seus novos empreendimentos, como a SpaceX. O dinheiro investido na SpaceX produz ganhos de capital que podem ser reinvestidos em outros projetos, que também produzem uma vasta gama de fluxos de receita. Uma vaca de capital também oferece a oportunidade de injetar liquidez em empresas que podem estar com problemas de fluxo de caixa. As vacas de capital são raras, mas podem pagar enormes dividendos para aqueles que conseguem tirar proveito delas.

M&A E ALIANÇA ESTRATÉGICA

A fusão com outra empresa maior é outra maneira de um fundador optar pela saída e obter ganho financeiro. Em um livro que uso no meu curso, *New Venture Creation: Entrepreneurship for the 21st Century*, os autores Stephen Spinelli e Robert J. Adams fornecem um exemplo típico de fusões e aquisições de startups. Dois fundadores, com experiência no desenvolvimento de programas de treinamento para a indústria de computação pessoal, fundiram-se com outra empresa. Eles tinham conhecimentos de informática, mas careciam de habilidades de marketing e de experiência em administração geral. Isso havia ficado óbvio nas receitas do primeiro ano e na incapacidade da empresa de atrair capital de risco. Eles fizeram a fusão com uma empresa que tinha US$ 15 milhões em vendas anuais, com uma excelente reputação em capacitação gerencial e uma base de clientes estabelecida. O comprador obteve uma participação de 80% da empresa menor e consolidou as receitas da empresa em suas demonstrações financeiras. Os dois fundadores da pequena empresa ficaram com 20% da propriedade dela. Eles também firmaram contratos de trabalho com o novo proprietário.

Muitas fusões e aquisições começam como uma aliança estratégica, na qual os fundadores conseguem atrair um capital extremamente necessário de uma grande empresa interessada em sua tecnologia, e onde existem sinergias estratégicas e financeiras. Tais arranjos podem levar, em algum momento, a uma aquisição integral dos fundadores.

OFERTA PÚBLICA

Um IPO pode ser o sonho de muitos empreendedores, mas abrir o capital de uma empresa é um evento raro. O desafio no mercado de IPOs é sua natureza cíclica, de altos e baixos: recessão em 2000, quando a bolha das pontocom estourou; expansão em 2020, ano que foi considerado um dos melhores de todos os tempos para IPOs, apesar da pandemia. Empresas como a DoorDash, a Snowflake e a Airbnb tiveram ótimos IPOs em 2020, com a DoorDash e a Airbnb levantando mais de US$ 3 bilhões cada uma, segundo a Barron's.

Embora complexa para ser efetuada com sucesso, a abertura de capital oferece várias vantagens. Primeiro, ajuda a empresa a financiar um rápido crescimento. Os mercados públicos oferecem acesso a capital imediato ou de curto prazo, ao mesmo tempo em que atendem às necessidades de financiamento de longo prazo da empresa. As empresas podem usar os proventos de um IPO para expandir os negócios no mercado já existente, ou para entrar em um mercado conexo. Os fundadores e investidores iniciais podem estar buscando liquidez (para fazer resgates), mas isso é limitado pela SEC, que monitora o momento oportuno e a quantidade de ações que os executivos, diretores e demais quadros internos podem dispor no mercado público. Como resultado, é possível que, após um IPO, os fundadores tenham de esperar vários anos até auferir algum ganho líquido. Um IPO também é positivo para gerar reconhecimento de marca e melhorar a atratividade de mercado da empresa.

As desvantagens incluem o foco de curto prazo em lucros e desempenho, fazendo com que o negócio seja administrado com uma mentalidade em termos trimestrais. Além disso, devido aos requisitos de divulgação, as empresas públicas perdem a capacidade de manter a confidencialidade de algumas informações, isso para não mencionar a obrigatoriedade de gastar dinheiro em divulgações públicas, auditorias e declarações de impostos. Pelo fato de possuir acionistas públicos, a administração da empresa deve tomar cuidado com o fluxo de informações, por conta do risco de vazamento de informações privilegiadas[29].

AQUISIÇÃO PELOS GESTORES

Os proprietários que desejam sair de um empreendimento também têm a opção de vender suas ações para um proprietário já existente. Essa é uma boa opção caso você deseje que a empresa se mantenha nas mesmas mãos. Os bancos de investimentos geralmente intermedeiam esses tipos de transações. A aquisição pelos gestores pode ser arriscada se os compradores não tiverem o dinheiro necessário para comprar em definitivo as ações do vendedor. Neste caso, as partes precisam criar um acordo estipulando em quanto tempo o saldo será pago. Esse prazo pode estar vinculado ao desempenho da empresa, para ajudar a gerenciar o risco do comprador.

VENDA

Sem dúvida, vender a empresa é a melhor opção para todas as partes, e mitiga os riscos de alterações nos preços das ações que, conforme observado anteriormente, podem deixar o vendedor em desvantagem. Este é o caminho que o meu pai usou para sair de sua empresa, mantendo-a, porém, na família. Ele vendeu a sua empresa para o meu marido que, por sua vez, pagou-lhe em dinheiro, em um curto período de tempo.

FINALMENTE, UMA PALAVRA SOBRE AS AVALIAÇÕES

Ao se preparar tanto para o investimento quanto para a sua estratégia de saída, espere ser questionado sobre o valor da sua empresa. E espere que aqueles que estão lhe perguntando isso coloquem em prática seu próprio exercício de avaliação, como parte de sua diligência. As avaliações são em parte ciência, em parte análise comparativa com colegas do seu setor, e em parte estimativa do potencial de saída. Elas também são em parte arte, o que significa que uma avaliação pode ser influenciada por tendências, modismos, intuição e emoções — a psicologia do investimento. Espere uma abordagem mista ao proceder à sua avaliação. Recomendo que contrate um consultor com conhecimentos específicos para realizar a sua análise. O consultor será um especialista nos principais critérios que influenciam o parecer, incluindo os seguintes:

- A avaliação se baseia, em parte, no estágio em que o negócio se encontra (ou seja, crescimento, expedição de produtos, extensão da linha);
- A força da economia afeta o preço atual de estágios específicos;
- A indústria afeta a percepção do valor da empresa; atualmente, saúde, energia e agricultura são áreas "atraentes";
- O valor final se baseia no grau de interesse dos VCs na empresa e na disponibilidade dos concorrentes;
- Avaliações mais altas são destinadas a áreas "atraentes" de empresas experientes, com vários acordos de investimento.

Meu pai tinha clareza sobre as suas metas e objetivos ao traduzir suas ideias inovadoras em um negócio que duraria algumas gerações. Você precisa fazer o mesmo. Como Novak demonstrou em seus planos de implementação da Howda Designz, você precisa ser claro desde o início, e capaz de responder a algumas perguntas essenciais:

- Por que você está criando uma empresa, o que é o sucesso para você, quando e como você deseja sair?
- Quem depende do sucesso do seu negócio e quem será o maior beneficiado?
- Por outro lado, se as coisas não transcorrerem de acordo com os seus planos, quem será afetado por esse resultado?

As respostas a essas perguntas orientarão as suas decisões sobre a concepção do seu negócio, as suas estratégias de levantamento de fundos, os talentos que você contrata e, até mesmo, como você planeja a sua saída pessoal da empresa. Pode parecer contraintuitivo, mas a principal lição, aqui, é lembrar que, mesmo mergulhado na formulação de uma nova ideia, o inovador experiente já está pensando em como abandoná-la.

Capítulo 10

DESAFIOS DAS MULHERES INOVADORAS

A triste realidade é que apenas 5% das patentes são detidas por mulheres. Apenas 25% das principais empresas de inovação são lideradas por elas. As mulheres representam 20% do total de diretores de inovação na lista da Fortune 500. Elas estão subrepresentadas na ciência, na tecnologia, na engenharia e na matemática (STEM, na sigla em inglês), e a diferença salarial de gênero entre os profissionais de STEM é de 16%. O número de mulheres que iniciarão seu próprio negócio é, provavelmente, duas vezes inferior ao dos homens, e 95% das mulheres que efetivamente iniciam o seu próprio negócio fracassam no intervalo de um ano, por não conseguirem obter financiamento e outros apoios necessários[30].

Por que a inovação é tão desafiadora para as mulheres? Ou, talvez, devêssemos estar fazendo uma pergunta diferente: por que mais mulheres não são encorajadas a se tornar inovadoras? E será que as suas contribuições são amplamente reconhecidas?

Neste capítulo, exploramos as histórias por trás de mulheres inovadoras, famosas e não tão famosas assim, e examinamos por que elas consideram difícil patentear suas ideias, arrecadar fundos para as suas inovações, lançar e manter negócios. Compartilho conclusões com base em pesquisas com mulheres inovadoras, tanto em pequenas empresas quanto em corporações, assim como advogadas, investidoras, formuladoras de políticas e outras operadoras que compreendem o valioso papel que as mulheres inovadoras podem desempenhar na sociedade. Há muito que podemos fazer para diminuir as disparidades e incentivar mais mulheres a ocupar espaços nos mundos da inovação e do empreendedorismo.

E, claro, ofereço a minha própria perspectiva como uma mulher que dedicou a sua carreira à invenção e à inovação. Sendo mulher em meio a um território que tem sido predominantemente masculino, aprendi algumas coisas ao longo do caminho que talvez você considere esclarecedoras e instrutivas, independentemente do seu gênero.

A LIGA DE EXTRAORDINÁRIOS SENHORES E SENHORAS

Com a adrenalina fluindo, já na expectativa do dia seguinte, acelerei o passo ao me aproximar da entrada da Liga Nacional da Filadélfia, na Broad Street — um edifício imponente, com a sua fachada marrom de tijolos renascentistas franceses e a sua dramática escada circular geminada. Duas bandeiras coloridas, uma com o brasão da Liga Nacional, e a outra com o brasão da cidade da Filadélfia, flutuavam sobre o pórtico, na brisa fresca da manhã de abril. Os saltos dos meus sapatos tocaram os velhos degraus de pedra, e parei no patamar para apreciar a vista. Meu momento de reflexão foi interrompido quando um mensageiro, usando um colete cinza e um boné no mesmo tom, abriu a grande porta de madeira fazendo um floreio com o braço, e acenando para que eu entrasse. Em seguida, ele inclinou a cabeça, encostou a mão no boné e disse: "'Bom dia, senhora'". Um gesto cortês, que eu apreciei — mas fiquei me perguntando se as minhas ideias não seriam descartadas com a mesma rapidez com que fui colocada para dentro do prédio, ainda que educadamente.

A Liga Nacional da Filadélfia, por muitos anos classificada como o primeiro clube municipal dos Estados Unidos, é considerada um tesouro histórico da Filadélfia. Fundada em 1862 como uma sociedade patriótica masculina para apoiar a União e as políticas do presidente Abraham Lincoln, lançou as bases filosóficas para outras ligas nacionais em todo o país, dilacerado pela guerra civil. Desde sua fundação, evoluiu para um clube social voltado para profissionais do sexo masculino e, sim, do sexo feminino, representando as lideranças regionais nos negócios, na educação, na tecnologia, na saúde, no governo, na religião, na arte e na cultura.

Naquele dia, eu estava ali como convidada do clube, participando da Feira de Investidores-anjo, um evento anual de levantamento de capital para CEOs de startups na região da grande Filadélfia. Caminhei pelo corredor recoberto por um carpete felpudo com enfeites florais, passando pelos dois restaurantes, o salão de coquetéis e as salas de reuniões do prédio que ocupava todo um quarteirão, até chegar ao grande salão de baile onde a feira estava sendo realizada.

Assim que me identifiquei na mesa de inscrição e peguei entusiasticamente o meu crachá e o manual do participante, uma mulher cujo crachá dizia "Joan" me cumprimentou de maneira burocrática. "O estande da sua empresa já está montado", disse ela. "Você consegue encontrar a localização no mapa que lhe foi entregue junto com o manual". Ela passou a me informar, com toda a clareza, que eu iria participar de seis apresentações para investidores — ou, como eles chamavam, "sessões de encontros rápidos" —, e que haveria dez investidores em cada uma.

"Você terá dez minutos para fazer a apresentação, e dez minutos para perguntas e respostas", concluiu ela. "Haverá um relógio digital na sala, e o cronometrista levantará um cartão quando estiver faltando um minuto para terminar."

O meu tempo já estava esgotado. "Alguma pergunta?", ela questionou, enquanto encarava a fila que havia se formado atrás de mim naquele instante. Para aproveitar a deixa, eu respondi: "Não, já entendi. Obrigada".

Entrei no salão de baile com seu teto branco ornamentado e a iluminação difusa dos candelabros, imaginando as reuniões importantes e as festas de gala que deviam ter ocorrido ali. Reparei na área dos estandes, que já estava repleta de investidores e empresários envolvidos em bate-papos e demonstrações de produtos. Verificando o mapa, constatei que eu estava no primeiro corredor, uma ótima localização. Enquanto eu ajeitava a sinalização da empresa e configurava a demonstração, alguns investidores pararam para dizer que tinham muito interesse em diagnósticos oftalmológicos e que estavam aguardando ansiosamente pela minha apresentação. Apareceu também um investidor chamado Lou, da Ben Franklin Technology Partners. Sua fundação, criada em 1998 com dinheiro das plantações de tabaco da Pensilvânia, investia em novas tecnologias na Filadélfia. "Talvez você seja uma boa escolha para nosso programa. Me ligue na semana que vem", disse ele.

Entrei na sala verde, onde os apresentadores podiam fazer os ajustes finais em suas apresentações e manter conversas individuais com os investidores. Fiquei satisfeita por estar sozinha na sala. Precisava de alguns minutos de silêncio para me preparar mentalmente para a minha primeira sessão de encontro rápido, às 10h.

Enquanto estava sentada na sala verde, examinando a lista dos 25 CEOs participantes, percebi que eu era uma das duas únicas mulheres presentes na feira. Senti-me honrada, mas, ao mesmo tempo, perplexa com a falta de participação feminina. Algo não estava certo. Assumi, então, o compromisso de fazer a minha parte para melhorar aquelas métricas.

Refleti sobre como eu tinha ido parar naquele significativo evento, um marco na breve existência de nossa empresa, que completara um ano. Eu vinha me reunindo com investidores da Costa Leste há três meses e, embora tivesse tido algumas conversas promissoras, nenhuma resultara em um acordo de investimento. Eu sabia que isso estava parcialmente relacionado ao calendário — estávamos em 2010, e o país ainda estava saindo da recessão de 2008, induzida pelo setor imobiliário. A comunidade de investidores havia sido duramente atingida. A NASDAQ (a bolsa de valores para tecnologia, o mais arriscado dos investimentos) tinha despencado, e as comunidades bancária e de fundos privados de capital de risco também haviam sofrido perdas consideráveis. Psicologicamente, as comunidades financeira e empresarial estavam ansiosas para investir e retomar o caminho do crescimento, mas ainda persistia certa apreensão no ar. Ao mesmo tempo, eu era relativamente recém-chegada ao mundo do levantamento de capital. A comunidade de investidores estava bem estabelecida ao longo da Costa Leste e, particularmente, na Filadélfia. Os investidores e os empreendedores em série tinham um bom entrosamento entre si, trabalhavam juntos há anos, e estavam praticamente usando o modelo de "enxaguar e repetir a operação", pois já vinham aperfeiçoando uma fórmula de sucesso ao longo dos anos.

Além do mais, embora eu fosse bem credenciada e estabelecida na área de biotecnologia, tendo servido em cargos de alto escalão em organizações de ciências da vida, eu era uma estreante no mundo das startups — o que é muito diferente de gerenciar um departamento em uma grande corporação. Eu havia ajudado a liderar projetos inovadores nos Institutos Nacionais de Saúde, na Omnicom, na Bristol Myers Squibb e na Covance (agora Labcorp), mas aquela era a minha primeira experiência levando uma tecnologia diretamente dos bancos de pesquisa para o mercado comercial. Era contagiante e, às vezes, avassalador descobrir as coisas pela primeira vez, estabelecer uma nova rede de contatos com outros profissionais de startups e aprender o básico enquanto administrava a empresa. E, finalmente, eu era uma mulher em um mundo dominado pelos homens, como seria possível confirmar dando apenas uma rápida olhada ao redor daquela sala de conferências. As únicas outras mulheres que vi pertenciam à equipe do hotel.

A minha startup era enxuta em todos os sentidos da palavra — eu tinha uma equipe de cinco cientistas, capital de arranque fornecido pelo meu cofundador e um laboratório em um prédio de escritórios em Towson, Maryland. Eu sabia que tínhamos um valor agregado irresistível — melhorar os resultados clínicos de pessoas com doenças oculares —, juntamente com uma impressionante carteira de patentes, estudos de pesquisa e tecnologia baseada na ciência.

Sabendo que eu precisava "entrar" na comunidade de startups para melhorar as minhas chances de fazer uma transição bem-sucedida para aquele novo mundo de empreendedores e investidores, já havia aderido a algumas organizações bem conceituadas: comitês da BIO (Organização de Inovação em Biotecnologia) em Nova York, Nova Jersey e Pensilvânia; o Conselho de Tecnologia de Nova Jersey; o programa de startups do Centro de Ciências da Cidade Universitária; e a Aliança de Mulheres Empreendedoras (AWE, na sigla em inglês). A AWE era uma das minhas favoritas. As mulheres representam apenas 28% da força de trabalho em STEM e aumentar esse percentual era fundamental para fomentar a participação de mais mulheres no mundo da inovação. Fundada por três empresárias da Filadélfia com formação científica, a AWE tinha a missão de elevar o número de mulheres em STEM, ajudá-las a desenvolver e lançar startups e promover o desenvolvimento econômico regional liderado por mulheres. Atuei no programa de mentoria em STEM e no comitê que patrocinava seminários sobre levantamento de capital dirigidos ao público feminino. Pessoalmente, não apenas aprendi bastante sobre angariação de fundos, como também considero que a ampliação da rede de contatos foi algo inestimável. Uma integrante da AWE, sócia de uma empresa de VC da Filadélfia, tinha se encontrado comigo, em grande parte como uma deferência; porém, considerando que as minhas quinze primeiras rodadas com investidores haviam sido exclusivamente com homens, fiquei grata. Ao lado dela, senti que poderia ser eu mesma.

"Preferimos tecnologias digitais que possam chegar ao mercado dentro de três anos", ela me disse. "Seu teste diagnóstico ocular poderia levar de três a cinco anos." Mas ela me deu algumas dicas úteis, e me encaminhou para outro grupo de investidores que considerava mais adequado. De modo geral, as rodadas com investidores do sexo masculino aconteciam de duas maneiras. Notei, curiosamente, que os homens com mais de sessenta anos respondiam com um encorajamento idêntico ao de um tio, reconhecendo o potencial da nossa tecnologia e a minha sólida experiência clínica e empresarial. Vários se ofereciam para agendar reuniões com outros contatos seus e me apresentavam a advogados e contadores que, segundo eles, poderiam ajudar a fortalecer a minha história comercial e jurídica. Os investidores mais jovens se concentravam apenas nos negócios. Eles faziam algumas anotações, propunham um interrogatório, depois ofereciam seus comentários, e normalmente me diziam para retornar depois que tivéssemos mais dados clínicos para sustentar as nossas alegações sobre os produtos. Eu poderia afirmar que não seria fácil adentrar os círculos de investidores masculinos. "Sim, mas isso não é um problema", um amigo me disse, "você é mestre em contornar obstáculos, e encontrará um caminho. Vi você fazer isso durante toda a sua carreira".

Apreciei o incentivo. E os investidores haviam feito um questionamento legítimo quando pontuaram a necessidade de mais dados para respaldar as alegações a respeito da nossa tecnologia. *Como vou obter mais dados sem financiamento?*, pensei comigo mesma. Tratava-se de um impasse, um círculo vicioso. Os comentários me estimularam a me candidatar a bolsas de pesquisa federais, estaduais e de fundações; eu sabia que essas bolsas demorariam um ano ou mais para serem outorgadas, mas elas poderiam fornecer financiamento não dilutivo (essencialmente gratuito), pois o dinheiro não precisaria ser devolvido. Pelo menos, eu poderia mostrar aos investidores que estava buscando todas as formas de financiamento possíveis para avançar no desenvolvimento da nossa tecnologia.

Em fevereiro, fiquei emocionada quando recebi o telefonema do presidente da comissão de seleção da feira, informando que eu havia sido selecionada. Meu cofundador estava convencido de que haviam nos chamado porque a nossa tecnologia estava à frente de seu tempo, e os investidores estariam implorando para investir. Embora eu achasse que tínhamos uma boa história para contar, também sabia que as minhas colegas da AWE tinham me defendido junto à comissão de seleção. Gloria, que havia se aposentado de um cargo científico de nível sênior na DuPont e era membro do Golden Seeds, um fundo de investimento que favorecia CEOs mulheres, me apresentara à comissão como uma executiva de ciências da vida e inovadora de sucesso, com um caso de negócios atraente e uma tecnologia interessante. Em um dos nossos almoços de mentoria, Gloria compartilhara comigo a sua própria e desafiadora escalada na hierarquia corporativa da DuPont. Ela atribuía a alguns de seus mentores o crédito por ajudá-la a transitar com desenvoltura na empresa. Já aposentada e membro da comunidade de investimentos, ela queria fazer o que estivesse a seu alcance para ajudar as mulheres a obter sucesso no ecossistema da inovação e do empreendedorismo. Eu também me esforcei para ajudar as mulheres empreendedoras ao longo da minha carreira, e Gloria foi uma inspiração inicial para a minha dedicação às mulheres e às suas carreiras como inovadoras.

Voltei novamente a minha atenção para o presente, e vi que o relógio da sala verde marcava 9h50. Faltavam apenas alguns minutos para o horário marcado e, então, me encaminhei para a Lincoln Room para fazer a minha primeira apresentação de levantamento de capital no formato de um encontro rápido. Dez homens brancos vestidos com ternos escuros, com idades variando entre 35 e setenta anos, estavam sentados ao redor de uma grande mesa retangular de mogno, reclinados em cadeiras de couro. Eu sabia que muitos deles haviam lucrado bastante durante a bolha das pontocom, e tinham tido a sorte de fazer resgates antes que o mercado fosse à falência. Eles estavam procurando um lugar para investir seu dinheiro extra.

A minha apresentação, que já estava memorizada, era fluida, e eu a havia cronometrado nos mínimos detalhes. No canto da sala, a mulher com a placa digital sinalizou a marca de um minuto exatamente quando eu estava terminando a minha súmula. "Nossa empresa está oferecendo uma nova solução para o problema da doença ocular relacionada à idade", disse eu, nos segundos finais do tempo que me fora concedido. "Temos uma equipe sólida, compromissos com parceiros estratégicos, e um rápido acesso às receitas. Precisamos de US$ 1,5 milhão para chegar ao nosso primeiro marco, a conclusão de nosso estudo clínico. Espero que vocês considerem se juntar a nós, enquanto construímos uma empresa que vem mudando a forma como as doenças oculares são tratadas, oferecendo esperança a muitos que, de outra forma, ficariam cegos." A plateia aplaudiu, e algumas mãos se ergueram.

Bernie, um respeitado e atuante investidor-anjo, fez um pedido: "Fale mais sobre a concepção do seu estudo e o planejamento estatístico".

Paul, de uma empresa local de VC, queria saber se havíamos conversado com a FDA sobre a nossa tecnologia, e um senhor mais velho do Oriente Médio, que não reconheci, e cujo crachá dizia apenas "Tal", perguntou sobre os pacientes de quem estávamos coletando amostras. *Nada com que eu não pudesse lidar*, pensei, enquanto respirava aliviada e me retirava da sala.

As outras apresentações foram semelhantes, embora um investidor de uma empresa nacional de VC tenha realmente me pressionado, colocando em xeque a validade da nossa ciência. Ele fez perguntas sobre a nossa linguagem de patentes, parecendo já estar bem informado sobre os nossos registros. Fiquei me perguntando se ele estava financiando algum produto concorrente. Mais tarde, descobri que, de fato, estava mesmo, e que havia sido desdenhoso em relação a mim e à minha apresentação durante a reunião para troca de informações entre os investidores. Esses tipos de fóruns são projetados para que o empreendedor compartilhe informações não confidenciais. Fiquei feliz por não ter entrado em muitos detalhes sobre a nossa estratégia de propriedade intelectual e nossos planos de desenvolvimento clínico durante a seção de perguntas e respostas. O meu trabalho era fornecer apenas as informações suficientes para transmitir confiança e conseguir agendar uma reunião, antes da qual eu e o investidor interessado assinaríamos um acordo de confidencialidade.

Três das minhas seis sessões de encontros rápidos contaram com a participação de uma investidora. Analisando a lista, notei que cinco dos 65 investidores eram mulheres, refletindo a proporção de investidoras que atuavam como anjos e VCs — cerca de 5%. E, sim, há uma correlação, ainda que empírica, entre o número de investidoras (5%) e o número de empreendedoras que recebem investimento-anjo e de VC (3%).

Naquele dia, fui apresentada a uma dúzia de novos investidores, aprofundei o relacionamento com alguns que já conhecia e encontrei outros empreendedores incríveis, muitos dos quais se tornaram colegas e amigos — entre eles, Dan e Eric, do ZipStitch, uma nova tecnologia que reduziu as complicações cirúrgicas e o tempo de reabilitação, e Cid, que inventou um assento de automóvel "inteligente" para crianças, que informava aos pais se a cadeirinha estava devidamente instalada e presa. Ele havia perdido um neto em função de um sistema de contenção infantil inadequadamente afixado, e ele mesmo havia projetado aquele novo modelo de assento. No meu caso, um ponderado investidor-anjo montou uma espécie de banca (uma equipe de outros anjos interessados) para realizar diligências (como você deve se lembrar do capítulo anterior, trata-se de uma avaliação de cima abaixo da tecnologia e da empresa). Eles decidiram esperar para investir até que dispuséssemos de dados clínicos. E uma empresa local de VC me ofereceu um acordo de investimento — um rascunho do acordo —, mas eles exigiram tanta participação acionária que decidimos declinar. A minha empresa garantiu bolsas de pesquisa e parcerias estratégicas e, em última análise, acabou não precisando de financiamento de VC, devido à mudança de direção que fizemos logo após o acidente do meu cofundador.

Quanto a mim, conheci alguns dos profissionais mais criativos, inovadores e orientados para resultados ágeis durante aquele período. Fiquei ainda mais comprometida com a inovação e com a cultura e o ecossistema empreendedores. Cofundei várias outras empresas e levantei fundos para as minhas empresas e as dos meus colegas anjos e VCs. Também redobrei o meu foco em mulheres na inovação, procurando maneiras de compartilhar as minhas experiências e conhecimentos recém-adquiridos com outras mulheres. Em uma das minhas oficinas, trouxe como palestrante convidada uma repórter radicada em DC, autora, consultora e professora especializada em mulheres e empreendedorismo. Em 2010, Sharon Hadary escrevera um artigo seminal no Wall Street Journal amparando-se em uma pesquisa que ela havia realizado sobre os motivos que tanto dificultavam a entrada das mulheres no mundo do empreendendorismo e a consequente obtenção de sucesso[31].

No artigo, Hadary observava que, embora o número de empresas cujas proprietárias eram mulheres tivesse crescido nas três décadas anteriores, com as mulheres lançando novas empresas duas vezes mais do que os homens, as empresas comandadas por pessoas do gênero feminino eram pequenas em comparação com aquelas comandadas por homens. Ela relatava que a receita média das empresas fundadas por mulheres correspondia a apenas 27% da receita média das empresas fundadas por homens.

"E, no entanto, 250 mil mulheres nos Estados Unidos possuem e lideram negócios com receita anual superior a US$ 1 milhão, prova de que as mulheres têm a capacidade, a visão e a perseverança necessárias para serem empreendedoras de sucesso", concluiu ela no artigo. "Então, o que as está restringindo?" Sua pesquisa revelou um problema duplo: 1) as mulheres têm visões autolimitadoras de si mesmas, de seus negócios e das oportunidades disponíveis; e 2) as mulheres enfrentam percepções e expectativas estereotipadas entre líderes empresariais e governamentais.

Como profissional de startup, posso afirmar que, mesmo no melhor dos cenários, já é suficientemente difícil ser inovador e empreendedor de uma startup, quanto mais ser uma mulher nessa área. Como vimos ao longo deste livro, é preciso algum tempo para desenvolver e lançar uma ideia comercialmente viável, levantar capital e se transformar em um negócio financeiramente autossustentável. Isso também produz seus efeitos sobre a situação financeira pessoal de um empreendedor. Não acho que o fato de ser mulher tenha afetado a minha capacidade de ser bem-sucedida. As mulheres são tão inteligentes, confiantes, curiosas e resilientes quanto os homens. No entanto eu, assim como muitas das minhas colegas mulheres, tinha obrigações financeiras e familiares como mãe de uma família jovem, e essas obrigações influenciavam os meus planos de médio prazo. Empreendedores em série adquirem experiência em startups depois de terem passado por três ou quatro processos semelhantes — e isso pode exigir dez, quinze, vinte anos de esforço contínuo. É por isso que os empreendedores em série são tão atraentes aos olhos dos investidores e da comunidade. Depois de cinco anos atuando como inovadora no mundo das startups, eu já havia lançado várias empresas e levantado capital. Mas não tinha conseguido o montante suficiente para gerar o tipo de receita e de saída que me permitissem ser financeiramente independente. E eu não podia correr riscos pessoais por um período incerto. No fim, por segurança, voltei ao mundo corporativo.

Logicamente, como discutimos neste livro, a inovação acontece de muitas maneiras e sob várias circunstâncias. Decidi focar o meu espírito inovador e as minhas pretensões com startups na inovação corporativa, ou no que eu chamo de iniciativas intraempreendedoras, ajudando grandes organizações a adotar a inovação e a introduzir novas tecnologias no mercado, com uma abordagem de startup que eu havia aprendido e colocado em prática. Ao mesmo tempo, continuei envolvida no mundo das startups como professora, conselheira, instrutora e investidora-anjo. Assim sendo, tenho o melhor de dois mundos. Ajudo as corporações a inovar e permaneço envolvida na comunidade de startups, servindo como um recurso para os inovadores. E faço isso com orgulho, como profissional, inovadora, educadora e, até mesmo, como mãe, quando tive a oportunidade de orientar os interesses empresariais dos meus filhos e seus colegas.

Avanço rápido para 2021: houve alguma mudança para as mulheres em STEM e no mundo das startups? De acordo com um artigo da Harvard Business Review publicado em 2020, na última década o capital de risco quadruplicou nos EUA, e o número de negócios lançados por mulheres subiu para 40%. No entanto, a porcentagem de dólares de capital de risco levantados por empresas fundadas por mulheres não sofreu praticamente nenhuma alteração desde 2012. Nos Estados Unidos, cerca de 3% do capital de risco vão para as empresas fundadas integralmente por mulheres[32]. Apenas 15% vão para empresas que têm ao menos uma mulher na equipe fundadora, segundo dados do Pitchbook de recursos empresariais de 2018 e de um relatório de 2019 da InnovFin Advisory, do Banco Europeu de Investimento.

Não estamos muito melhores do que em 2010, quando Hadary publicou sua análise.

As estatísticas não são nem um pouco melhores na Europa. Em julho de 2020, a Comissão Europeia divulgou um relatório afirmando que, em 2018, mais de 90% do capital levantado por empresas de tecnologia financiadas por empresas de capital de risco europeias haviam sido destinados a empresas cujos fundadores eram do sexo masculino. Apenas 5% do capital foram destinados a equipes gerenciais mistas, e meros 2% a equipes inteiramente compostas por mulheres.

O irônico é que os dados sobre a importância da diversidade de gênero na garantia do sucesso corporativo são positivos. As empresas lideradas por mulheres tendem a exigir menos capital, ao mesmo tempo em que oferecem retornos mais altos. Um estudo do Boston Consulting Group mostrou que as mulheres superaram o desempenho das startups de seus colegas homens, apesar de arrecadarem menos dinheiro. Para cada dólar levantado, as startups administradas por mulheres geraram 78 centavos de receita, enquanto as contrapartes masculinas geraram 31 centavos. Uma pesquisa da First Year Capital, realizada com seiscentos fundadores, descobriu que aqueles que faziam parte de uma equipe com uma fundadora do sexo feminino tiveram um desempenho 63% melhor do que equipes formadas inteiramente por homens.

Além disso, os problemas enfrentados pelas mulheres são os mesmos descritos por Hadary em 2010. Em 2018, um relatório do Eurostat concluiu que, tanto na Europa quanto nos Estados Unidos, as mulheres têm metade da probabilidade de trabalhar por conta própria, percebem-se como possuindo menos experiência empreendedora do que os homens, têm menos diversidade em suas redes de contatos, dispõem de conexões inadequadas para levantamento de fundos, enfrentam percepções sociais que afetam sua confiança para lançar uma startup e vivenciam sistemas tributários e familiares que não incentivam um modelo com duas fontes de renda. A disparidade é particularmente alta no setor de tecnologia, onde menos de 15% dos fundadores são mulheres, um lembrete dos desafios de não haver mulheres suficientes em STEM.

As startups lideradas por mulheres tendem a ser menores e, muitas vezes, são menos orientadas para o capital intensivo e para o crescimento, e mais voltadas para serviços como cuidados de saúde e trabalhos sociais. Um estudo descobriu que as mulheres que conseguem levantar capital tendem a liderar empresas com uma missão social. De acordo com um artigo publicado em 2018 pela *Harvard*

Business Review, um número desproporcional de empreendimentos que enfatizam o impacto social parece ser fundado por mulheres[33]. Os pesquisadores comentam sobre o papel preponderante dos estereótipos na forma como os empreendedores são avaliados. Uma imagem icônica envolve os empreendedores de sucesso — espera-se que eles sejam agressivos e ambiciosos. Isso representa um desafio para as empreendedoras, pois pesquisas mostram que as mulheres que projetam uma personalidade agressiva e pouco feminina podem ser vistas como mais competentes, mas também podem sofrer por violar as expectativas sociais de amabilidade e cuidado. As mulheres enfrentam um duplo vínculo. O que se espera delas como empreendedoras está em desacordo com o que se espera delas como mulheres. O foco no impacto social parece quebrar o duplo vínculo, evitando a discriminação e, ao mesmo tempo, atendendo às expectativas de gênero.

COMO AS MULHERES INOVADORAS PODEM POTENCIALIZAR A ATUAL CONJUNTURA?

Com base no que vi e vivi, e também no que os dados nos mostram, ofereço as seguintes sugestões a outras mulheres inovadoras sobre como ser percebida neste que, infelizmente, ainda é um mundo muito masculino.

Trabalhe com o que você tem. Aproveite a percepção de que as mulheres são boas líderes de startups de impacto social e fale sobre sustentabilidade e a implicação da sua empresa na sociedade em suas mensagens, se isso for relevante. As empresas sociais estão em ascensão, e as mulheres podem tirar proveito disso.

Explore o número crescente de redes de anjos focadas em mulheres. Segundo a Universidade de Berkeley, atualmente as mulheres representam 26% dos investidores-anjo. A Golden Seeds, a Plum Alley, a Astia e a 37 Angels estão fornecendo capital de arranque para fundadoras de alto potencial. A Morgan Stanley e a Goldman Sachs lançaram aceleradoras para empreendedoras e empreendedores multiculturais de ambos os sexos. A Andreesen Horowitz e a SoftBank anunciaram fundos para fornecer capital a fundadores e empreendedores insuficientemente assistidos, incluindo mulheres e pessoas não brancas.

Aproveite o número crescente de programas de aceleração de inovações para criar uma rede capaz de impulsionar os seus negócios. A inovação e o empreendedorismo são planos de carreira populares, promovidos pela maioria das faculdades e universidades, e um dos focos de programas de desenvolvimento econômico federais, estaduais e locais. Tanto na academia quanto no governo, há um enfoque coordenado e forte na promoção do empreendedorismo como opção de carreira e como meio de criar novos empregos, oportunidades, e riqueza para as comunidades. A Women in Innovation (WIN) é uma organização internacional com quatro mil membros em Nova York, São Francisco e Londres, voltada para a realização de eventos e programas de treinamento. As mulheres podem se valer de vários programas oferecidos pela WIN e instituições afins em suas regiões, fazendo aulas, participando de laboratórios de aceleração e frequentando eventos de socialização para fortalecer suas redes de investidores, banqueiros, profissionais de finanças, do direito e demais profissionais que possam ajudá-las a tirar as suas ideias do papel. Esses fóruns também são uma oportunidade ideal para conhecer outros inovadores e empreendedores, sejam homens ou mulheres, compartilhar experiências, contar e ouvir histórias e trocar indicações de consultores e outros recursos úteis.

Potencialize o foco comunitário nas mulheres em STEM, de modo a se envolver nos esforços locais para promover as mulheres na inovação. A melhor maneira de recrutar mais mulheres para os campos técnicos que vão alimentar o conjunto das futuras inovadoras e empreendedoras é incentivar mais mulheres jovens a seguir carreiras em ciências e engenharia. Os programas em STEM são facilmente identificáveis nos níveis de ensino médio e universitário, e as mulheres têm a oportunidade de influenciar, treinar e orientar jovens mulheres a levar em consideração as carreiras técnicas. Considere participar de um evento como oradora convidada, ou, até mesmo, servir de mentora para uma aluna. Ao se envolver mais na comunidade STEM, as mulheres podem causar um impacto positivo em outras mulheres e fazer progredir o ecossistema da inovação em geral. Existe um foco equivalente no aumento da diversidade em STEM, e as mulheres também podem ser importantes defensoras nesse sentido.

O QUE OS LÍDERES PODEM FAZER PARA INCENTIVAR MAIS MULHERES EMPREENDEDORAS E INOVADORAS?

Não paremos no nível local. Precisamos de um chamado à ação. Mulheres e homens precisam criar uma voz unificada, reivindicando mudanças no ecossistema empreendedor. Precisamos da atenção e do envolvimento de todo o ecossistema — financeiro, acadêmico, governamental e empresarial. Aqui estão algumas mudanças que farão a diferença agora e no futuro.

Responsabilize as empresas de VC, exigindo que os gestores veteranos de fundos de VC revelem o número de empresas com liderança diversificada em que estão investindo, bem como o capital comprometido com essas empresas, tanto na fase de diligência quanto nas revisões anuais de desempenho. Enquanto 65% dos sócios comanditários das empresas de VC afirmam se preocupar com a diversidade, apenas 25% perguntam sobre isso durante as diligências. O que é medido é realizado! De acordo com a Universidade de Berkeley, atualmente 6% das empresas de VC têm mulheres entre os seus sócios. Monitore o número de mulheres em cargos seniores nos fundos de VC. Os investidores já enfrentaram grandes questões sociais antes disso. Em meados de 2020, quase 450 investidores institucionais, representando mais de US$ 41 trilhões em ativos, aderiram ao Climate Action 100+[34]. Eles estabeleceram metas para a representação no conselho e para a redução de emissões, e pressionaram o mercado para que as empresas fizessem escolhas que respeitassem o clima. O resultado foi uma maior transparência sobre os rastros de carbono das empresas e dados mais precisos sobre o fluxo de capital para cada uma delas, com base em atividades relevantes para o clima. Eles criaram uma urgência e uma conjuntura para a ação climática que não existiam antes em tal escala.

Mude a mentalidade e incentive as mulheres a pensar grande, fornecendo mais treinamento sobre o estabelecimento de metas, especialmente em torno de finanças — como levantar capital e construir relacionamentos. Esse treinamento deve ser patrocinado por universidades, escritórios de transferência de tecnologia e grandes corporações com escritórios de inovação. Empresas como a IBM, que têm um compromisso com a promoção de mulheres inovadoras, já patrocinaram programas para incentivar as disciplinas STEM no ensino médio e capacitar empreendedoras.

Crie um ambiente e faça a mudança cultural necessária para incentivar mais mulheres a estudar as disciplinas e ingressar em carreiras STEM. A inovação significativa acontece quando pessoas inteligentes e dedicadas são treinadas em áreas técnicas, visando adquirir o conhecimento e as habilidades para criar produtos e serviços que possam melhorar a maneira como vivemos, trabalhamos e nos divertimos. De acordo com um relatório da Ernst and Young divulgado em março de 2019, atualmente as mulheres ocupam um número menor de cargos em ciência da computação do que na década de 1980. O Centro para Inovação de Talentos dos EUA explica que as mulheres têm duas vezes mais chances do que os homens de abandonar a indústria de tecnologia. Precisamos reverter essa tendência. Como um primeiro passo, precisamos conduzir as mulheres até as disciplinas STEM; em seguida, precisamos apoiá-las nessas carreiras, ajudando-as a equilibrar as vidas profissional e pessoal, a alcançar a ascensão profissional e a receber incentivos equitativos, incluindo a remuneração.

Siga o exemplo da Babson. Uma instituição acadêmica que está fazendo um trabalho louvável de encorajar mulheres inovadoras é a Universidade de Babson. Localizada em Babson Park, Massachusetts, a instituição é líder no ensino superior em empreendedorismo, e abriga o Centro Universitário para Liderança Empreendedora da Mulher. Trata-se de um líder acadêmico atuando na promoção da liderança de mulheres empreendedoras e no apoio a inovadoras e fundadoras.

O WIN Lab, estabelecido na Babson em 2013, é um acelerador de negócios para mulheres empreendedoras. Ele fornece um rigoroso processo experimental, com base na comunidade, que catalisa a mentalidade da inovação e permite o escalonamento bem-sucedido dos negócios. O programa de ensino de cinco meses é escorado em orientação individual, acesso a especialistas, interações com executivos de empresas, uma comunidade formada por pares e um programa que torna os alunos responsáveis por seu progresso.

Claramente, os desafios que as mulheres enfrentam como inovadoras e empreendedoras não podem ser superados da noite para o dia, mas há motivos para uma esperança contínua, e devemos permanecer focados e vigilantes na condução dessa mudança. Hoje, uma jovem nos Estados Unidos, na Europa e em partes da Ásia tem mais oportunidades do que nunca de ter uma carreira de sucesso como inovadora, pois a consciência da necessidade de diversidade é maior — os dados comprovam que mulheres ocupando cargos de liderança são uma coisa boa para os negócios. O 3º Índice Mastercard de Mulheres Empreendedoras, que avalia os países com base nos resultados do progresso das mulheres, incluindo a participação na força de trabalho, o acesso a financiamento e o apoio empresarial, classificou os Estados Unidos em primeiro lugar, seguidos por Nova Zelândia, Canadá e Israel. Precisamos continuar a pressionar por mudanças. Considere o movimento sufragista. Passaram-se oitenta anos até que as mulheres conquistassem o direito de votar. Susan B. Anthony, corajosa inovadora no que diz respeito às mudanças social e política, morreu quatorze anos antes da 19ª Emenda ser aprovada. Ela nos faz lembrar que talvez sejam necessárias algumas gerações até que uma mudança significativa e mensurável se transforme no mais novo modo de funcionamento. É importante ressaltar que, como discutimos neste livro, a adversidade e a necessidade trazem à tona o que há de melhor no inovador. Os inovadores têm paixão por novas ideias e mudanças positivas, e possuem motivação e resiliência para seguir adiante, até encontrar o sucesso.

Ao longo da história, centenas de mulheres inovadoras (aquelas que chegamos a conhecer) foram dignas de nota. Essas mulheres identificaram um problema, desenvolveram uma solução viável e, então, perseveraram até serem bem-sucedidas. Gostaria de compartilhar com vocês meu Hall da Fama das mulheres inovadoras.

HALL DA FAMA DAS MULHERES INOVADORAS, SEGUNDO A PROFESSORA MARCHAND

Meus critérios para nomear uma mulher para o hall da fama incluem sua capacidade de identificar um problema que valha a pena ser resolvido e de examinar várias soluções, além da patenteabilidade de sua ideia. Essas mulheres também aderiram a muitas das leis de inovação mencionadas neste livro — incluindo o espírito da mudança de direção e a resiliência pessoal. Também procurei pela diversidade entre as inovadoras, e ofereço alguns recursos adicionais no fim desta seção, para que você possa se divertir com a leitura. Incluí detalhes sobre a vida da inventora e uma citação, quando disponível. Você pode consultar o artigo de Susan Fourtané citado nas notas para obter mais informações sobre mulheres inovadoras de importância histórica[35].

- JOSEPHINE COCHRANE (1839—1913), Ashtabula, Ohio.
  Inventou a máquina de lavar louça automática.

"Eu não conseguia que os homens fizessem as coisas que eu queria do meu jeito, até que eles tentassem fazê-las por conta própria e fracassassem. Eles insistiam em fazer o que queriam com a minha invenção, até se convencerem de que o meu jeito era o melhor, independentemente de como eu havia chegado lá."
—Josephine Cochrane

Cochrane projetou a lava-louças medindo os pratos e criando compartimentos para acomodar cada tipo de louça. Os compartimentos individuais foram colocados dentro de uma roda que ficava na horizontal, dentro de uma caldeira de cobre. Um motor girava a roda, enquanto a água quente com sabão esguichava do fundo da caldeira e banhava os pratos. Ela exibiu a máquina de lavar louça na Feira Mundial de Chicago de 1893 e ganhou o prêmio máximo como melhor construção mecânica, durabilidade e adaptação ao seu ramo de trabalho. Ela fundou a Garis-Cochrane Company para fabricar as suas máquinas de lavar louça, sendo uma precursora da KitchenAid.

- MARIE CURIE (1867—1934), Varsóvia, Polônia
  Descobriu a radioatividade.

"O uso de raios-X durante a guerra salvou a vida de muitos feridos; também salvou muitos de longos sofrimentos e enfermidades duradouras."
—Marie Curie

Curie cunhou a palavra "radioatividade", e seu trabalho com raios de urânio criou o campo da física atômica. Por conta de sua descoberta da radioatividade, e dos elementos radioativos polônio e rádio, esta última junto com o seu marido, Pierre Curie, Marie foi a primeira mulher a ganhar um Prêmio Nobel, e a primeira pessoa a recebê-lo duas vezes. Institutos de ensino e pesquisa, incluindo o Instituto Curie e a Universidade Pierre e Marie Curie, foram batizados com seu nome.

Ela morreu de anemia aplástica, um distúrbio que desenvolveu por carregar tubos de ensaio de rádio nos bolsos de seu jaleco e trabalhar com materiais radioativos. Seu livro *Radioatividade* foi publicado postumamente, em 1935. Seus restos mortais foram enterrados com os de Pierre no Panteão, em Paris; ela foi a primeira das únicas cinco mulheres sepultadas ali.

- HEDY LAMARR (1914—2000), Viena, Áustria.
  Inventou um sistema de comunicação secreto que prenunciava o Bluetooth, o GPS e o Wi-Fi.

"Qualquer garota pode ser glamurosa;
tudo o que você tem a fazer
é ficar parada e parecer estúpida".
—Hedy Lamarr

Atriz de cinema e inventora autodidata, Lamarr e seu colega George Antheil desenvolveram um sistema de orientação por rádio que usava espectro de propagação e tecnologia de salto de frequência para bloquear sinais de rádio.

Eles o criaram para uso em navios torpedeiros aliados na Segunda Guerra Mundial, embora a Marinha dos EUA não tenha adotado a tecnologia até 1960. Em 2014, Lamarr foi empossada postumamente no Hall da Fama dos Inventores Nacionais. Vários livros foram escritos sobre sua vida e sua invenção, incluindo *A única mulher*, de Marie Benedict.

- JOY MANGANO (1956—), East Meadow, Nova York. Inventou o Miracle Mop.

"Tudo o que você precisa é de uma pessoa
para dizer sim a uma ideia."
—Joy Mangano

Em 1990, Mangano inventou o Miracle Mop, um esfregão de plástico com autotorção que gerou US$ 10 milhões por ano. Posteriormente, ela inventou outros produtos, incluindo os cabides Huggable revestidos de veludo, o neutralizador de odores domésticos Forever Fragrant, e a mala com rodas SpinBall. Sua linha de produtos gerou mais de US$ 3 bilhões em receitas. Sua autobiografia, *Inventing Joy: Dare to Build a Brave and Creative Life*, foi publicada em 2017.

- MADAME C. J. WALKER (1867—1919), nascida Sarah Breedlove, em uma fazenda escravocrata da Louisiana.
Inventou produtos de cuidados capilares para mulheres negras e entrou para a história como a primeira mulher a se tornar milionária nos Estados Unidos.

"Não estou meramente satisfeita em ganhar dinheiro
para mim mesma, pois procuro dar emprego a centenas
de mulheres da minha raça. Quero dizer a todas
as mulheres negras: não fiquem sentadas esperando as
oportunidades aparecerem. Levantem-se e façam
com que elas aconteçam."
— Madame C. J. Walker

Walker desenvolveu sozinha os tratamentos para os cabelos e recrutou 25 mil mulheres negras na América do Norte, na América Central e no Caribe para serem consultoras de beleza de porta em porta. Sua história serviu de base para uma série da Netflix, inspirada no livro *On Her Own Ground*, escrito por sua tataraneta A'Lelia Bundles.

- MARY ANDERSON (1886—1953), Condado de Greene, Alabama. Inventou a palheta do limpador de para-brisa.

No inverno de 1902, durante uma visita à cidade de Nova York, Anderson, incorporadora imobiliária e fazendeira, usou o bonde como meio de transporte. Ela observou que o motorista dirigia com as vidraças das janelas dianteiras abertas, devido à dificuldade de manter o para-brisa livre dos granizos. Quando voltou para casa, contratou um projetista e construiu um dispositivo operado manualmente para manter o para-brisa limpo; em seguida, encomendou a uma empresa a produção de um protótipo funcional de sua invenção. Em 1905, Anderson tentou vender os direitos de sua invenção para uma empresa canadense, mas a sua oferta foi rejeitada pelo seguinte motivo: "Não consideramos que tenha um valor comercial para justificar a venda". Em 1920, depois que a patente expirou e o negócio de fabricação de automóveis cresceu exponencialmente, os limpadores de para-brisa usando o projeto de Anderson se tornaram equipamentos padrão. A Cadillac foi o primeiro fabricante de automóveis a adotá-los, em 1922.

- GERTRUDE BELLE ELION (1918—1999), Nova York. Desenvolveu novos medicamentos para herpes, transplantes de órgãos e leucemia.

Elion desenvolveu 45 patentes em medicina. Em 1944, foi contratada pela Burroughs-Wellcome, onde iniciou uma parceria de quarenta anos com o dr. George H. Hitchings para a criação de medicamentos com base no estudo da composição das células doentes. Eles usaram as diferenças bioquímicas entre as células normais e os agentes causadores de doenças para desenvolver drogas que bloqueariam infecções virais. Elion foi agraciada com o Prêmio Nobel de Medicina, ao lado de George Hitchings e sir James Black. Em 1991, ela se tornou a primeira mulher a ser empossada no Hall da Fama dos Inventores Nacionais.

- BETTE NESMITH GRAHAM (1924—1980), Dallas, Texas.
  Inventou o Liquid Paper.

> "Graham administrava sua empresa com foco na espiritualidade, igualitarismo e pragmatismo. Ela defendia a tomada de decisão descentralizada, e enfatizava a qualidade do produto em detrimento dos lucros. Ela acreditava que as mulheres poderiam trazer uma qualidade mais afetuosa e humanística ao mundo masculino dos negócios."
> — Edward T. James, Notable American Women.

Graham era secretária executiva do Texas Bank and Trust quando as primeiras máquinas de escrever elétricas foram lançadas. Para lidar com o problema de não conseguir apagar facilmente os erros datilográficos cometidos, ela desenvolveu um fluido de correção a partir de tintas de têmpera de base aquosa. Ela colocou o líquido em um frasco e levou esse preparado para o trabalho secretamente por cinco anos.

O professor de química de seu filho a ajudou a desenvolver o produto, que ela chamava de "tinta corretiva". Graham patenteou a sua invenção, rebatizou-a de Liquid Paper, registrou sua marca e lançou sua própria empresa. Em 1979, ela vendeu a empresa para a Gillette Corporation por US$ 47,5 milhões. Enquanto isso, seu filho, Mike Nesmith, se tornava famoso como integrante da banda e do seriado de televisão dos anos 1960, The Monkees.

- ADA LOVELACE (1815—1852), Londres, Inglaterra.
Inventou o primeiro programa de computador.

"Este meu cérebro é algo mais
do que meramente mortal,
como o tempo vai mostrar."
—Ada Lovelace

Filha do poeta Lord George Byron, Lovelace trabalhou ao lado de Charles Babbage no desenvolvimento do primeiro computador de uso geral, chamado máquina analítica. Em 1842, ela elaborou as instruções para o primeiro programa de computador a ser rodado na máquina.

- PATRICIA BATH (1942—), Harlem, Nova York.
Inventou a cirurgia de catarata a laser.

"A capacidade de restaurar
a visão é a recompensa final."
—Patricia Bath

Bath concluiu uma bolsa de estudos em oftalmologia na Universidade de Columbia. Em 1981, ela começou a trabalhar em sua invenção, a sonda Laserphaco, que possibilitou a realização precisa de cirurgias de catarata a laser, um procedimento até então realizado manualmente. Em 1986, ela patenteou sua descoberta, tornando-se a primeira médica afro-americana a receber uma patente médica. Ela passou sua carreira trabalhando em prol dos cegos, não apenas em sua prática clínica, mas também no trabalho acadêmico e no envolvimento em organizações de defesa, como presidente e cofundadora do Instituto Americano para a Prevenção da Cegueira, que preconiza que "a visão é um direito humano básico".

VICE-CAMPEÃS

- KATHARINE BURR BLODGETT (1898—1979), Schenectady, Nova York.

  Inventou o vidro invisível ou antirreflexo.

A invenção de Blodgett possibilitou o trabalho de físicos, químicos e metalúrgicos que precisavam de um vidro transparente, tendo sido usada em bens de consumo como lentes de câmeras, molduras fotográficas e dispositivos ópticos. Ela foi a primeira mulher a ser contratada como cientista na General Electric e recebeu um total de oito patentes durante a sua vida, e foi a única inventora de duas delas.

- OLGA D. GONZÁLEZ-SANABRIA (1898—1979), Porto Rico.

  Coinventou as baterias de níquel-hidrogênio de longa duração

As baterias de níquel-hidrogênio são importantes para habilitar o sistema de energia da Estação Espacial Internacional. González-Sanabria é a hispânica de mais alta posição no Centro de Pesquisa Glenn da NASA, e faz parte do Hall da Fama das Mulheres de Ohio. Em 2000, ela também recebeu o prêmio Women of Color in Technology Career Achievement Award.

- MARIA TELKES (1900—1995), Budapeste, Hungria.

  Inventou o gerador de energia termoelétrica.

Telkes usou a energia termoelétrica para projetar o primeiro sistema de aquecimento solar para a Dover Sun House, em Dover, Massachusetts. Em 1953, ela construiu o primeiro refrigerador termoelétrico usando os princípios da termoeletricidade de semicondutores. Ela recebeu sete patentes nos EUA e, em 2012, foi empossada postumamente no Hall da Fama dos Inventores Nacionais.

- BARBARA MCCLINTOCK (1902—1992), Hartford, Connecticut. Descobriu a transposição genética.

A descoberta revolucionária de McClintock possibilitou a descoberta de que os genes poderiam se mover ao longo do cromossomo e causar mutações e outras alterações características. Ela ganhou o Prêmio Nobel de Fisiologia ou Medicina por seu estudo dos cromossomos do milho.

- GRACE HOPPER (1906—1992), Nova York. Inventou o compilador de linguagem de computador.

"Você não gerencia pessoas;
você gerencia coisas.
Você lidera pessoas."
—Almirante Grace Hopper

Hopper foi uma pioneira da computação e oficial da Marinha. Ela obteve um mestrado e um doutorado em matemática pela Universidade de Yale. É mais conhecida por suas contribuições à programação de computadores, desenvolvimento de software e design e implementação de linguagens de programação.

- ROSALIND FRANKLIN (1920—1958), Londres, Inglaterra. Usou a cristalografia de raios-X para entender as estruturas moleculares do DNA e do RNA.

MENÇÃO HONROSA

- MELITTA BENTZ (1873—1950), Dresden, Alemanha. Inventou o filtro de café.

- CARESSE CROSBY (1891—1970). Inventou o sutiã moderno, patenteado por ela.
- JACLYN FU (1990—), Califórnia. Fundou a Pepper, uma empresa que fabrica sutiãs para mulheres com seios pequenos.
- RUTH HANDLER (1916—2002), Denver, Colorado. Inventou a boneca Barbie.
- RUTH GRAVES WAKEFIELD (1903—1977), Easton, Massachusetts. Inventou os biscoitos com gotas de chocolate.
- ELIZABETH J. MAGIE (1866—1948), Macomb, Illinois. Inventou o The Landlord's Game, a primeira versão do jogo de tabuleiro Banco Imobiliário, da Parker Brothers. A invenção de Magie só foi reconhecida após sua morte.
- MARY SHERMAN MORGAN (1921—2004). Inventou o combustível de foguete Hydyne, propelente do foguete Jupiter-C, que impulsionou o primeiro satélite dos EUA, o Explorer.

FONTES SELETAS SOBRE MULHERES NÃO BRANCAS INOVADORAS

- 99 marcas de mulheres e empreendedoras negras para apoiar agora e sempre, https://www.createcultivate.com/blog/black-female-entrepreneurs-you-should-know?format=amp
- Como empreendedoras asiáticas estão reformulando a tecnologia para o bem, https://www.reutersevents.com/sustainability/how-asias-female-entrepreneurs-are-reshaping-tech-good
- 9 mulheres latino-americanas inovadoras que estão sacudindo o mundo da tecnologia, https://remezcla.com/lists/culture/9-latin-american-women-innovators-shaking-tech-world
- Diretório de pesquisa para mulheres inovadoras em tecnologia agrícola, https://agfundernews.com/a-new-searchable-directory-focuses-on-women-innovators-in-agrifoodtech.html

- Livro Women of Color in Tech, https://www.amazon.com/Women-Color-Tech-Generation-Technology/dp/1119633486

APÊNDICE 1

TIPOS DE PESQUISA DE CLIENTES

- **Grupos focais**

Um grupo de oito a doze clientes se reúne em uma sala, ou em uma sala virtual, onde compartilham crenças, percepções e opiniões sobre o seu produto ou serviço. Os participantes do grupo são livres para interagir abertamente uns com os outros. Esse método de coleta de dados é usado para obter percepções sobre a priorização das necessidades do cliente ou para testar conceitos e obter retorno. Os grupos focais são utilizados para alimentar pesquisas e entrevistas, variando dos temas mais amplos aos específicos, mas também podem ser empregados no fim do processo, para verificar a transmissão de mensagens e conceitos. Esse método funciona bem quando se quer testar uma nova ideia acerca de um problema a ser resolvido. Por exemplo, quando o grupo sem fins lucrativos Aliança Nacional de Doenças Mentais (NAMI, na sigla em inglês) quis explorar o tema da depressão, eles nos pediram para organizar grupos focais com pessoas com depressão, seus familiares e seus amigos, a fim de entender melhor o estigma e até onde as pessoas iriam para esconder a depressão de um ente querido dos familiares, amigos e colegas de trabalho. Investigamos a vergonha que elas sentiam e o medo de serem descobertas e discriminadas. Em seguida, desenvolvemos mensagens para ajudar a desestigmatizar a doença mental e lançamos uma nova campanha para desfazer mitos e estigmas em torno do transtorno.

- **Entrevistas individuais**

Essa técnica tradicional é comumente usada para compreender um ponto de vista específico do cliente em relação a produtos, serviços, problemas, atributos e medidas de desempenho. Você pode fazer isso para um cliente único ou para um grupo de clientes com algum atributo em comum. Você pode realizar entrevistas pessoalmente, por telefone, ou por e-mail. Esse foi o método que utilizei quando entrevistei os cirurgiões de retina sobre o novo teste diagnóstico. É um dos métodos de pesquisa mais caros que existem, mas também é o mais útil e confiável, pois se baseia na interação com o cliente.

- **Pesquisas on-line**

Outra forma de captar a voz do cliente é por meio de pesquisas on-line. Isso o ajuda a entender os problemas deles. Tenha em mente a necessidade de uma pesquisa breve e direta, com perguntas abertas. Usando uma plataforma como a SurveyMonkey ou a VWO, você pode configurar facilmente uma pesquisa com respostas sim ou não, múltipla escolha, menus suspensos e preenchimento de lacunas. A Ecolab, líder global em soluções e serviços de água, segurança alimentar e prevenção de infecções, realizou uma pesquisa com consumidores sobre quão confortável eles se sentiam frequentando restaurantes e hotéis que utilizavam desinfetantes de uso hospitalar e que eram submetidos a auditorias externas. A pesquisa mostrou que os hóspedes se sentem extremamente seguros ou muito seguros sabendo que um hotel é higienizado com desinfetantes de uso hospitalar. A empresa pôde compartilhar essas informações com hotéis e restaurantes que usavam seus produtos e lhes conceder o Certificado de Ciências Ecolab para ser exibido em suas vitrines. Eis um uso inteligente de uma pesquisa para gerar dados a serem compartilhados com os clientes!

- **Mídias sociais**

A pesquisa por meio das mídias sociais fornece um retorno potente, já que permite uma comunicação bidirecional com os seus clientes. Em qualquer uma das plataformas sociais mais usadas, como o Twitter, o Facebook ou o LinkedIn, é possível acessar as conversas mais relevantes do momento e se conectar com os clientes, participando ativamente ou apenas ouvindo em silêncio. A principal força das mídias sociais está em permitir que você tenha um diálogo mais direto e em tempo real com as pessoas que usam os seus produtos e serviços.

- **Bate-papo ao vivo**

De acordo com um estudo da forrester.com realizado em 2021, 42% dos compradores on-line acham que o melhor recurso de um site de comércio eletrônico é o bate-papo ao vivo. Essa é uma ótima maneira de obter um retorno positivo e não apenas reclamações, interagir com os clientes e saber um pouco mais sobre o que se passa em suas mentes. Também é uma oportunidade de programar uma pesquisa de acompanhamento com os clientes, até mesmo uma videochamada para um retorno mais aprofundado. Você pode usar o HubSpot Messages para carregar o bate-papo ao vivo e exibi-lo em um site.

- **Tráfego do site**

Os sites são um bom lugar para capturar dados da voz do cliente. Além de bate-papo e pesquisas realizadas no próprio site, outra forma de coletar esses dados é analisar o comportamento dos seus clientes ao navegá-lo. Você pode fazer isso rapidamente, usando ferramentas como mapas de calor, rolagem e áudios de visitantes. Você também pode investir em uma única plataforma como o Crazy Egg, para não precisar de múltiplas ferramentas.

- **Net Promoter Score (NPS)**

O NPS é uma ferramenta de gestão utilizada para medir a fidelidade dos clientes de uma empresa. A métrica de fidelidade do cliente foi desenvolvida por Fred Reichheld, pela Bain & Company e pela Satmetrix Systems. O NPS lhe oferece um retorno rápido e confiável da parte dos clientes. A forma como o sistema funciona é fácil. Os clientes usam uma escala simples de 1 a 10 para responder a perguntas como “Qual a probabilidade de você recomendar nossa empresa a um amigo ou colega?”.

- **E-mails**

Essa é uma maneira flexível de coletar opiniões e pode ser feita formal ou informalmente, a depender das necessidades. Você pode enviar e-mails altamente personalizados para os clientes, ou criar um modelo para inserção de comentários que poderá ser usado para atingir uma ampla variedade de clientes. Você também pode solicitar opiniões por e-mail, ou por um link de pesquisa on-line.

- **Formulários de comentários**

Atualmente, tem-se como padrão incluir um formulário de comentários no seu site, mas você também pode optar por aplicar um formulário de comentários após um evento ou demonstração, ao vivo ou por e-mail.

- **Avaliações de clientes on-line**

O formato colaborativo das avaliações de clientes se tornou bastante popular. As pessoas adoram ler os comentários na Angie's List, no Nextdoor, no Wayfair — qualquer lugar em que os usuários estejam reunidos e queiram compartilhar seus comentários a respeito de um produto ou serviço.

APÊNDICE 2
TELA DO MODELO DE NEGÓCIOS

A tela do modelo de negócios permite que um observador descreva qualquer modelo de negócios com base em nove componentes fundamentais. Ela é utilizada para avaliar uma empresa ao longo de seu ciclo de vida. Seguir esses nove componentes o ajudará a elaborar uma fascinante tela do modelo de negócios.

1. Segmentos de clientes

Descreva claramente o grupo de usuários, pessoas ou organizações para as quais você está criando valor. Há duas maneiras de fazer isso:

- Descrição tradicional (dados demográficos, dados psicográficos, comportamento);
- Nova forma de segmentar clientes: focar nas tarefas que eles estão tentando executar para antecipar como eles usarão os serviços — por exemplo, no caso de uma empresa de gestão de patrimônio, um segmento de clientes pode ser descrito como pessoas que querem "causar impacto/se aposentar aos 45 anos/mandar os filhos para a faculdade".

Identifique seus clientes diretos e clientes indiretos. Seu produto/serviço atende a um mercado bilateral (por exemplo, anunciantes e consumidores)?

2. Valor agregado

Descreva o seu valor agregado para cada segmento de clientes: pacotes específicos de produtos e serviços que criam valor para cada segmento de clientes, abordando um problema fundamental e atraindo clientes para você. Identifique os geradores de valor:

- Funcionais (por exemplo, desempenho, melhor execução da tarefa, personalização, acessibilidade, concepção funcional, redução de preço/custo);

- Sociais (por exemplo, status da marca, comunicação);
- Emocionais (por exemplo, redução de ansiedade, concepção do projeto).

3. Canais

Observe os pontos de contato por meio dos quais a empresa não apenas interage, como também entrega valor aos clientes:

- Canais diretos (por exemplo, lojas próprias, sites, executivos seniores, equipe de vendas);
- Clientes indiretos (por exemplo, lojas e equipe de vendas terceirizadas, atacadistas, mídia).

4. Relacionamentos com o cliente

Defina o tipo de relacionamento que a empresa está estabelecendo com seus clientes:

- Tipo de relacionamento (direto, indireto, misto);
- Vínculo estabelecido com os clientes (transacional, de longo prazo, ambos);
- Intimidade do relacionamento (automatizado, pessoal, ambos);
- Ciclo de vida do relacionamento (estratégias de aquisição, estratégias de retenção, estratégias de venda cruzada).

5. Fluxos de receita

Deixe claro como e por meio de quais mecanismos de formação de preços a empresa está capturando valor:

- Como você ganha dinheiro em cada segmento de clientes?
- Como você captura valor ($) em troca do valor entregue aos clientes?
- Quais são os resultados das suas escolhas em relação ao valor agregado, segmentos de clientes, canais e relacionamentos?
- Certifique-se de que os fluxos de receita superem a estrutura de custos.

- Leve em consideração todos os tipos de fluxos de receita (venda de ativos, taxa de aluguel, taxa de utilização, taxa de licenciamento, taxa de publicidade, taxa de assinatura, taxa de corretagem etc).
- Descreva a estrutura de formação de preços (estática *versus* dinâmica) e os mecanismos (mecanismos de produção dependentes do estoque e do momento da compra — por exemplo, assentos aéreos; custo dependente da oferta/demanda no mercado em tempo real — como mercado de ações, leilões; evite deixar o campo de fluxos de receita vazio).

6. Principais recursos

Liste os ativos indispensáveis à empresa, incluindo:

- Recursos tangíveis (computadores, colaboradores, capital);
- Recursos intangíveis (propriedade intelectual, marca, tráfego, confiança etc).

7. Principais atividades

Observe os processos úteis para a interação com os principais parceiros.

8. Principais parceiros

Liste outras empresas que possam ajudar a sua empresa a alavancar o atual modelo de negócios. Contemple todos os parceiros:

- Alianças estratégicas entre não concorrentes;
- Alianças estratégicas entre concorrentes;
- Empreendimentos conjuntos;
- Relacionamentos comprador-fornecedor.

9. Estrutura de custos

Descreva todos os custos incorridos na operação do seu modelo de negócios, incluindo:

- Custos fixos (por exemplo, salários, aluguéis, unidades de produção etc);
- Custos variáveis (por exemplo, custo dos produtos vendidos ou CPV).

Leve em consideração modelos de negócios orientados por custos, economias de escala/escopo, e modelos de negócios orientados por valores.

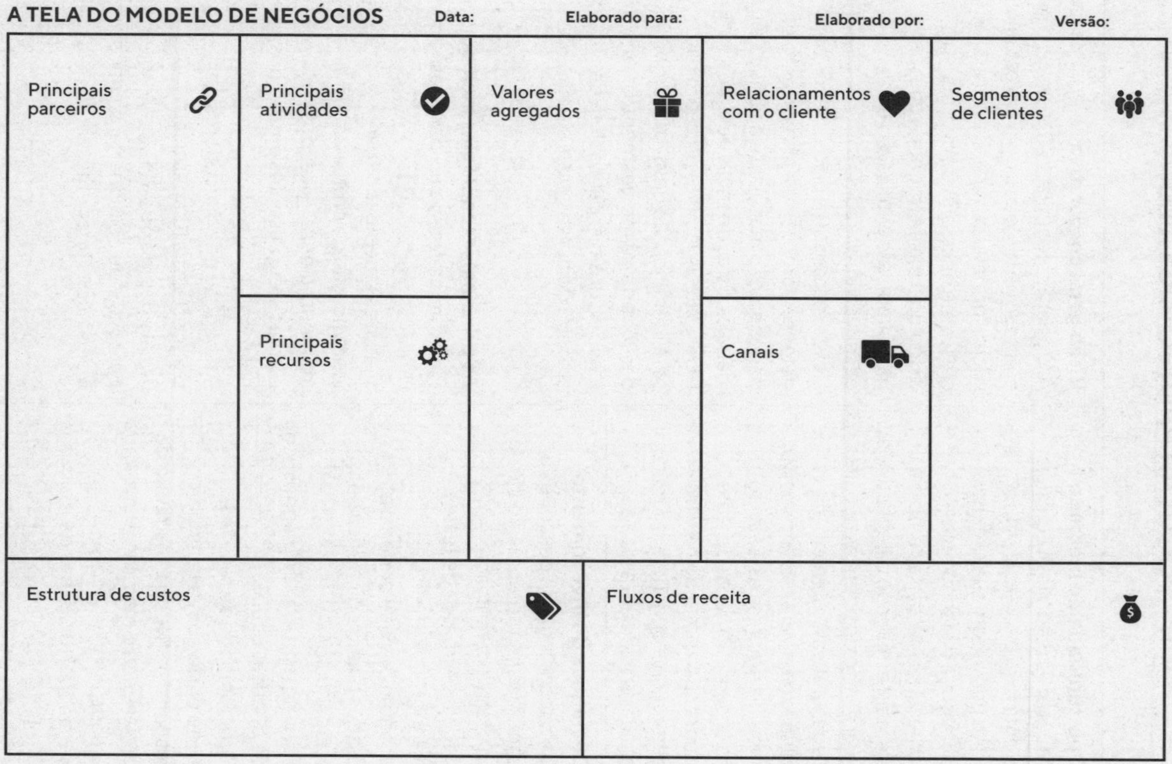
A TELA DO MODELO DE NEGÓCIOS
Data:
Elaborado para:
Elaborado por:
Versão:
Principais parceiros
Principais atividades
Valores agregados
Relacionamentos com o cliente
Segmentos de clientes
Principais recursos
Canais
Estrutura de custos
Fluxos de receita

APÊNDICE 3

EXEMPLO DE UM PLANO DE NEGÓCIOS REAL: OCULAR PROTEOMICS, LLC

Oportunidade de mercado

A Ocular Proteomics, LLC está pronta para o sucesso em curto prazo, com sua exclusiva plataforma de tecnologias, fornecendo acesso ao amplo e crescente mercado diagnóstico e terapêutico de doenças oculares degenerativas, estimado em vários bilhões de dólares ao ano. O foco inicial da empresa está sendo no desenvolvimento do teste diagnóstico baseado no vítreo para detecção da degeneração macular úmida relacionada à idade.

Destaques do investimento

Uma tecnologia de descoberta com base no proteoma do vítreo, validada e patenteada;
Desenvolvimento de testes diagnósticos precisos e econômicos que podem ser usados para medir a eficácia terapêutica;
Foco no mercado de diagnóstico de doenças oculares;
Oportunidade de receita em curto prazo com o teste de responsividade ao tratamento da degeneração macular relacionada à idade;
Várias oportunidades de produtos: PCADM-1, PCADM-2, HGPIN, CAM-1 e DNAZYM-1;
Equipes experientes;
Proteção de base ampla à propriedade intelectual.

Visão geral corporativa

A Ocular Proteomics, LLC é uma empresa de biotecnologia em estágio inicial, formada para capitalizar a crescente necessidade de uma tecnologia mais eficiente e eficaz para a rápida identificação e desenvolvimento de:
Novos marcadores diagnósticos para detecção precoce e estadiamento da degeneração macular relacionada à idade e outras doenças oculares;
Novos kits de lâminas proteômicas para identificação de alvos, com vistas à descoberta de medicamentos;
Novo dispositivo para coleta de amostra de fluido vítreo, para fins de diagnóstico.

As principais tecnologias incluem:

Plataforma proteômica para descoberta de novos marcadores;
Métodos patenteados para identificação de proteínas;
Imunoensaios patenteados para marcadores presentes em tecidos/fluidos;
Associação dos marcadores diagnósticos à terapêutica;
Amplo pedido de patente, abrangendo processos de descoberta, diagnósticos e aplicações terapêuticas.

Gestão executiva **Lorraine H. Marchand** Presidente e CEO **Dr. George Scarlatis** Conselheiro clínico **Dra. Svetlana Novikova** Gerente, bioinformática **Para mais informações, contate:** **Lorraine H. Marchand** Presidente e CEO Ocular Proteomics, LLC Telefone: 443-921-1351 Fax: 443-921-1369 E-mail: lmarchand@ocularproteomics.com http://www.nationalretina.org/innovativetechnology/centerforocularproteomics.asp	**Programas de degeneração macular relacionada à idade** Inicialmente, a MacroArray Technology concentrará seus esforços no desenvolvimento de produtos de diagnóstico para detecção da degeneração macular relacionada à idade. O objetivo principal é obter a aprovação da FDA para comercializar a amostra e a análise do proteoma do vítreo como um teste diagnóstico clínico e um tratamento médico personalizado da degeneração macular relacionada à idade. **VEGFR Y1175, VEGFR Y1175 e PDGFRB Y716** Uma bateria de testes diagnósticos baseados no vítreo para estimar quais pacientes com degeneração macular úmida relacionada à idade responderão aos atuais tratamentos antiVEGFr intravítreos. Esse teste foi projetado para ser o primeiro diagnóstico desse tipo introduzido no mercado da medicina personalizada para doenças oculares. A disponibilidade de um teste baseado no vítreo, simples, porém confiável, facilitaria a seleção de regimes terapêuticos apropriados, reduzindo assim os custos médicos gerais e melhorando os resultados visuais para pacientes com degeneração macular úmida relacionada à idade. Testes periódicos dos pacientes para avaliar com mais precisão a resposta ao tratamento em andamento também podem ser realizados.

Ocular Proteomics, LLC

<table>
<tr>
<td>Consultores científicos
_________, oftalmologista
Hospital ________, cidade
______________, médico.
Faculdade de Medicina da Universidade __________.
Chefe de Oftalmologia
Universidade __________.</td>
<td rowspan="2">Produtos a serem lançados
Nossos produtos em estágio inicial de desenvolvimento incluem o MMP-9, um marcador baseado no proteoma do vítreo para fluido subretiniano na degeneração macular relacionada à idade; kit de lâminas proteômicas do vítreo humano, um conjunto de lâminas com base no vítreo para identificação dos alvos dos marcadores, com vistas à descoberta de medicamentos; e o aspirador do vítreo, um dispositivo para obtenção segura e fácil, em consultório, de amostras do vítreo para fins de diagnóstico. Marcadores para outras doenças retinianas e oftálmicas também estão sendo explorados.

MMP-9
O Matrix Metaloproteinase-9, também conhecido como gelatinase B, tem como alvo específico o colágeno tipo IV, a estrutura predominante no vítreo. Nossos estudos iniciais mostraram que os níveis dessa proteína no vítreo se correlacionam diretamente com a quantidade de líquido subretiniano observada em pacientes com degeneração macular úmida relacionada à idade. Espera-se que, monitorando os níveis intravítreos de MMP-9, possamos prever o acúmulo periódico de fluido subretiniano e iniciar o novo tratamento para prevenir tal acúmulo, em vez do método atual de reagir ao acúmulo subretiniano depois que ele já ocorreu e danificou a retina.</td>
</tr>
<tr>
<td>Centros de pesquisa/ colaboradores
Instituto Nacional de Retina
Dr. Bert M. Glaser
Fundador e diretor executivo
Universidade George Mason
______________, doutor.
Cientistas pesquisadores
Universidade de ________, doutor.
Diretor de ____________, (Localização)
______________, doutor.
Diretor de ___________, e chefe de oftalmologia.</td>
</tr>
</table>

Investidores Instituto Nacional dos Olhos-NIH (Subvenções até 2010); Instituto Nacional de Retina; LORE; Ben Franklin Technology Partners; BioAdvance; Innovation Philadelphia.	**Kit de lâminas proteômicas do vítreo humano** Com base em nossa extensa biblioteca de quase duas mil amostras retiradas de mais de 500 pacientes, planejamos construir um kit de lâminas de conjuntos de proteínas vítreas dos pacientes, agrupadas por doença ocular e outros dados demográficos. Esses kits serão vendidos para grandes empresas farmacêuticas para testagem de potenciais alvos durante o estágio de investigação de drogas no desenvolvimento de medicamentos. Os kits serão usados para testar a vinculação de certos alvos-chave dos novos medicamentos dentro do proteoma do vítreo, a partir de um grupo de pacientes portadores daquela doença-alvo. Se essa proteína estiver presente, então se obterá a validação inicial de que o medicamento proposto pode ter algum efeito na alteração do curso da referida doença.
Propriedade intelectual A Ocular Proteomics detém a patente sobre a propriedade intelectual. A patente fornece direitos exclusivos à tecnologia de descoberta proteômica e às demais descobertas voltadas para aplicações diagnósticas e terapêuticas.	**O aspirador do vítreo** Esta ferramenta especializada destina-se a substituir a atual técnica bimanual de punção do vítreo com agulha e seringa. Atualmente, a ferramenta está sendo projetada para permitir a coleta da amostra com apenas uma das mãos, para que a outra seja usada para estabilizar o globo ocular e, imediatamente após a retirada do aspirador, aplicar pressão externa sobre a área lesionada de onde se coletou a amostra; minimizar a penetração da agulha em ângulos oblíquos e, assim, reduzir o risco de descolamento da retina; e prevenir a ocorrência de "torneiras secas", situação em que uma tentativa de punção fornece um volume insuficiente de vítreo para fins de teste.

APÊNDICE 4

EXEMPLO DE CANDIDATURA A UM FUNDO DE INVESTIDORES-ANJO

<table>
<tr><td>LOGOTIPO DA EMPRESA</td><td>NOME DA EMPRESA
Endereço | Site | Nº de contato
APRESENTAÇÃO PARA INVESTIDORES
PREPARADA PARA ‘XX’</td></tr>
<tr><td colspan="2">Resumo de negócios
Faça uma apresentação clara, concisa e atraente ao se referir a temas do setor, de modo a manter o leitor interessado no plano de negócios. Aproximadamente 75 palavras</td></tr>
<tr><td>Problema do cliente
Descreva o problema sob a perspectiva do usuário final que, em última análise, se beneficiará do produto/dos serviços e pagará por eles, caso ofereçam algum diferencial. Aproximadamente 45 palavras</td><td rowspan="3">Equipe e experiência:
Adicione a foto, o nome, o cargo e a experiência do núcleo da equipe de gerenciamento.
Consultores:
Principais consultores externos, incluindo conselheiros, advogados e contadores.
Investidores:
Adicione nomes de investidores e, se aplicável, fundos levantados em rodadas anteriores.
Indicado por:</td></tr>
<tr><td>Produto/Serviços
Descreva o produto explicando como ele resolve o problema identificado acima. Inclua referências a outros parceiros necessários para desenvolver e entregar o produto/os serviços. Aproximadamente 75 palavras</td></tr>
<tr><td>Mercado-alvo
Descreva os segmentos de clientes, o tamanho e as tendências de crescimento, incluindo o poder de compra. Aproximadamente 75 palavras</td></tr>
</table>

<table>
<tr>
<td>Estratégia de vendas/marketing
Descreva a estratégia de formação de preços, os canais de vendas, os estimuladores de mercado e os parceiros. Aproximadamente 75 palavras</td>
<td rowspan="2">Conquistas até o momento
Inclua o número de clientes, colaboradores, estágio de desenvolvimento do produto etc.
Próximos marcos
Quaisquer marcos de desenvolvimento futuros, atividades de lançamento etc.</td>
</tr>
<tr>
<td>Concorrentes e valor agregado único
Descreva os principais concorrentes de cada produto/serviço, bem como o que você oferece como diferenciação. Aproximadamente 75 palavras</td>
</tr>
<tr>
<td colspan="2">Finanças
Inclua projeções de receita, custos, lucro líquido nos próximos 3-5 anos em formato de tabela.
Demandas sobre os investimentos — como os fundos serão usados — em quais atividades e em qual montante — e o impacto nos negócios.</td>
</tr>
</table>

APÊNDICE 5

EXEMPLO DE UMA APRESENTAÇÃO REAL: OCULAR PROTEOMICS

AMOSTRA ILUSTRATIVA DA APRESENTAÇÃO
DE UMA NOVA TECNOLOGIA PARA INVESTIDORES
Ocular Proteomics
Uma empresa de diagnósticos oftalmológicos
Lorraine Marchand
Presidente e CEO

O PROBLEMA ATUAL

- Degeneração Macular Relacionada à Idade (DMRI úmida) nos EUA
  – Principal causa de cegueira acima dos 50 anos de idade; problema crescente entre as populações idosas nos países ocidentais;
  – 1,75 milhão de pacientes, aumentará para três milhões em torno de 2020;
  – 200 mil novos casos anualmente.
- Os diagnósticos atuais medem alterações morfológicas/estruturais; defasagem entre o tratamento e a resposta;
- Padrão-ouro de 25 mil genes por ano não é eficaz em todos os pacientes; doze medicamentos novos em desenvolvimento.

SOLUÇÃO – OCULAR PROTEOMICS

O diagnóstico por biomarcadores prevê a respostado paciente aos medicamentos. Os biomarcadores ajudam as empresas farmacêuticas a acelerar a duração do ciclo.

Painel de 45 biomarcadores de proteínas patenteados (proteção à propriedade intelectual)

- Capacidade de diagnóstico – prever a resposta do paciente ao tratamento com medicamentos;
- Nova plataforma tecnológica, reproduzível.

Banco de dados robusto

- Estudo apoiado pelo NIH;
- 600 pacientes, dados de 24 meses, 2.500 amostras.

Ampla propriedade intelectual

- Cobrindo três tecnologias patenteáveis.

RESUMO DAS REALIZAÇÕES

2009 – 1º TRIMESTRE DE 2010

Financiamento	Patentes	Laboratório/ Avaliação
• Subvenção SBIR do NIH, apresentada em 07/12/09 (US$ 180 mil); • Subvenção SBIR da Fundação Nacional da Ciência (NSF, na sigla em inglês), apresentada em 03/12/09 (US$ 150 mil); • Prevent Blindness America, apresentada em 01/03/10 (US$ 50 mil); • Várias bolsas de laboratório, apresentadas em 25/02/10 (US$ 20 mil).	• Patentes depositadas via Tratado de Cooperação de Patentes (PCT, na sigla em inglês): • Sistema e método para identificação de biomarcadores; • Marcadores de fluido ocular para diagnóstico e tratamento; • Amostragem de marcadores de fluido ocular; • Depósitos adicionais para contínuas descobertas; • Publicações/outros em andamento.	• Métricas de laboratório; • Realização de avaliações técnicas; • Realização de avaliação para CAP/CLIA.*

* (N. do T.) CAP (do inglês "Certified Authorization Professional") refere-se à certificação e validação de um indivíduo que trabalha na criação de processos formais e documentação para a implementação de controles de acesso e segurança de um sistema; já CLIA (do inglês "Clinical Laboratory Improvement Amendments") é a sigla da Lei para Melhoria de Laboratórios Clínicos.

Banco de dados e análise	Colaborações
• Implementação de banco de dados clínicos; • Amostra de mais de 600 pacientes; • Realização de análises estatísticas com a parceria da Universidade Johns Hopkins.	• Contribuições de especialistas; • Aumento da sensibilização da comunidade de investimento, da indústria farmacêutica e de parques de incubadoras; • Colaborações: Cole, UPenn, Lux Biosciences, Ophthotech, Rules Based Medicine.

FAIXAS ESTRATÉGICAS & LINHAS DO TEMPO

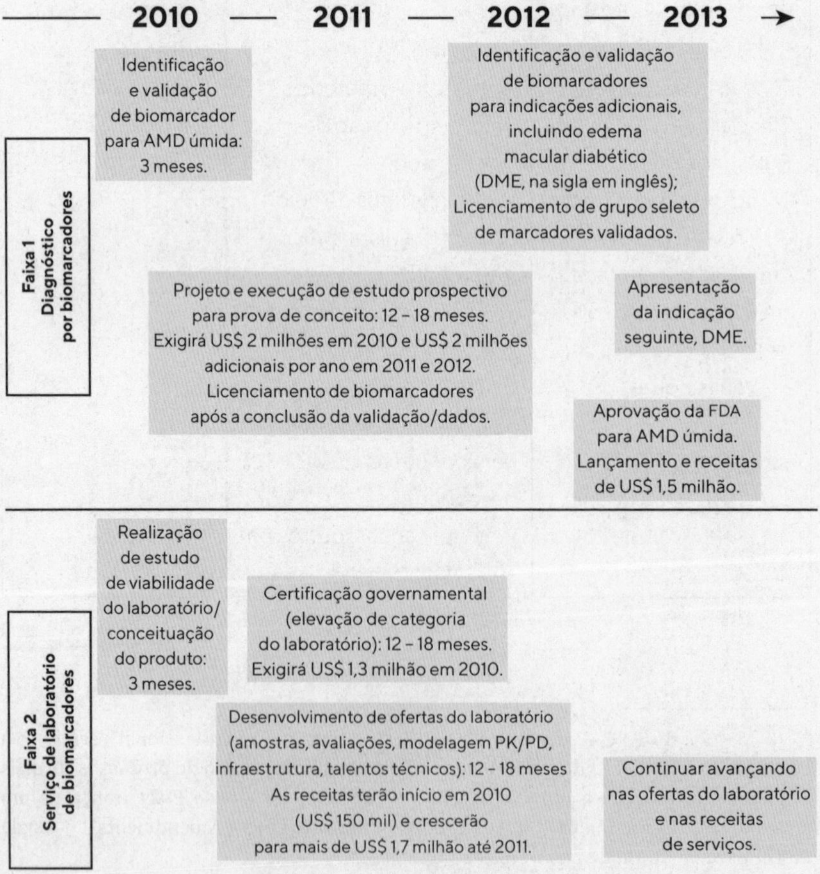
2010
2011
2012
2013
Faixa 1 Diagnóstico por biomarcadores
Identificação e validação de biomarcador para AMD úmida: 3 meses.
Identificação e validação de biomarcadores para indicações adicionais, incluindo edema macular diabético (DME, na sigla em inglês); Licenciamento de grupo seleto de marcadores validados.
Projeto e execução de estudo prospectivo para prova de conceito: 12 - 18 meses. Exigirá US$ 2 milhões em 2010 e US$ 2 milhões adicionais por ano em 2011 e 2012. Licenciamento de biomarcadores após a conclusão da validação/dados.
Apresentação da indicação seguinte, DME.
Aprovação da FDA para AMD úmida. Lançamento e receitas de US$ 1,5 milhão.
Faixa 2 Serviço de laboratório de biomarcadores
Realização de estudo de viabilidade do laboratório/ conceituação do produto: 3 meses.
Certificação governamental (elevação de categoria do laboratório): 12 - 18 meses. Exigirá US$ 1,3 milhão em 2010.
Desenvolvimento de ofertas do laboratório (amostras, avaliações, modelagem PK/PD, infraestrutura, talentos técnicos): 12 - 18 meses As receitas terão início em 2010 (US$ 150 mil) e crescerão para mais de US$ 1,7 milhão até 2011.
Continuar avançando nas ofertas do laboratório e nas receitas de serviços.

CLIENTES E VENDAS

- Clientes

— Médicos/cirurgiões de retina: determinar quem responderá aos tratamentos (medicina personalizada);

— Empresas farmacêuticas: complementação diagnóstica para medicamentos; colaborações em pesquisas;

— Empresas de diagnóstico: licenciamento de biomarcadores.

- Estratégia de vendas (3 eixos)

— Subcontratação de representantes de vendas médicas: cirurgiões de retina;

— Subcontratação de representantes de vendas farmacêuticas: empresas farmacêuticas e de diagnóstico;

— Desenvolvimento de negócios: contratos de licenciamento, royalties.

CONCORRÊNCIA

- EyeGene, Coreia: proteômica para diagnóstico e tratamento de edema macular diabético;
- Laboratórios de diagnóstico que investem em doenças oculares;
- Ophthalmic Contract Research Organization;
- Centros médicos acadêmicos com bancos de amostras oculares

— Cole Eye Institute.

PROJEÇÕES FINANCEIRAS (EM DÓLARES)

	2010	2011	2012	2013
Licenciamentos	-	500 mil	1 milhão	2,500 milhões
Serviços	150 mil	1,170 milhão	1,950 milhão	2,950 milhões
Diagnósticos	--	-	1,500 milhão	7,300 milhões
Vendas totais	150 mil	1,670 milhão	4,450 milhões	12,750 milhões
Despesas	1,550 milhão	2,150 milhões	3,150 milhões	3,925 milhões
LAJIDA	(1,400 milhão)	(480 mil)	(1,300 milhão)	(8,825 milhões)

PARCEIROS E COLABORADORES

* Para os investidores, parceiros e colaboradores são um sinal importante de que você está se envolvendo com os principais operadores para fazer com que o seu produto chegue ao mercado. Normalmente, o que você faz neste slide é pedir-lhes permissão para incluir seus nomes e logotipos na sua comunicação.

COLABORADOR 'X' PARCEIRO 'A'

COLABORADOR 'Y'

EQUIPE EXECUTIVA

- Inserir o nome aqui

  Fundador/CSO ou diretor de vendas (cirurgião de retina/empreendedor)
- Lorraine Marchand

  Presidente/CEO (operações clínicas BMS/Covance)
- Consultores:

  – Dr. [inserir o nome aqui], biomarcadores/desenvolvimento clínico (BMS, Amicus)

  – Dr. [inserir o nome aqui], desenvolvimento regulatório/clínico (MIT e Faculdade de Boston)

  – [Inserir o nome aqui], PharmD, comercialização (BMS, J&J)

RESUMO

Em busca de US$ 1,5 milhão: estudos clínicos para expansão de serviços de diagnóstico e laboratório

- Resposta medicamentosa para AMD úmida 1ª indicação; Diabetes 2ª indicação;
- Sólida propriedade intelectual em área inovadora; baixa concorrência

  – 4 anos de pesquisa; maior banco de amostras de vítreo humano;

  – Plataforma de tecnologia ideal para descoberta de biomarcadores.

- Painel de biomarcadores de proteínas patenteados;

— Três fluxos de receita/ampla margem de crescimento.

POR QUE AGORA?

A demanda pela melhora da saúde ocular vem crescendo rapidamente;

A terapia personalizada beneficia pacientes e médicos;

Forte potencial de receita com vários cenários de saída.

Para obter informações, entre em contato com:

Lorraine Marchand

APÊNDICE 6

DIRETRIZES PARA MONTAR UMA APRESENTAÇÃO PARA INVESTIDORES

O direcionamento a seguir irá ajudá-lo a desenvolver uma apresentação para investidores. Lembre-se de que a apresentação deve ter de 8 a 10 minutos, transmitir uma mensagem clara, concisa e atraente. Além disso, antes de prepará-la, tenha em mente: Qual é a "demanda" do público? E por que um investidor deveria financiar a sua ideia ou empresa? Formato de apresentação 10-20-30 (10 slides, 20 minutos, fonte 30).

Pontos a serem abordados:

- Problema e solução;
- Mapa estratégico;
- Tecnologia;
- Pesquisa de mercado e de clientes;
- Concorrência;
- Vendas;
- Equipe;
- Finanças;
- Resumo.

ESTRUTURA DA APRESENTAÇÃO

- Nome da empresa;
- Logotipo da empresa;
- Preparada para 'xx';
- Nome e contato de quem está apresentado.

PROBLEMA A SER RESOLVIDO

- Qual é a questão ou o problema que você está resolvendo?
- Quem está envolvido?
- As evidências para apoiar suas observações.

SOLUÇÃO

- Defina a solução e como ela aborda o problema;
- Explique como a solução será disponibilizada; descreva recursos e benefícios; oportunidade de comercialização.

TECNOLOGIA QUE RESPALDA A SOLUÇÃO

- Descreva a tecnologia e seu papel na solução;
- Procure explicar para um público leigo;
- Propriedade intelectual (patente, marca registrada, direitos autorais); diagramas ou gráficos de apoio;
- Identifique as dependências e os riscos.
  —Não faça confusão com o empreendimento;
  —Não exagere nas menções.

TAMANHO DO MERCADO

- Quantifique o tamanho;
  — O que é mercado endereçável? Identifique o nicho inicial de público. Explique as oportunidades de expansão.
- Ofereça recursos visuais;
- Cite pesquisas e evidências.

CLIENTES

- Explique como você compreende a descrição do seu cliente do problema do usuário final;
- Perfil atual dos segmentos de mercado;
- Fatores que influenciam as estratégias do cliente associados à penetração de segmentos de mercado;
- Alteração do perfil de cliente à medida que o negócio se expande.

CONCORRÊNCIA

- Direta;
  — Os mesmos clientes-alvo / resolução dos mesmos problemas;

– Características e benefícios de produtos semelhantes.

- Indireta;

– Problema resolvido por produto/serviço tangencial.

- Futuro.

– De onde surgirão os concorrentes no futuro.

CONQUISTAS ATÉ O MOMENTO/ PRINCIPAIS MARCOS

- Fatores-chave que trouxeram impacto no crescimento do seu empreendimento;
- O que você já realizou/para onde está indo/projeções de receita ano a ano (5 anos);
- Expansão da equipe de gerenciamento/principais contratações, como equipe de vendas/aumento do número de clientes;
- Tabelas, linhas do tempo ou gráficos funcionam bem aqui;
- Seja realista. Reconheça os riscos internos e externos e as dependências necessárias para atingir os próximos marcos.

ESTRATÉGIA DE VENDAS

- Direta;

– Expansão da equipe de vendas e do ciclo de vendas;

– Cliente-alvo.

- Canal;

– Escala e tamanho dos parceiros;

– Divisão de territórios.

- Acrescente parceiros estratégicos (se houver).

EQUIPE DE GERENCIAMENTO

Deixe claro que TI não é TUDO e que você entende de escalabilidade e criar uma infraestrutura.

- Funções atuais;
- Cargos e históricos;

- Relevância para o atual empreendimento;
- Futuro: a expansão precisa de tempo.

RECURSOS DE APOIO EXTERNOS

- Conselho consultivo: área de especialização/nome e cargo/relevância para o empreendimento;
- Sociedade de advogados: experiência reconhecida em financiamento de empreendimentos;
- Empresa de contabilidade: raramente profissional autônomo/experiência no setor.

PROJEÇÃO FINANCEIRA

- 1 a 5 anos;
- 1º ano: mensais;
- 2º e 3º anos: trimestrais;
- 4º e 5º anos: anuais;
- Principais premissas: índices/margens/fatores que afetam o crescimento;
- Principais marcos: equilíbrio;
- Aceleração das vendas/mudança na estrutura de custos.

RESUMO DO FINANCIAMENTO

Fundos pessoais

- Rodada atual com familiares e amigos.

Rodadas futuras

- Condições esperadas.

Uso de fundos

- Fundos anteriores usados de maneira mais otimizada/uso decisivo no futuro com maior impacto/marcos que serão ultrapassados.

ESTRATÉGIA DE SAÍDA

- Aquisição;
- IPO.

RESUMO

- Do ponto de vista do investidor, por que este é o momento certo, o empreendimento certo?
- Impacto dramático de novos financiamentos sobre o empreendimento/evidências para sustentar o nível de confiança, com base em resultados anteriores;
- Atendendo às necessidades do investidor: entusiasmo, perfil, ROI e retorno sobre os princípios.

INFORMAÇÕES DE CONTATO

- Logo;
- Nome;
- Endereço de e-mail;
- Número de telefone;
- Endereço do site.

APÊNDICE 7

GUIA DE RECURSOS PARA MULHERES INOVADORAS

CATEGORIA 1: FINANCIAMENTO

Se você for mulher e estiver em busca de fundos para a sua nova ideia ou startup, apresentamos a seguir uma ampla lista de respeitadas fontes de financiamento. Consulte os sites das organizações para obter mais informações.

37 ANGELS

http://www.37angels.com/

Contato: admin@37angels.com

Uma rede de mais de noventa mulheres que investem em uma série de startups lideradas por pessoas de ambos os sexos, mas com um foco maior em mulheres empreendedoras. A tecnologia compreende 80% de sua carteira, e 65% de seus investimentos estão baseados na cidade de Nova York. Normalmente, eles investem de US$ 50 mil a US$ 200 mil em cada startup, e as empresas são selecionadas por meio de um concurso de apresentações, com periodicidade bimestral. Por serem investidores de capital de arranque, preferem investir em startups avaliadas entre US$ 3 milhões e US$ 8 milhões e exigem uma base de dados de clientes coletada com pelo menos seis meses de antecedência. Consulte a lista de recursos para mulheres empreendedoras: http://www.37angels.com/female.

AMBER GRANT

https://ambergrantsforwomen.com/get-an-amber-grant/

Fundada pela Women's Net, a carteira da Amber Grant é composta por empresas de todos os tipos que tenham um percentual mínimo de 50% detidos por mulheres. Todos os anos, eles selecionam doze novas empresas/bolsistas, sendo uma por mês, e concedem um prêmio de US$ 10 mil para cada empresa. Ao fim de cada ano, eles também escolhem um dos doze contemplados anteriores para receber um subsídio adicional de US$ 25 mil.

BBG (BUILT BY GIRLS) VENTURES

https://www.bbgventures.com

A BBG investe em startups de Internet que tenham pelo menos uma mulher entre seus fundadores.

GOLDEN SEEDS

https://goldenseeds.com/venture-capital/

Esse fundo de risco investe em empresas em estágio inicial e em fase de crescimento da receita, que tenham pelo menos uma mulher na diretoria-executiva. Sua carteira se concentra, principalmente, em tecnologia e serviços B2B e em empresas de cuidados de saúde.

HYPATIA CAPITAL

https://hypatiacapital.com

Trata-se de um fundo de capitais de investimento com financiamento privado, focado em patrocinar CEOs do sexo feminino. A diretriz de seu fundo de investimento é patrocinar diretoras-executivas envolvidas em transações de aumento do patrimônio e aquisições. Por meio de seu fundo, o Hypatia Invests, eles fornecem uma plataforma para investir em mulheres em cargos de liderança. São oferecidos treinamento e financiamento para as mulheres.

INTEL CAPITAL: FUNDO PARA A DIVERSIDADE

diversity.fund@intelcapital.com

Os investimentos do fundo abrangem um amplo espectro de indústrias inovadoras, visando atingir a meta quinquenal de investir um total de US$ 125 milhões em empresas de tecnologia lideradas por mulheres e populações subrepresentadas, incluindo negros, latinos e indígenas norte-americanos. Eles investem em empresas de todos os tamanhos, e as empresas financiadas obtêm acesso aos programas de de desenvolvimento de negócios da Intel Capital, líder do setor, voltados para o desenvolvimento de negócios, rede global, experiência em tecnologia e capital de marca.

PIVOTAL VENTURES

https://www.pivotalventures.org

Fundada por Melinda French Gates, a PV usa capitais de investimento para financiar iniciativas em estágio inicial, inovadoras ou provocativas, que se proponham a causar um impacto. Seu trabalho é especificamente focado em expandir o poder e a influência das mulheres. Em 2020, eles promoveram o desafio "A igualdade não pode esperar", no qual quatro empresas lideradas por mulheres receberam subvenções de US$ 10 milhões cada uma para criar um país mais igualitário para mulheres de todas as origens.

WOMEN FOUNDERS NETWORK

https://www.womenfoundersnetwork.com

Organiza uma competição anual denominada Fast Pitch, destinada a empresas fundadas por mulheres, oferecendo US$ 25 mil ou mais em prêmios em dinheiro. As finalistas da competição também usufruem de contatos com investidores, orientação financeira e acesso a um coach em apresentações. Empresas em estágio inicial fundadas por mulheres e com alto potencial de crescimento são incentivadas a se inscrever nessa competição anual.

Contato: info@womenfoundersnetwork.com

WOMEN IN TECH

https://onlinefestival.women-in-technology.com

Lançada pelo Standard Charter Bank, a Women in Tech é uma iniciativa global com mais de nove localizações geográficas, incluindo Nova York, Quênia, Paquistão, Nigéria e Bahrein. Seu objetivo é capacitar empresas lideradas por mulheres, fornecendo oportunidades de formação de redes de contato, mentoria e financiamento como parte de um programa de aceleração do crescimento. Seu mais recente módulo foi inaugurado nos Emirados Árabes. Trata-se de uma boa opção para startups em estágio inicial com pelo menos uma cofundadora, que tenham de um a três anos de atividade e desenvolvam um produto inovador e escalável amparado em tecnologia. O financiamento é de até US$ 100 mil.

CATEGORIA 2: ACELERADORAS E INCUBADORAS

Se você for uma mulher empreendedora que busca expandir os seus conhecimentos sobre negócios e inovações e acelerar o crescimento da sua empresa, os programas de aceleradoras e incubadoras oferecem treinamento, instrução, mentoria, acesso a capital e consultoria para o levantamento de fundos.

ASTIA

https://www.astia.org

A Astia investe em startups de alto crescimento e em empresas lideradas por mulheres. Oferece financiamento, redes de contato, acesso a capital, e treinamento para mulheres empreendedoras.

FEMALE INNOVATORS LAB

https://home.barclays/who-we-are/innovation/female-innovators-lab-/

Esse estúdio da Barclays and Anthemis se dedica a estimular o talento empreendedor das mulheres. Sua missão é localizar fundadoras com ideias embrionárias, no começo de sua jornada, e combiná-las com a orientação e os recursos necessários para desenvolver uma empresa.

GLOBAL INVEST HER

https://globalinvesther.com

Capacitando e ajudando mulheres empreendedoras a angariar fundos para suas inovações, a organização se concentra em desmistificar o financiamento, oferecendo acesso a investidores, mentoria, treinamento, instrução e programas e atividades de apoio relacionados. O objetivo é aumentar o número de mulheres que recebem financiamento e ajudá-las a obtê-lo mais rapidamente — alcançando um milhão de mulheres empreendedoras financiadas até 2030.

MERGELANE

https://www.mergelane.com

O MergeLane é um fundo de risco que investe em startups de alto crescimento, cujos cargos de liderança sejam ocupados por pelo menos uma mulher. Oferece uma rede de investidores e mentores para incentivar a liderança consciente, demonstrando que as equipes de liderança diversas geram retornos superiores. O fundo busca ser um impulsionador para produtos e serviços de tecnologia em estágio inicial.

CATEGORIA 3: REDE DE CONTATOS

Independentemente do estágio em que se encontre na escala de maturidade empreendedora, todo inovador sabe que o empreendedorismo é um esporte de equipe. Construir a rede de contatos certa é um componente crítico do sucesso ao longo da vida. Se você for uma mulher empreendedora que busca se associar a uma rede de empresárias empenhadas e inovadoras nos mais variados setores, apresentamos a seguir uma ampla lista de organizações. Por favor, visite os sites de cada uma delas para uma descrição mais detalhada.

EVERYWOMAN

https://everywoman.com

Rede ativa e bem-sucedida presente em mais de cem países, com mais de 30 mil membros, essa organização defende o progresso das mulheres nos negócios para eliminar as disparidades salariais entre os sexos. As oportunidades de redes de contatos incluem eventos, premiações e programas de liderança.

GLOBAL WOMEN'S INNOVATION NETWORK (GLOBALWIN)

https://www.globalwin.org

A GlobalWIN está comprometida com a liderança feminina na inovação. Ela se concentra na coleta de percepções sobre as experiências das mulheres nos negócios, no meio acadêmico e no governo, trabalhando em campos voltados à inovação para desenvolver mentoria, orientação profissional e uma rede de mulheres poderosas que ajudem outras mulheres a progredir profissionalmente.

SHE INNOVATES GLOBAL PROGRAMME

https://www.unwomen.org

Programa oferecido pela ONU Mulheres, essa iniciativa liderada pelas Nações Unidas visa apoiar as mulheres na inovação, fornecendo acesso a ferramentas, programas e recursos de desenvolvimento, conectando mulheres inovadoras em todo o mundo e oferecendo suporte para o desenvolvimento de inovações que atendam às necessidades de mulheres e meninas.

WE ARE THE CITY

Contato: info@wearethecity.com

Essa organização apoia mulheres no planejamento de carreira, oferece conferências educativas e concede prêmios de reconhecimento. O Rising Stars Awards visa destacar futuras estrelas em várias categorias, exibindo os talentos femininos.

WOMEN WHO STARTUP

https://www.womenwhostartup.com

Essa é uma plataforma de aprendizado baseada nos EUA, voltada para uma comunidade global de mulheres empreendedoras e inovadoras. Fornece uma rede de contatos, uma plataforma, várias fontes de colaboração e aprendizado rápido para empreendedoras e inovadoras que estejam comprometidas em construir empresas de sucesso. Um seminário virtual anual, o Women Who Startup Rally, apresenta fundadoras de sucesso.

RECURSOS FORA DOS EUA (AMOSTRA REPRESENTATIVA)

ÍNDIA
PLATAFORMA DE EMPREENDEDORISMO FEMININO

https://wep.gov.in/

O governo da Índia, por meio do NITI Aayog, patrocina uma iniciativa que reúne empreendedoras e patrocinadoras. A plataforma fornece gratuitamente serviços como avaliações de crédito, mentoria, apoio financeiro a mulheres empreendedoras, estágios e parcerias corporativas. Ela é projetada para mulheres empreendedoras que estejam no estágio de ideação de seus negócios, tenham acabado de lançar uma startup ou sejam uma startup já estabelecida, mas ainda em estágio inicial. Também oferece suporte de incubação e aceleração para startups fundadas/cofundadas por mulheres.

CANADÁ
FUNDAÇÃO CANADENSE DE MULHERES

https://canadianwomen.org

A fundação opera um programa de subsídios para organizações canadenses sem fins lucrativos que possuam registro filantrópico válido da Agência da Receita do Canadá. Em seu esforço para apoiar a igualdade de gênero, financiam-se projetos focados principalmente naqueles indivíduos que se identificam como mulheres, meninas, trans, dois-espíritos* e pessoas não binárias.

PROGRAMA DE DESENVOLVIMENTO DE LIDERANÇA FEMININA

https://www.sbs.ox.ac.uk/programmes/executive-education/online-programmes/oxford-womens-leadership-development-programme

Esse programa on-line de seis semanas na Escola de Negócios Saïd, da Universidade de Oxford, é adequado ao ritmo de aprendizagem do estudante, e foi projetado para facilitar a autoaceitação e o autodesenvolvimento, visando suscitar as habilidades necessárias para superar as barreiras enfrentadas por empresárias. Destina-se a mulheres que estejam fazendo a transição para um cargo de gerência ou diretoria-executiva sênior e desejem romper todas as barreiras.

PROGRAMA DE FOMENTO DE LIDERANÇAS FEMININAS

https://www.jbs.cam.ac.uk/executive-education/open-programmes/leadership/cambridge-rising-women-leaders-programme/

Esse programa de três dias na Escola de Negócios Judge, da Universidade de Cambridge, foi desenvolvido para mulheres que desejem expandir suas capacidades profissionais e pessoais.

Ele ajuda as mulheres empreendedoras a desenvolver um plano de ação claro para a ascensão profissional e a cultivar uma rede de pares forte e solidária. As frequentadoras se beneficiam de uma inscrição vitalícia no Wo+Men's Leadership Center de Cambridge.

---

* (N. do T.) O termo genérico "dois-espíritos" ou "espírito duplo" ("Two Spirit", no original em inglês) foi criado para descrever alguns indígenas norte-americanos que desempenham um dos muitos papéis cerimoniais e sociais de gêneros mistos em suas culturas. Pode designar, também, entre os estadunidenses e canadenses nativos da atualidade, a coabitação de um espírito masculino e um feminino no mesmo corpo.

As participantes devem estar na fase inicial ou intermediária de suas carreiras em cargos de gestão, possuindo de três a dez anos de experiência.

AGRADECIMENTOS

Este livro levou toda uma vida para ser feito. Desde as minhas primeiras experiências na juventude, contribuindo para as invenções do meu pai, aos meus próprios esforços iniciais como profissional, desenvolvi uma paixão pela resolução de problemas de formas inéditas e inovadoras — e por ajudar os outros a fazerem o mesmo. Essas expe-riências foram traduzidas em programas que desenvolvi e ensinei nas universidades de Princeton, Columbia e Yeshiva, e que compartilhei como consultora de muitas startups, muitas vezes sob os auspícios do Centro de Ciências da Cidade Universitária, do Laboratório de Fronteiras Infinitas da Universidade de Nova York e do Acelerador Terapêutico Translacional da Universidade de Columbia. Também tive a sorte de ser uma profissional de inovação em muitos dos cargos que ocupei em corporações como a Porter-Novelli, Bristol Myers Squibb, Covance (agora Labcorp), Cognizant Technology Solutions, IQVIA e IBM Watson Health. A todas as mentes criativas e inovadoras com quem tive o prazer de trabalhar em todos esses lugares — na sala de aula, no laboratório de startups e no mundo corporativo —, obrigada por suas invenções, sua visão e sua inspiração.

Jamais poderei pagar a minha dívida literária com John Hanc, o meu coautor. Ele abasteceu este livro com o seu engajamento ativo, parceria e persistência. É importante ressaltar que ele tornou essa maratona de doze meses gerenciável e agradável.

Quero agradecer ao meu filho e assistente de pesquisa, Matt Marchand, por me ajudar a localizar e entrevistar interessantes inovadores e por suas contribuições na pesquisa e na redação.

A Myles Thompson e Brian C. Smith, os meus editores da Columbia University Press, obrigada por acreditarem na necessidade de um livro de inovação como este — um dos poucos sobre esse assunto escrito por uma mulher — e por sua orientação e apoio durante toda essa experiência.

Obrigada ao corpo docente e aos alunos da Escola de Negócios de Columbia por me darem a oportunidade de compartilhar os meus conhecimentos e experiências e por tudo o que me ensinaram sobre inovação e empreendedorismo.

Gostaria de agradecer a cada um dos inovadores apresentados na seção Inovador em foco, ao fim dos capítulos, incluindo Aris Persidis, Phil McKinney, Leslie Aisner Novak, Spencer Rascoff, Sylvana Q. Sinha, Laurent Levy, Sarah Apgar e Dan Navarro. Obrigada por compartilhar suas histórias, sua sabedoria e seus conselhos sobre inovação. Obrigada a Larry Berger e Kari Bjorhus, da Ecolab, e Jabril Bensedrine, do Triana Group, por compartilhar seus estudos de caso sobre inovação.

Obrigada a Jabril Bensedrine, Joanne Moretti, Lynn O'Connor Vos, Amit Rakhit, Lisa Buettner, Chris Laing, Steven Phelan, Cintia Piccina, Tom Maniatis e Rana Khan pelo apoio e endosso a este livro. Muito obrigada a Anouk Pappers e Deepak Patil pela ajuda com a curadoria de conteúdo e com a formatação, do início até a colocação do ponto final no manuscrito. Obrigada ao meu marido, Don, por sua inspiração, amor e apoio e por sacrificar muitos fins de semana enquanto eu escrevia este livro. Obrigada à minha mãe, Polly Hudson, por sempre acreditar em mim, especialmente enquanto eu escrevia este livro com o objetivo de homenagear o meu pai e seu estilo único de criar e inovar. Você trouxe à tona o melhor do papai. E obrigada, Greg Hudson, o meu "irmãozinho" nas histórias sobre o papai. Aprendemos com o Mestre Inovador, e você demonstra ter as mesmas habilidades de pensamento crítico e mentalidade empreendedora dele. Ele ficaria orgulhoso disso.

A todos os meus familiares e amigos que me apoiaram e me incentivaram ao longo dos anos e durante o desenvolvimento deste livro, especialmente a minha nora, Anna Marchand, e as minhas amigas Joyce Avedisian, Tracy Harmon Blumenfeld, Avik Roy e Pamela Yih — obrigada. E, finalmente, gostaria de saudar o meu primeiro neto, Nolan Romeo Marchand, que nasceu durante a produção deste livro. Como membro da próxima geração de inovadores, que você possa se beneficiar das experiências, histórias e lições de A Mentalidade da Inovação.

Lorraine Marchand, Yardley, PA
Janeiro de 2022

NOTAS

A PRIMEIRA LEI DE INOVAÇÃO

1 Para aqueles curiosos sobre as origens dessa citação, a verdade é que ninguém sabe ao certo, mas, de acordo com o QuoteInvestigator, em 1966 um professor não identificado da Universidade de Yale disse algo muito semelhante.

2 MEMORY and Imagination. Direção: Michael Lawrence e Julian Krainin. Baltimore: Michel Lawrence Films, 1990. 1 DVD (59 min).

3 WEDELL-WEDELLSBORG, Thomas. Are You Solving the Right Problems?. **Harvard Business Review**, 2017. Disponível em: https://hbr.org/2017/01/are-you-solving-the-right-problems. Acesso em: 30 jul. 2022.

4 GATES, Bill. Exemplars: We're Finally Learning Why Countries Excel at Saving Lives. **GatesNotes**, 2020. Disponível em: https://www.gatesnotes.com /Health/Exemplars-in-Global-Health. Acesso em: 30 jul. 2022.

5 BAER, Drake. Elon Musk Uses This Ancient Critical-Thinking Strategy to Outsmart Everybody Else. **Insider**, 2015. Disponível em: https://www.businessinsider.com/elon-musk-first-principles-2015-1. Acesso em: 30 jul. 2022.

6 Veja as tabelas em: BALL, Phil. The Lightning-Fast Quest for Covid Vaccines—and What It Means for Other Diseases. **Nature**, 2020. Disponível em: https://www.nature.com/articles/d41586-020-03626-1. Acesso em: 30 jul. 2022.

7 U.S. DEPARTMENT OF DEFENSED. **Coronavirus: DOD Response**. Disponível em: https://www.defense.gov/Explore/Spotlight/Coronavirus/Operation-Warp-Speed/. Acesso em: 30 jul. 2022.

A LEI DOS CEM CLIENTES (ELES NÃO PODEM ESTAR ERRADOS!)

8 GANNES, Liz. Zuckerberg Tells Investors, "We Don't Build Services to Make Money". **All Things D**, 2012. Disponível em: https://allthingsd.com/20120201/zuckerberg-tells-investors-we-dont-build-services-to-make-money/. Acesso em: 30 jul. 2022.

9 TAMIR, Boaz. Put the 'i' Before the Apple. **ILE LAB**, 2017. Disponível em: https://www.leanil.com/blog-en/put-the-i-before-the-apple. Acesso em: 30 jul. 2022.

OS INOVADORES DEVEM ESTAR PRONTOS PARA MUDAR DE DIREÇÃO A QUALQUER MOMENTO

10 Quote Investigator. Tag: Al-Anon. Disponível em: https://quoteinvestigator.com/tag/al-anon/. Acesso em: 30 jul. 2022.

11 HASTINGS, Reed; MEYER, Erin. *A regra é não ter regras:* a Netflix e a cultura da reinvenção. Rio de Janeiro: Intrínseca, 2020.

12 LAMARE, Any. A Brief History of Away: From Suitcases to Scandals. **B2: The Business of Business**, 2020. Disponível em: https://www.businessofbusiness.com/articles/history-of-away-luggage-data/. Acesso em: 30 jul. 2022.

13 PFIZER. **An Open Letter from Pfizer Chairman and CEO Albert Bourla**. Disponível em: www.pfizer.com/news/articles/an_open_letter_from_pfizer_chairman_and_ceo_albert_bourla. Acesso: 30 jul. 2022.

14 ROBERTSON, Adi. Fading Light: The Story of Magic Leap's Lost Mixed Reality Magnum Opus. **The Verge**, 2020. Disponível em: https://www.theverge.com/21311586/magic-leap-studios-last-light-project-mixed-reality-sxsw. Acesso em: 30 jul. 2022.

15 CROWE, Steve. Anki Addresses Shutdown, Ongoing Support for Robots. **The Robot Report**, 2019. Disponível em: https://www.therobotreport.com/anki-addresses-shutdown-ongoing-support-for-robots/. Acesso em: 30 jul. 2022.

16 SCHOFIELD, Lisa. Eight Famous (and Staggeringly Successful) Business Pivots. **CEO Magazine**, 2020. Disponível em: https://www.theceomagazine.com/business/marketing/famous-and-successful-business-pivots/. Acesso em: 30 jul. 2022.

DESENVOLVENDO O SEU MODELO E O SEU PLANO DE NEGÓCIOS

17 CONLEY, James G.; BICAN, Peter M.; ERNST, Holger. **Value Articulation: A Framework for the Strategic Management of Intellectual Property:** The Nespresso Case. 22 jun. 2013. Disponível em: www.kellogg.northwestern.edu/Faculty/Conley/htm/VA_Nespresso.pdf. Acesso em: 30 jul. 2022.

18 BRYANT, Sean. How Many Startups Fail and Why?. **Investopedia**, 2022. Disponível em: https://www.investopedia.com/articles/personal-finance/040915/how-many-startups-fail-and-why.asp. Acesso em: 30 jul. 2022.

19 BRYANT, Sean. *Ibid.*

COMO EMPREENDEDORES AUMENTAM SUAS CHANCES DE SUCESSO

20 GOMES-CASSERES, Benjamin. IBM and Apple: From Rivals to Partners in 30 Years?. **Harvard Business Review**, 2014. Disponível em: https://hbr.org/2014/07/IBM-and-apple-from-rivals-to-partners-in-30-years.

21 LINDSAY, Marsha. 8 Ways to Ensure Your New-Product Launch Succeeds. **Fast Company**, 2012. Disponível em: https://www.fastcompany.com/1829483/8-ways-ensure-your-new-product-launch-succeeds. Acesso em: 30 jul. 2022.

22 KROMMENHOEK, Bram. Why 90% of Startups Fail, and What to Do About It. **The Startup**, 2018. Disponível em: https://medium.com/swlh/why-90-of-startups-fail-and-what-to-do-about-it-b0af17b65059. Acesso em: 30 jul. 2022.

CAPITAL DE PERSUASÃO

23 Genomics in Cancer Care Market to Reach USD 39.94 Billion by 2027: Reports and Data. **GlobeNewswire**. 2020. Disponível em: https://www.globenewswire.com/en/news-release/2020/12/15/2145491/0/en/Genomics-In-Cancer-Care-Market-to-Reach-USD-39-94-Billion-By-2027-Reports-and-Data.html. Acesso em: 30 jul. 2022.

24 The Origins of Angel Investors. **Angel Investors**, 2021. Disponível em: www.angel-investors.co.uk/the-origins-of-angel-investors/. Acesso em: 30 jul. 2022.

25 SPINELLI, Stephen; ADAMS Robert J.. *New Venture Creation*: Entrepreneurship for the 21st Century. 10 ed. Nova York: McGraw Hill Education, 2016.

26 NICHOLAS, Tom. *VC: An American History*. Cambridge: Harvard University Press, 2019.

27 TREMBATH-REICHERT, Elizabeth. CU Gives Up Royalty Rights to Lucrative Axel Patents Amid Controversy. **Columbia Spectator**, 2005. Disponível em: https://www.columbiaspectator.com/2005/01/24/cu-gives-royalty-rights-lucrative-axel-patents-amid-controversy/. Acesso em: 30 jul. 2022.

28 SPINELLI, Stephen; ADAMS Robert J. *Op. cit.*

EXECUÇÃO E SAÍDA

29 SPINELLI, Stephen; ADAMS Robert J.. *New Venture Creation*: Entrepreneurship for the 21st Century. 10 ed. Nova York: McGraw Hill Education, 2016.

DESAFIOS DAS MULHERES INOVADORAS

30 STEMBRIDGE, Bob. Women in Innovation: Gaining Ground, but Still Far Behind. **Scientific American**, 2018. Disponível em: https://blogs.scientificamerican.com/voices/women-in-innovation-gaining--ground-but-still-far-behind. Acesso em: 30 jul. 2022. Veja também https://www.aauw.org.

31 HADARY, Sharon. Why Are Women-Owned Firms Smaller Than Men-Owned Ones?. **The Wall Street Journal**, 2010. Disponível em:

https://www.wsj.com/articles/SB10001424052748704688604575125543191609632. Acesso em: 30 jul. 2022.

32 LANG, Ilene H. ; LEE, Reggie Van. Institutional Investors Must Help Close the Race and Gender Gaps in Venture Capital. **Harvard Business Review**, 27 ago. 2020. Disponível em: https://store.hbr.org/product/institutional-investors-must-help-close-the-race-and-gender-gaps-in-venture-capital/H05TNN. Acesso em: 30 jul. 2022.

33 LEE, Matthew; Laura Huang. Women Entrepreneurs Are More Likely to Get Funding If They Emphasize Their Social Mission. **Harvard Business Review**, 2018. Disponível em: https://hbr.org/2018/03/women-entrepreneurs-are-more-likely-to-get-funding-if-they-emphasize-their-social-mission Acesso em: 30 jul. 2022.

34 LANG, Ilene H.; LEE Reggie Van. *Op. cit.*

35 FOURTANÉ, Susan. 51 Female Inventors and Inventions That Changed the World. **Innovation**, 2018. Disponível em: https://interestingengineering.com/female-inventors-and-their-inventions-that-changed-the-world-and-impacted-the-history-in-a-revolutionary-way. Acesso em: 30 jul. 2022.

Primeira edição (fevereiro/2023)
Papel de miolo Pólen natural 70g
Tipografias Lucida Bright TT Norms
Gráfica Bartira